엄마라는 이상한 이름

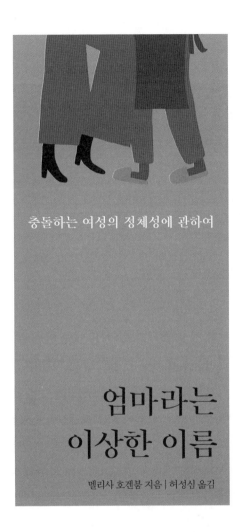

충돌하는 여성의 정체성에 관하여

엄마라는
이상한 이름

멜리사 호겐붐 지음 | 허성심 옮김

한문화

엄마라는 이름으로 살아가는 것이
왜 투쟁이 되어버린 걸까

내가 생식기의 구조를 처음 알게 된 것은 열 살 때였다. 우리 학교는 애
버딘 도심에 있었다. 어느 날 한 남학생이 옛날 포르노 잡지에서 뜯어낸
사진을 몇 장 가져왔다. 20년도 더 지났지만 지금도 그 이미지가 생생히
기억난다. 우리 중 누구도 그 사진이 무엇을 의미하는지 알지 못했다. 그
저 신기하고 이상하다고 생각했고, 그래서 조금 혼란스러웠다. 그때 나
는 아기가 어떻게 만들어지는지 정확히 몰랐다. 하지만 실제보다 훨씬
더 많이 아는 척을 했다. "남자가 정말 그걸 집어넣는 거야?" 내가 소꿉친
구에게 물었다. "앞뒤로 조금 움직이기도 하는 거야." 친구가 대답했다.

우리의 순진한 대화는 어느 부모님의 귀에 들어갔다. 며칠 뒤 엄마
가 오빠와 나를 불러서 《성에 관해 이야기해봐요》라는 책을 건넸다. 성
장기의 신체 변화에 관한 설명과 사춘기와 그 이후에 일어나는 현상에
관한 자세한 안내가 들어 있었다. 그것이 지역보건소 의사를 엄마로 둔

어린이가 누리는 혜택이었다. 나는 어른들의 지식을 알게 되어 뭔가 힘이 생긴 느낌이었다. 그래서 내가 아는 지식을 친구들에게 이야기하고 다녔다. 지금 생각해보니 그것은 나의 아동기가 끝나고 청소년기가 시작된다는 표시 같은 것이었다. 성인 남자와 성인 여자의 차이점이 머릿속에 매우 선명하게 각인된 순간이기도 했다. 이런 변화는 우리의 몸이 얼마나 많이 바뀌는지, 사회적으로 얼마나 용인되는지 또는 안 되는지에 대한 통찰의 시작이라고 할 수 있다.

몇 년 후 내가 초경을 시작하자 엄마는 자궁경관 점액에 관해 설명했다. 우리 가족은 네덜란드 출신이고, 네덜란드인 특유의 솔직한 성격으로 유명했다. 우리 집에서는 신체에 관한 어떤 이야기도 금기 사항이 아니었다. "이번 달은 분비물에 변화가 있는 날이 있지 않았니?"라고 엄마가 물었다. 아마 아침을 먹을 때였거나 학교에 가는 중이었을 것이다. 내가 모르는 척했는지 아니면 정말로 몰랐는지는 잘 기억나지 않는다. 하지만 그때 이후로 한 달에 며칠 정도 질 분비물이 더 진하고 마치 달걀 흰자처럼 끈적거리는 기간이 있다는 것을 알았다. 이때가 바로 임신 가능한 기간이다. 생리가 시작된 날로부터 대략 14일 후나 다음 생리가 시작되기 14일 전이다. 물론 생리 주기에 따라 달라질 수도 있다.

나는 주변 사람 중 가임기에 관해서 아는 사람이 생각보다 적어서 놀랐다. 자신의 가임기를 인지하는 사람이 매우 적은 이유가 있었는데, 그들이 대체로 피임약을 복용하고 있었기 때문이다. 우리는 초경이 시작된 순간부터 매달 주기적으로 찾아오는 월경의 영향을 받는다. 이것은 우리가 굳이 충족해야 할 필요는 없더라도 사회가 흔히 우리에게 기대하는 생물학적 정체성을 매우 분명하게 상기시킨다.

나는 이 책에서 우리가 실제로 엄마가 되든 아니든 심지어 아이를 가질 생각을 하기 전부터 예비 엄마로서 정체성을 형성할 수 있도록 생물학적, 사회적 요소가 어떻게 여성을 압박하는지 밝힐 것이다. 그다음에는 엄마로서의 정체성과 자녀가 생기기 이전의 정체성 사이의 갈등을 탐구하고 신체적, 정서적 건강을 위해 정체성의 변화를 이해하는 것이 얼마나 중요한지 살필 것이다. 엄마라는 새로운 정체성과 이 정체성이 우리에게 갖는 의미를 제대로 이해하고 모성과 관련한 과학적 연구 결과와 내 개인적인 경험을 결합해서 이야기할 것이다. 특히 과학을 이해하는 것은 모성을 새로운 관점에서 볼 수 있게 도와줄 것이다.

1장에서는 '임산부의 뇌'에 대한 오해에 대해 살피고, 2장에서는 출산 과정이 여성의 자아감에 어떤 영향을 미치는지 살필 것이다. 3장에서는 여성의 신체가 임신과 출산 과정을 거치며 어떤 변화를 겪는지 알아볼 것이다. 이어서 4~6장에서는 모성이 우리의 인간관계와 사회적 경력에 미치는 영향에 대해 생각해볼 것이다. 7장에서는 우리가 느끼는 몇몇 변화가 어째서 양성평등을 위해 벌인 투쟁의 결과인지, 우리의 정체성이 태어날 때부터 어떻게 정의되는지 살펴볼 것이다.

좋든 싫든 인간은 항상 공동체적 성격을 지니고 있고, 우리는 자신이 속한 성, 종족, 문화에 이르기까지 많은 내집단(자신이 속해 있으며 소속감과 공동체 의식이 강한 집단-옮긴이)과 자신을 동일시한다. 현재 나는 어머니라는 집단에 대해 동질감을 느낀다. 하지만 나는 언론인이기도 하고 심리학 전공자이고 달리기 선수이며, 부모님의 딸이고, 친구들의 친구다. 그러나 엄마라는 정체성에 집중하다 보면 이전에 가졌던 열정에 쏟을 시간이 거의 남지 않는다. 완벽한 엄마가 되어야 한다는 압박을 느낄 때 다른 정체성은 뒷전으로 밀릴 수도 있다. 이 말은 엄마가 되기 이전에 지녔던 여러 모습을 잃을 수밖에 없다는 뜻이기도 하다. 어찌 보면 예상되는 일이지만 예상했다고 쉬워지지는 않는다.

엄마가 되면 왜 정체성의 변화가 일어나는지 제대로 이해하기 위해서는 사회적 정체성(social identity) 이론의 기본 원리를 아는 것이 도움이 된다. 사회적 정체성은 다른 사람이 우리를 어떻게 보고 또 우리가 다른 사람을 어떻게 보는지 규정하는 강력한 힘이다. 우리의 정체성은 개인적 가치 판단이나 신념을 포함해 우리가 속한 집단과 관련되어 있다. 국적과 성별처럼 태어나면서부터 정해진 정체성도 있고, 취미나 종교처럼 나중에 획득하는 정체성도 있다. 사회적 정체성은 매우 강력하다. 우리가 본능적으로 자신이 속한 집단의 구성원들을 다른 사람보다 중시한다는 연구 결과가 이를 입증한다.

우리 스스로 엄마가 되기로 선택했지만, 이것이 갑작스러운 변화라는 것은 부인할 수 없다. 더구나 앞으로 알게 되겠지만 완벽한 엄마가 되는 것은 현실과 거리가 멀다. 엄마가 되는 것이 아주 큰 도전처럼 느껴지는 이유이다. 비록 엄마라는 신분을 새로운 개인적 정체성으로 분류할 수 있더라도 사회가 모성에 큰 기대를 부여하므로 서서히 사회적 정체성으로 바뀔 수 있다. 그런데 바로 이 점이 문제를 일으킨다. 우리가 엄마로서 인식되는 모습과 일상간에 부조화가 발생하기 때문이다.

많은 여성이 이러한 문제로 고심할 것이다. 소설가 레이철 커스크 Rachel Cusk는 회고록 《인생의 과제(A Life's Work)》에서 다음과 같이 묘사하고 있다.

'본연의 나이자 동시에 엄마로서의 내가 되기 위해 나의 과거와 현

재를 납땜질로 결합해놓은 듯하다.'

엄마가 되기 전에 커스크가 품었던 모성에 관한 인식은 현실과는 너무 거리가 멀었고, 이전의 자기 모습과도 전혀 달랐다. 그래서 '실제로 엄마란 무엇인가?' 하는 의문을 느꼈다고 한다. 이것은 내 머릿속에 항상 맴돌던 질문이기도 했다. 우리가 어릴 때 배운 성에 대한 지식, 즉 난자와 정자가 만나 아기가 생긴다는 것은 너무 단순해 보인다. 하지만 현실은 그렇게 단순하지 않다. 모성은 복잡하고 변수가 많으며, 이와 관련한 연구가 아직 충분히 이뤄지지 않았다. 분명 우리의 경험이 문화적 압박과 기대에 너무 의존하고 있기 때문일 것이다.

1993년 심리분석가 마디 아일랜드Mardy Ireland가 여성은 스스로 엄마가 되지 않기로 선택하더라도 뚜렷한 '결핍'을 느낀다는 의견을 내놓았듯, 사회는 모성을 성인 여성이 본래 가지고 있는 고유의 정체성이라 가정한다. 자발적 선택이든 어쩔 수 없는 선택이든 자녀가 없는 여성에게는 은근하면서도 공공연한 낙인이 따라다닌다. 아일랜드 박사는 "소녀에서 성인이 되기 위해 반드시 엄마가 되어야 한다는 가정에 이의를 제기할 때 여성들은 비로소 자기 운명의 진정한 주인이 될 수 있다."고 말한다.

이 책에서는 엄마로의 변화가 자아감에 매우 큰 영향을 미치는 주요 원인은 우리 사회, 더 구체적으로 말하면 우리 사회가 가지고 있는 모성에 대한 성별화된 인식에 있다고 주장할 것이다. 자아감 충격은 생물학적, 정신적 변화가 크게 일어나는 시기에 발생하며, 8장에서 다룰 직장 생활과 완벽한 육아라는 두 마리 토끼를 잡는 데 실패하는 원인이 되기도 한다. 9장에서는 이처럼 비현실적인 이상적 목표를 실현하지 못할 때 우리가 얼마나 큰 죄책감을 느끼게 되는지 다룰 것이다. 사실 이런 변화가 일어나는 과학적 이유를 이해하고 변화를 받아들이는 것이 행복의 열쇠일지도 모른다. 이 점에 관해서는 10장에서 일부 국가의 국민 행복 지수가 두드러지게 높은 이유를 밝히면서 자세히 살펴볼 것이다. 또한 소셜미디어나 스마트폰이 엄마의 삶에 어떤 영향을 미치는지에 관해서도 11장에서 설명할 것이다. 마지막 12장에서는 행복과 자기 정체성에 대한 문화적 차이를 들여다봄으로써 어째서 행복한 아이가 행복한 부모를 만들고 또 행복한 부모가 행복한 아이를 만드는지 이해할 수 있을 것이다.

사실 다양한 방식으로 양성평등을 추구하려는 노력은 성별화된 규범이 잠재한다는 사실을 숨기기 위한 도구로 사용될 수 있다. 일반적으로 중산층 여성들에게도 평등이 도전이라면 가장 소외된 계층, 특히 인종 및 계급적 편견에 직면한 여성들은 얼마나 많은 도전에 부딪힐지 생각해보자. 직장에서 남성들은 자녀가 있든 없든 경력이나 승진에 큰 영향을 받지 않지만, 여성들은 그렇지 않다. 채용 면접에서 자녀가 있다는 사실을 언급하지 않으려는 것도 같은 이유다. 심지어 결혼한 지 얼마 되지 않았는데도 곧 엄마가 될 거라는 가정으로 인해 차별받는다는 조사 결과도 있다.

비슷한 이유에서 요즘 엄마가 되는 나이도 점차 높아지고 있다. 다시 말해 여성들은 엄마가 되기를 점점 미루고 있다. 특히 고등교육을 받은 여성들 사이에서 이런 현상이 두드러지게 나타난다. 이런 현상이 나타나는 이유는 무엇일까? 그것은 여성들이 엄마로서 적절한 자질을 가져야 한다고 생각하거나, 더 심한 경우 '완벽한 엄마'가 되려는 환상을 추구하기 위해 자신의 일을 보류할 수밖에 없다고 느끼기 때문이다. 자기 힘으로 두 마리 토끼를 모두 잡을 수 없을 때 두 마리 토끼를 잡아야 한다는 압박감을 더 강하게 느끼는 것이다.

나는 엄마가 된다는 생각만으로도 심한 내적 갈등을 겪었다. 직장에서 내 존재가 덜 중요하게 받아들여지지는 않을까 하는 걱정이 들었기 때문이다. 임신하거나 자녀가 있는 여성에 대한 은근한 차별뿐만 아니라 공공연한 차별도 만연하다고 보고하는 연구가 많다. 그런 차별로 인해 느끼는 심리적 불편이 커서 나는 첫아이를 가졌을 때 남몰래 아들이기를 바랐다. 여성들이 부딪혀야 하는 많은 편견을 내 자식이 겪는 게 싫었다. 월경, 출산, 산후우울증 등 생물학적으로 여성이기 때문에 겪는 번거로운 일과 불가피한 형태의 성차별로부터 내 아이를 보호하고 싶었다. 그러나 지금은 딸을 낳아서 얼마나 기쁜지 모른다. 세상은 조금씩 변하고 있고, 우리는 중대한 변화를 실현하기 위해 끊임없이 질문하고 이의를 제기해야만 한다.

우리 사회는 전반적으로 더 나은 방향으로 나아가고 있지만, 남녀 임금 격차나 육아 분담 문제에서 알 수 있듯이 성별화된 규범이 여성들을 여전히 억제하고 있다. 나는 이것이 바뀌어야 하고 또 바뀔 수 있다고 주장할 것이다.

우리가 부모로서 겪는 현실은 절대 녹록지 않다. 현실은 엄마들을 무겁게 짓누른다. 게다가 요즘 육아 서적 시장의 흐름을 보면 대부분 아기 재우기, 영아 산통 대처법, 배변 훈련 등 다양한 육아 기술을 비롯해 아기를 위해 날마다 해야 하는 여러 가지 결정에 초점을 맞추고 있다. 엄마가 되면서 정서적 자아에 일어나는 온갖 극적인 변화를 어떻게 고찰

해야 하는지에 대한 책은 좀처럼 찾아보기 힘들다. 그래서 이 책에서는 엄마가 된 이후 때로는 삶이 힘든 투쟁처럼 느껴지는 이유에 대한 과학적 근거를 제시할 것이다.

이 책은 엄마들을 위한 이야기지만 결국 인류 전체를 위한 이야기이기도 하다. 우리는 남성들이 만들어놓은 세상을 살고 있다. 하지만 이들 대부분의 남성이 여성인 어머니의 보살핌을 받고 자랐다. 따라서 여성을 깎아내리는 것은 재능 있고 빛나는 지성을 지닌 인류의 절반을 무시하거나 놓치는 것이나 다름없다. 이 점을 이해하는 것이 세상을 앞으로 한 걸음 더 나아가게 하는 방법이 될 수 있다는 것을 이 책을 통해 보여줄 것이다.

차례

1장

엄마의 탄생

엄마의 뇌에서는 어떤 일이 일어날까

아버지에게는 열한 명의 형제들이 있었다. 이것은 아버지가 자란 마을에서는 특별한 일도 아니었다. 아버지의 친구 중에는 열네 명의 형제를 둔 사람도 있었다. 네덜란드의 다른 지방도 마찬가지였겠지만 이 작은 가톨릭 마을 사람들의 내면에는 대가족을 꾸려야 한다는 강한 사명감이 있었다. 이 지역의 신부는 1년에 한 번씩 각 가정을 방문했는데, 그때마다 가임기의 여성이 임신하지 않은 것 같으면 혹시 결혼 생활에 무슨 문제가 있는 건 아닌지 물었다. 신부의 이런 관심은 좋은 의도에서 시작되었지만, 결과까지 늘 좋았던 것은 아니다.

1950년대 초반 벨기에 국경선 근처 르셀이라는 작은 네덜란드 마을에 버트 렘스트라라는 의사가 있었는데, 작은 마을의 의사들이 흔히 그렇듯 환자 개개인의 사정을 속속들이 잘 알고 있었다. 렘스트라의 환자 중 한 명인 산드라는 이미 열한 명의 자녀를 두고 있었는데, 마지막

두 아이를 낳을 때는 출산 과정이 힘들었고 특히 열한 번째 아이를 낳을 때는 매우 위험한 상태에 놓이기도 했다. 렘스트라는 산드라에게 다시는 임신하면 안 된다며, 열두 번째 아이를 가진다면 자칫 목숨이 위험할 수도 있다고 경고했다. 그때는 피임이 흔하지 않았고, 특히 독실한 가톨릭 신자들은 피임을 허용하지 않던 시절이었다.

렘스트라는 산드라에게 최근의 월경 날짜를 물어본 후, 임신할 확률이 높아 성관계를 삼가야 하는 날을 달력에 표시해줬다. 만일 산드라가 의사의 지시를 잘 따랐다면 임신 가능성을 상당히 줄일 수 있었을 것이다. 하지만 의사의 조언이 신부의 귀에까지 흘러 들어갔고, 신부는 곧바로 산드라의 집을 방문했다. 신부는 그녀에게 의사가 표시한 기간은 오히려 남편과 즐거운 밤을 보내기에 안전한 날이라고 말했다. 의사보다 신부가 훨씬 더 존경받는 시절이었기에 안타깝게도 산드라는 곧 다시 임신했다. 아홉 달이 지나 열두 번째 아이가 태어났고, 의사가 예언했듯이 산드라는 살아남지 못했다. 가난한 농부인 남편은 먹여 살려야 할 아이가 열두 명이나 되는 홀아비가 되었다.

임신한 여성의 뇌에서 일어나는 일

오늘날의 여성들은 생리 주기나 임신 가능성에 대한 정보를 산드라가 살던 시대보다 잘 알고 있다. 출산 과정도 그때보다 안전해졌고, 아이를 둘 이상 낳는 여성의 수도 감소했다. 내가 언제 임신할 확률이 가장 높은지 비교적 확실하게 추측할 수 있었던 것은 오래전 렘스트라도 이미 알고 있었던 가임기 계산 방법 덕분이었다. 우리 부부는 2016년 6월에 결혼한 직후부터 가임기를 이용하는 노력을 시작했다. 자세히 상의한 것은 아니지만 둘 다 결혼하자마자 아기를 가지려고 마음먹었다. 물론 아기가 생기면 일하는 데 차질이 빚어지리라는 것을 알고 있었다. 아기가 생긴다는 것은 기자인 내가 해외 취재 여행을 자주 가지 못한다는 것, 마감일을 맞추기 위해 밤늦게까지 일하기 힘들다는 것, 1년의 절반 이상이나 사무실을 비워야 한다는 것을 의미했다. 게다가 우리 부부가 평생 벌 수 있는 소득이 줄어든다는 의미이기도 했다. 그러나 아기를 가지고 싶은 욕구는 이성적인 선택의 문제가 아니었다. 마치 내 몸 깊이 박혀 있는 생물학적 욕구가 나를 부추기기라도 하듯 20대 후반으로 접어들자 임신이 점점 더 급한 일로 느껴지기 시작했다.

처음부터 과학적으로 가임기를 따져가며 아기를 가지고 싶었던 것은 아니다. 그러나 내가 과학 전문 기자여서 그런 것인지 아니면 날마다 겪는 몸의 변화를 늘 민감하게 인지하고 있어서인지 매번 임신이 가능한 날짜를 확인하지 않고는 못 배겼고, 농담처럼 남편에게 이번에 시도하면 아기를 가질 수 있다고 말하곤 했다.

결혼한 지 2주가 지난 어느 날 나는 달걀흰자 같은 자궁경관 점액이 나오는 익숙한 느낌에 잠이 깼다. 내 몸속 난자가 성숙하게 준비되어 있다는 것을 알았고, 그 순간을 놓치고 싶지 않았다. 그다음은 지루한 '2주간의 기다림'이 이어졌다. 조금 더 빨리 임신 여부를 알 수 있는 테스트도 있긴 하지만 대부분 2주의 시간을 기다려야만 임신을 확인할 수 있다.

나는 진짜든 상상이든 내 몸의 미세한 생물학적 변화 하나하나에 모든 신경을 곤두세웠다. 유방이 더 예민해졌나? 약간 메스꺼운 것 같은

데?(사실 아직 메스꺼움을 느낄 시기도 아니었다.) 심지어 정확한 결과가 나올 수 있는 날이 아니라는 것을 알면서도 임신 테스트기를 사용해봤다. 임신과 관련 있는 증상을 모두 검색했고 가끔은 잘못된 정보를 제공하는 인터넷 토론방에 들어가기도 했다. 단번에 임신이 되기는 힘들다는 걸 알면서도, 또한 딱히 필요한 정보가 있는 것도 아닌데 막연히 이런저런 정보를 찾아 다녔다.

다행히도 우리 부부는 첫 시도로 임신에 성공했다. 배란 후 10일이 지났을 때, 즉 10 DPO(배란 후 며칠이 지났는지 나타내는 용어로 앞서 언급한 인터넷 토론방에서 배웠다)에 테스트기에 아주 희미한 보라색 줄이 나타나자 남편은 너무 희미해서 보이지도 않는다고 했고, 오류로 양성이 나오는 경우가 매우 드물다는 것을 알면서도 나 또한 임신 사실을 믿을 수 없었다. 그 후 1~2주 동안 매일 테스트했고, 결과를 나란히 줄지어 놓았다. 임신 호르몬 수치가 올라가면서 보라색 줄도 점차 짙어지는 게 확실히 보였다. 그제서야 임신 사실을 받아들일 수 있었다. 나는 스스로 늘 이성적인 사람이라 생각해왔는데, 그 순간만큼은 전혀 이성적으로 행동할 수 없었다. 그리고 이것이 바로 기억력과 의사결정 능력이 조금 손상되는, 이른바 '엄마의 뇌'의 시작은 아닌지 궁금해졌다.

아마 이 책을 읽는 독자 중에도 '엄마의 뇌'를 경험한 사람이 있을 것이다. 그렇지 않더라도 분명 한 번쯤 들어보기는 했을 것이다. 엄마의 뇌, 임산부의 뇌, 마미 브레인 등 여러 이름으로 불리는 이 현상은 임신하면서 시작되어 몇 년 후에 끝난다고 보고되는(사람에 따라서는 어쩌면 영원히 끝나지 않을지도 모르는) 일종의 인지력 결손을 뜻한다. 이 책에서는 편의상 '엄마의 뇌'라고 부르겠다. 하지만 나는 이 책을 통해 '엄마의 뇌'

가 우리가 흔히 생각하던 것과는 조금 다르다는 사실을 알려줄 것이다.

이미 과학적으로 밝혀졌듯이 '엄마의 뇌' 현상은 사실이다. 임신 기간에 실제로 여성의 뇌에 변화가 일어난다는 뜻이다. 많은 사람이 '엄마의 뇌' 현상을 평소보다 바보 같아지거나 멍청해지는 것으로 오해하지만, 이는 사실과 다르다.

2017년 한 연구는 다양한 지역의 임신한 여성들 사이에서 뇌의 회백질이 감소하는 현상이 관찰되었다고 보고했다. 네덜란드 레이던 대학교의 엘젤라인 후크제마Elseline Hoekzema 교수가 이끄는 연구진은 임신 전후 그리고 출산 2년 후 여성의 뇌를 스캔하고 분석한 결과 이와 같은 현상을 발견했다.

얼핏 들으면 회백질이 감소하는 현상은 부정적인 소식처럼 들릴 것이다. 하지만 회백질 감소가 일어난 곳은 공감이나 배려와 같은 사회적 상호작용에 참여할 때 활성화되는 것으로 알려진 뇌 영역이다. 연구진은 뇌 스캔만으로 임신한 여성인지 아닌지를 구분할 수 있었고, 회백질 감소 현상이 출산 2년 후에도 계속 나타난다는 것을 발견했다. 그 영향은 사람에 따라 훨씬 더 오래갈 수도 있고 어쩌면 평생 갈 수도 있다(그러나 이렇게 장기적인 연구는 비용과 시간이 많이 들기 때문에 아직 수행된 적이 없다). 회백질 감소가 임신했을 때만 생기는 독특한 특징인지 확인하기 위해 연구진은 남성 및 임신하지 않은 여성에 대해서도 같은 기간에 걸쳐 뇌의 변화를 살폈는데 이들은 회백질이 감소하지 않았다. 이러한 결과는 회백질 감소가 임신 기간에 뇌의 변화를 일으키는 성호르몬 프로게스테론과 에스트로겐이 급증하기 때문일 수 있음을 시사한다. 이 연구는 임신이 장기적인 뇌 변화를 일으킨다는 사실을 과학적으로 입증한 첫 사례였다.

연구에 따르면 사춘기에도 비슷한 성호르몬이 증가한다. 청소년들의 뇌도 변화를 겪는데, 그중에는 회백질 감소도 포함되어 있다. 연구자들은 임신한 여성과 청소년들 모두 뇌에서 '시냅스 가지치기'가 일어난다고 본다. 뇌신경을 연결하는 시냅스 중에서 쓸모없는 것은 제거하고 가장 쓸모 있는 시냅스는 재조직해서 더 강력하게 만드는 것이다.

이 연구는 임신 기간에 여성의 뇌가 얼마나 많이 변하는지만 보여주는 게 아니라 엄마와 아기의 유대 형성에 이롭도록 뇌 변화가 일어난다는 것도 함께 보여준다. 뇌 구조의 변화는 엄마가 아이에게 얼마나 애착을 느끼는지 예측하는 지표가 되기도 한다. 아기와의 애착 정도 측정에서 회백질이 가장 많이 감소한 엄마들이 가장 높은 점수를 기록한 것이다. 회백질이 감소한 뇌 영역은 엄마가 아기를 보면 강한 반응을 나타내는 영역, 즉 유대감 형성에 중요하다고 알려진 영역이다. 뇌가 더욱 효율적으로 기능하기 위해, 특히 아기가 무슨 생각을 하는지 더 효율적으로 추론하기 위해 회백질이 압축되는 것이므로 시냅스 가지치기는 아이를 양육하는 데 매우 이롭다. 우리의 뇌가 상황에 따라 최적의 효율성을 추구하도록 변하는 것이다.

2020년 동일 연구진은 엄마가 아기의 미소에 반응할 때 활성화되는 뇌 영역인 측중격핵(nucleus accumbens)이 임산부나 엄마 모두에게서 감소했음을 발견했다. 측중격핵이 감소할수록 그만큼 기능은 더 활성화되는데, 이 영역은 엄마가 아기를 보거나 아기의 소리를 들을 때 반응하는 뇌 네트워크의 한 부분이라고 이미 알려져 있다. 일반적으로 인간은 연약하고 귀여운 존재인 아기를 보면 기쁨을 느끼는데, 이런 작용에 관여하는 뇌 영역이 실제로 아기를 출산했을 때 훨씬 더 효율적으로 기능하도록 변하는 것으로 보인다.

엄마의 뇌는 아기가 태어난 후에도 변화를 겪는다. 2010년 한 연구에서 출산 후 1개월과 4개월에 엄마의 뇌를 자세히 살폈는데, 뇌의 여러 영역에서 회백질이 증가했다. 가장 많이 증가한 영역은 공감, 정서 조절, 감각 정보 같은 사회적 행동에 중요하다고 알려진 부분이었다. 양육에 필수적인 뇌 영역에서 신경세포가 증가하기 때문에 이런 현상이 일어나는데, 이것은 임신기뿐만 아니라 출산 후에도 뇌가 얼마나 쉽게 변하는지 다시 한번 보여주는 것이다.

'엄마의 뇌'에 관한 오해와 편견

임신하면 뇌 구조가 변한다는 것을 보여주는 증거가 나왔지만, '엄마의 뇌' 개념을 확인시켜주는 증거로 임신기의 인지 결핍 현상을 보고하는 연구는 여전히 많다. 예를 들어 2018년에 발표된 연구에서 연구진은 임산부들이 인지 과제를 어떻게 수행하는지 살폈고, 특히 임신 후기에 두드러지게 나타나는 임산부들의 인지력 부족에 주목했다. 이 연구는 관련 주제를 다룬 여러 논문의 연구 결과를 종합적으로 조사한 메타분석이었다. 임신한 여성 700여 명과 임신하지 않은 여성 500여 명에 대한 관찰이 포함되어 있었다. 이 연구 결과는 임신했을 때 건망증이 심해진다는 고정관념을 뒷받침하는 것으로 보일 수 있고, 실제로 연구 결과가 발표된 직후 주요 뉴스에서도 이렇게 보도했다. 그러나 임신이 인지력 감소의 원인이라는 직접적인 증거는 제시하지 못했다.

인지력 감소는 단순히 임신과 연관된 신체적, 정신적 피로감 때문에 일어날 수 있다. 가벼운 인지 기능 장애를 경험한 임산부도 여전히 정상 범위의 수준으로 과제를 수행할 수 있고, 인지 장애가 나타났다 하더라도 직장에서 어려운 과제를 수행할 때 두드러진 영향을 미칠 정도가 아니라 가벼운 기억력 감퇴 정도였다.

이 분야와 관련된 연구는 아직 부족한 상태인데, 연구가 널리 이뤄지지 않은 이유는 연구의 방향이 문화적인 영향을 받기 때문이다. 인류에게 결정적인 순간, 즉 다음 세대가 태어나기 위한 중요한 순간에 엄마의 뇌가 어떻게 바뀌는지에 대해 아직도 알려진 게 별로 없다면 모성의 생리학에 대해 우리가 여전히 놓치고 있는 부분이 너무 많은 것은 아닐까? 다행히도 이 책을 쓰면서 만나본 신경과학 분야의 전문가들은 이 분야에 대한 사회적 관심이 점점 높아지는 추세라고 한다.

한편 '인지 기능 장애'를 측정하는 방식이 잘못되었을 가능성도 생각해볼 필요가 있다. 다시 말해 우리의 뇌가 아기를 돌볼 때 이롭도록 최적화한다면, 인지 기능을 측정하기 위해 단어나 숫자에 대한 단순 기억력을 테스트하는 것은 애초에 잘못된 질문을 던지는 것일지도 모른다. 실제로 임신한 쥐의 공간 기억력에 대한 실험에서는 임신한 쥐가 그렇지 않은 쥐에 비해 공간 기억력이 더 좋아지는 것으로 나타났다. 임신을 여러 번 할수록 공간 기억력이 더 높아지는데, 아마 책임져야 하는 새끼가 생겼을 때 먹이가 있는 장소를 잘 기억해야 하는 생존적 필요를 반영하는 것으로 여겨진다.

이 실험은 엄마의 뇌가 전적으로 근거 없는 믿음은 아니라는 것을 의미한다. 그렇다고 흔히 묘사하듯 매우 치명적으로 인지 능력이 감소하는 것은 아니라는 점도 의미한다. 나는 임신할 때마다 불면증에 시달렸고, 몇 시간 동안 깨어 있는 채 누워 있다가 일어나야 할 시간이 되어서야 깊이 잠들 때가 종종 있었다. 수면 부족 때문에 어떤 날에는 머리에 안개가 자욱한 것처럼 느껴지는 것도 어쩌면 당연했다.

그런데도 '엄마의 뇌'에 관한 통념이 사라지지 않고 계속 남아 있는 것은 사회적 기대와 고정관념 탓일지도 모른다. 남녀를 불문하고 사람들이 임신한 여성의 능력이 떨어진다고 평가하는 이유는 실제 인지 기능 장애 때문이 아니라 '잘하지 못할 것으로 추측하기 때문'일 수도 있다. 행동에 대한 기대감이 현실을 반영하지 않는다고 해도, 그것이 우리가 어떻게 행동하고 어떤 기분이 드는지에 강한 영향을 미친다는 것은 이미 잘 알려져 있다. 비슷한 맥락에서 임산부들을 대상으로 자가 분석 보고를 시행한 연구에서 대상자들은 임신 후기와 출산 후 3개월 동안 인지 능력이 쇠퇴했다고 느끼는 것으로 나타났다. 검사 결과 이들에게는 실질적인 인지 능력의 차이가 전혀 발생하지 않았지만 스스로 자신의 능력이 달라졌다고 느꼈다.

몇몇 연구에서는 임신기에 뇌 기능이 조금 쇠퇴한다고 보고하고 있지만, 지금 우리가 이해하고 있는 뇌의 변화는 '엄마의 뇌'가 실제로 엄마가 되는 준비를 도와주는 매우 유용한 적응적 변화라는 점을 보여준다. 기억력과 같은 특정한 인지 기능을 조금 상실할지는 모르겠지만 아기를 돌보고 아기에게 적절히 반응하는 데 필요한 영역에서는 더욱 뛰어나게 변화하는 것이다. 약간의 기억력 손상이라는 대가를 치르더라도 '엄마의 뇌'는 아기의 표정과 아기의 신호를 이해하는 능력이 강화된 엄마가 되도록 바뀌는 것이다.

한편 '엄마의 뇌'는 사람을 더 어려 보이게 하는 역할도 한다. 2019년 아이를 출산한 경험이 있는 여성 1만2,000명의 뇌를 분석한 연구에 따르면, 엄마와 엄마가 아닌 사람의 뇌를 비교했을 때 엄마인 쪽이 노화 진행의 징후가 적었고 자녀가 많은 여성일수록 그 차이가 크게 나타났다. 이런 현상이 왜 일어나는지 아직 분명히 밝혀지지는 않았지만, 한 연구에서는 뇌가 여러 주에 걸쳐 새로운 일에 참여하는 과정에서 노화가 줄어든 것이라고 밝혔다.

간단히 말해서 앞서 언급한 회백질 감소는 가벼운 인지 능력 쇠퇴를 동반하기는 하지만 엄마의 상황에 최적화하며 일어나고 있는 뇌 구조 변화의 이로운 결과일 것이다. 임신은 뇌뿐만 아니라 신체의 여러 주요 기관에 영향을 미친다. 놀라운 점은 이런 변화가 긍정적이고 지속적이라는 사실에 있다.

여성은 선천적으로 양육자가 되도록 타고난 것으로 보이지만, 이는 사실이 아니다. 물론 생물학적으로는 여성이 아기를 낳는다. 하지만 흥미로운 사실은 임신이 생물학적으로든 아니면 다른 방법을 써서든 새로 부모가 된 사람의 뇌 변화를 일으키는 유일한 방아쇠가 아니라는 점이다.

2014년 갓 태어난 아기를 키우는 남성 동성 커플을 대상으로 진행한 연구에서 연구자들은 남성 주 양육자들의 뇌에서도 엄마들과 비슷한 수준의 옥시토신이 분비된다는 것을 밝혀냈다. 엄마들과 마찬가지로 남성 양육자들도 감정에 중요한 역할을 하는 아몬드 모양의 편도체가 활성화되어 있었다. 이것은 자녀의 주 양육자가 여성 배우자인 남성들에게서는 관찰되지 않는 현상이다. 임신과 임신에 따른 모든 호르몬 변화는 뇌가 새로 태어난 아기에게 민감하게 반응하도록 준비하는 데 분명 도움이 된다. 그러나 이 연구는 출산 후에 일어나는 뇌 변화가 성별에 상관없이 양육에 참여하는 남녀 모두에게 일어나는 현상임을 보여준다. 꼭 여성이 주 양육자가 되도록 생물학적으로 결정된 게 아니라는 의미다.

남성도 양육에 중요한 역할을 할 수 있고 또 그래야만 한다. 그러나 대다수의 사회에서 이성 커플이 아이를 양육할 때 여전히 여성이 더 많은 역할을 맡고 있다. 양육에 덜 참여하는 부모의 뇌는 강한 편도체 반응을 일으킬 준비를 하지 않을 것이다. 아기와 유대감을 얼마나 깊이 형성하느냐에 영향을 미칠 수 있는 옥시토신의 분비량도 비교적 적고, 그에 따른 변화도 일어나지 않을 것이다. 이 연구 결과는 아기에 대한 최적의 뇌 반응을 강화하도록 도와주는 것은 '아기와 보내는 시간과 정서적 유대감의 강도'라는 의견에 힘을 실어주고 있다.

출산을 겪은 후 엄마의 뇌가 변하는 것과 마찬가지로 아빠의 뇌도 변할 수 있다. 물론 아빠가 직접 양육에 참여하는 시간이 많을 때 그렇다. 그러므로 우리의 뇌는 아기에 대한 강한 애착을 기르는 데 필요한 힘을 가지고 있다고 할 수 있다. 엄마와 아빠 모두 아기와 많은 시간을 보내고 유대감도 강하게 느낀다면 이로운 호르몬이 분비되면서 지속적으로 직접적인 양육에 참여하도록 유도하는 미묘한 생물학적 자극이 일어날 것이다.

뇌의 변화가 임신했을 때만 일어나는 건 아니다. 피임하는 여성들도 의도치 않은 변화를 겪고 있다. 구체적으로 말해서 피임약을 복용하는 여성의 이야기다. 피임약에는 호르몬이 함유되어 있으므로 이 점을 미리 알아둬야 한다. 피임약의 이점이 매우 크다는 점은 나 역시 인정한다. 피임약 덕분에 여성들은 임신의 부담에서 벗어났고 자유롭게 스스로 번식력을 조절할 수 있게 되었다. 그뿐 아니라 피임약은 심신을 쇠약하게 만드는 월경의 고통으로부터 무수히 많은 여성을 구했다. 이처럼 많은 이점을 생각한다면 이제 와서 피임약의 부작용에 초점을 두는 것이 어불성설처럼 느껴질 것이다. 그러나 피임약의 장기적인 효과에 대해서는 아직 충분히 알려지지 않았고, 피임약이 여성의 몸에 어떤 변화를 일으키는지에 대해서는 보다 면밀한 조사가 필요하다.

잠재적 부작용의 가능성을 이유로 남성용 피임약의 임상 시험이 철회되었고, 새로운 형태의 남성 피임법에 관한 연구도 진행 중이지만 같은 이유로 진전이 더딘 점도 생각해봐야 한다. 반면, 여성들은 피임약이 개발된 이래로 줄곧 우울증, 피부 질환, 감정 기복 같은 부작용을 감내해야 했다. 호르몬 피임법을 주로 여성에게 부담시키는 이유를 정확히 꼬집을 순 없지만, 여성들에게는 이미 출산의 고통과 임신에 의한 생물학적 스트레스 그리고 그에 따른 호르몬 변화를 견뎌낼 것이라는 기대가 있기 때문인지도 모른다.

피임약의 부작용은 너무 흔하므로 자신에게 맞는 것을 찾을 때까지 여러 형태의 약을 시험해봐야 한다. 피임약이 뇌의 구조와 기능을 모두 변화시킬 수 있다는 최근의 증거는 아직 세상에 널리 알려지지 않았다. 이 부작용은 우리에게 조금 어려운 숙제를 남긴다. 뇌가 완전히 발달하지 않은 청소년들이 여러 해 동안 피임약을 복용할 수 있다는 점, 우리가 피임약의 생리학적 영향은 어느 정도 이해하고 있더라도 신경학적 영향에 관해서는 아직 잘 모른다는 점이다.

과학은 피임약의 생물학적 영향에 관해 서서히 밝혀내고 있다.

2015년, 한 연구진은 피임약 복용자들 사이에서 의사결정과 감정 조절에 관여하는 뇌의 영역이 가늘어지는 현상을 발견했다. 게다가 피임약을 복용하는 사람 중에는 감정 기복 같은 변화를 보고하는 이들도 많았다.

덴마크 여성 100만여 명을 조사한 한 연구에서는 피임약과 우울증 사이에 강한 연관성이 있음이 입증되었다. 1,200여 명의 여성을 조사한 다른 연구는 청소년기의 피임약 사용이 성인이 되었을 때 정신건강에 좋지 않은 영향을 미칠 수 있음을 보여줬다. 청소년기에 피임약을 복용했다고 말한 사람들은 성인이 되어 우울증 진단을 받는 경향이 두드러지게 나타났다. 반면, 성인이 된 후 피임약을 사용한 여성들에게는 이런 연관성이 거의 나타나지 않았다. 아직은 과학이 확실하게 말해줄 수 없지만, 피임약을 복용했을 때 뇌가 변한다는 사실은 지금까지 밝혀진 피임약의 영향을 설명하는 데 도움이 될 것이다.

감정 기억력이 성호르몬의 영향을 받는다는 건 밝혀진 지 오래된 사실이다. 한 연구에서 여성들이 생리 주기 후반부 프로게스테론(황체호르몬) 분비량이 최고치일 때 감정적 이야기의 전체적인 핵심보다는 세세한 사항을 더 잘 기억한다는 것이 밝혀졌다. 연구자들은 피임약이 여성의 성호르몬에 영향을 미친다면, 감정 기억력도 바꿀 수 있는지 의문을 가졌다. 곧 그들의 의문은 사실로 드러났다. 연구진은 피임약을 복용한 여성들에게서 기억력 패턴이 거꾸로 나타난다는 것을 확인했다. 즉 피임약을 복용하는 여성들은 감정적 이야기의 구체적인 사항보다는 전체적인 핵심을 더 잘 기억했다.

감정과 관련 없는 중립적인 이야기에 대한 기억력은 두 피실험자 집단 모두 비슷했다. 후속 연구에서 피임약을 복용하는 여성에게 불쾌한 사진을 보여주고 두뇌 스캔을 한 결과, 편도체가 덜 활성화되었다. 간단히 말해 피임약 때문에 편도체가 감정적 자극에 다소 무뎌졌다는 뜻이다. 실험을 통해 피임약이 뇌 기능 및 기억의 여러 측면을 바꾼다는 사실을 알았지만, 이것이 정확하게 건강 전반에 어떤 영향을 주는지에 대한 연구는 아직 충분하지 않다.

뇌의 변화 이외에 다른 미묘한 영향도 있을 수 있다. 2016년 한 연구는 엄마가 피임약을 복용하고 있을 때 부모가 만난 경우와 약을 끊고 있을 때 만난 경우, 자녀의 건강 결과가 다르게 나타났다고 보고했다. 연구진이 예측한 대로 엄마가 피임약을 복용하고 있지 않을 때 만난 부모(이는 피임약을 복용하는 중간에 '배우자 선택'이 바뀌었음을 암시한다)의 자녀들과 비교했을 때 엄마가 피임약을 복용했던 아이들이 알레르기에 더 취약하고 더 자주 병에 걸렸다. 이 연구에는 상관관계가 있는 여러 요인이 관련되어 있다. 그래서 피임약 복용 중에 배우자를 선택하는 것이 어떤 역할을 했다고 정확히 말할 수는 없다. 이런 불확실성에도 불구하고 피임약이 매우 널리 사용되고 있으므로 추가 조사를 통해 피임약 복용이 어떤 장기적인 결과를 낳는지에 대해 확인해볼 만하다.

임신한 여성들이 느끼는 압박감과 부담감

지금까지는 뇌의 변화에 관해 살펴봤다. 그렇다면 임신하면 느끼는 신체적, 정신적 변화는 어떨까? 계획 임신을 한 사람이라도 임신한 지 2주 정도는 지나야 임신 여부를 확실히 알 수 있고, 그때쯤 되어야 임신 테스

트에서 믿을 만한 결과가 나온다. [1]

임신 테스트에서 양성이 나오면 그때가 임신 4주이다. 왜 실제보다 2주가 더 추가될까? 그 이유는 의사들이 임신 주수를 계산할 때 마지막 생리 시작일부터 세기 때문이다. 그러니까 임신 4주라 하더라도 2주는 실제로 임신 상태가 아니라는 말이다. 하지만 이미 그때부터 우리의 몸은 난자를 내보낼 준비를 한다. 많은 여성이 그 후로 8주가 지날 때까지 임신 소식을 주변에 잘 알리지 않는다. 여러 가지 이유가 있지만 가장 두드러진 이유는 임신 초기에 유산될 위험이 매우 크기 때문일 것이다.

임신 후 처음 12주는 신체적으로 매우 힘든 시기이다. 나는 모니터로 아기의 희미한 형체를 보기 전까지는 내 몸 안에 살아 있는 생명체가 정말 존재하는지 의심했다. 하지만 입덧이 시작되자 모든 게 달라졌다. 입덧은 인생을 바꾸는 경이로운 비밀이 우리 몸 안에서 자라고 있다는 것을 보여준다. 그것은 우리를 피곤하고 메스껍고 아프게 만들고 먹은 음식을 다 게우게 할 수 있다. 하지만 우리는 임신하기 전이나 지금이나 같은 사람으로 보여야 한다는 생각에 모든 것이 괜찮은 척 연기를 할지도 모른다. 임신이 더 오래 유지될수록 유산 위험은 감소하지만, 임신의 25퍼센트는 결국 유산으로 끝난다. 최근 일부 연령 집단에서 유산 비율이 50퍼센트나 된다는 증거도 나왔다. 많은 사람이 유산이 얼마나 흔한지 모르는 이유는 엄밀히 말해 주변 사람 중 누군가가 임신했다는 것을 아무도 모를 때 유산하는 경우가 대부분이기 때문이다. 만일 임신 사실을 일찍 알린다면 유산할 경우 이 가슴 아픈 일을 다른 사람에게도 알려

---

1) 이것은 생리 주기가 20일이라고 가정했을 때다. 하지만 여성의 생리 주기는 사람마다 상당한 차이가 있다. 내 경우는 보통 33일 정도다.

야 하는 곤란을 겪어야 한다는 의미다. 결국 많은 여성이 남몰래 고통스러워 하거나 시간이 지나고 나서야 유산 사실을 알린다는 말이다.

어떤 선택을 하든 힘든 것은 마찬가지다. 그러나 유산이 생각보다 흔하다는 인식이 지금보다 널리 퍼진다면 더욱 섬세한 정서적 지원이 가능할 것이다. 최근 아기를 가진 내 친구와 주변 사람 수십 명 중에서도 여러 명이 유산을 경험했고, 그중 네 명은 습관성 유산을 겪었다. 직장에서 가끔 몸이 좋지 않은 일은 흔하지만, 임신 초기에는 누구에게라도 몸이 좋지 않다고 말하지 못하는 경우가 많다. 임신 초기는 휴식을 더 많이 취할 수 있는 혜택이 주어지는 시기인데도 말이다. 임신 초기에 임신을 비밀로 하는 이유는 임신 소식을 주변에 알리기로 결정한 순간부터 평소와 다른 대접을 받기 시작할 것임을 알기 때문이다.

둘째를 임신하고 얼마 되지 않아 나는 너무나도 힘든 시기를 보냈다. 새로운 비디오 플랫폼을 시작하고, 새로운 팀을 관리하고, 수십 개의 단편영화 제작을 감독하고 있을 때였다. 임신한 것을 알게 된 주에는 과학 저널리즘 학회에서 발표하기 위해 멕시코로 날아갔다. 이미 정신적으로 힘든 시기였으므로 임신하기에 이상적인 때는 분명 아니었다.

이른 아침부터 아장아장 걸어다니는 아이와 씨름하고, 출근해서는 새로 맡은 역할을 처리하느라 정신적 부담이 계속되었다. 나는 뱃속에 태아가 자라고 있는 산모가 아닌 것처럼 업무를 계속했다. 분명 건강에 좋은 태도는 아니었다. 약간의 휴식이 업무 효율과 건강, 스트레스 관리에 훨씬 이로웠을 것이다. 하지만 이 시기에 나는 동료들이 내가 임신한 사실을 몰랐으면 했다. 일단 지금까지와 다른 대접을 받고 싶지 않았고, 누군가가 내가 평상시 능력에 못 미치게 일할 거라는 선입견을 갖는 게 싫었다. 동료들이 실제로 그랬다는 말은 아니지만, 충분히 있을 수 있는 갈등이었다.

스트레스 수치가 높으면 뱃속 아기의 건강에 부정적인 영향을 미칠 수 있으므로 임신 기간 동안은 되도록 스트레스를 받지 않는 상태를 유지해야 한다. 극도로 스트레스를 받은 엄마에게서 태어난 아기는 그렇지 않은 아기에 비해 더 많은 정신건강 문제를 가지고 있고 성격이 예민할 수도 있다. 행동장애, 불안, 우울증 같은 장기적인 영향을 받을 수도 있다. 2019년에 발표된 한 연구에 따르면 극심한 스트레스는 아동과 성인의 성격 장애 증가로 이어지기도 한다. 스트레스는 삶의 정상적인 부분이고 이 같은 결과는 대부분 정도가 심하거나 장기적인 스트레스를 연구한 것들로, 이런 연구 결과에 지나치게 불안해 할 필요는 없다. 하지만 시간을 거슬러 과거로 돌아갈 수 있다면 임신을 했을 때 나 자신에게 좀 더 여유를 가지라는 조언을 해줄 것이다. 그렇다고 해서 완전히 삶의 속도를 늦춰야 한다는 말이 아니다. 단지 우리의 건강에 이롭도록 환경을 조금만 최적화하자는 것이다. 이는 가능하다면 재택근무 시간을 늘리고 러시아워 시간을 피해서 출퇴근하는 등 비교적 간단한 변화일 수도 있다. 점점 커지고 있는 볼록한 배를 누군가 모르고 밀치거나 부딪히지는 않을까 노심초사하거나 어떤 사람에게 자리를 양보해달라고 부탁할지 짧은 순간 갈등해야 하는 일로부터 조금은 멀어지는 것이다.

둘째를 임신했을 무렵, 나는 2시간에 한 번씩 무엇인가를 먹지 않으면 속이 심하게 메스꺼웠다. 다행히도 회사에서는 정신없을 정도로 바쁜 일정이 오히려 도움이 되었다. 하지만 매일 퇴근 후 집에 돌아오면 모든 에너지가 고갈된 것 같은 느낌이 들었다. 다행히도 12주가 지나면서 입덧이 거의 가라앉았지만, 내 주변 사람들은 입덧을 더 심하게 했다. 한 친구는 임신 기간 내내 속이 메스꺼웠고, 입덧이 그녀의 정신건강에까지 나쁜 영향을 미쳤다. 그녀는 아기를 또 가질까 생각 중이지만 입덧을 다시 겪어야 할 만큼 간절히 바라는지는 잘 모르겠다고 말한다. 그녀처럼 거의 매일 입덧을 한다면 9개월이 마치 영원처럼 느껴질 것이다. 또 다른 친구는 지속적인 어지럼증 때문에 어쩔 수 없이 6개월간 휴직했다. 어떤 여성들은 임신했을 때의 생물학적 부작용이 너무 심해서 여러 달 동안 몸을 회복하지 못하기도 한다. 특히 심한 구역질과 구토를 일으킬 수 있는 임신 오조에 시달리는 여성들은 체중이 크게 감소하고 탈수가 일어나기도 한다.

성인이 되면서 우리는 점차 자신의 몸을 이해하고, 건강한 상태를 유지하기 위해 많은 시간과 돈을 투자한다. 그러다 갑자기 9개월 동안 모든 것이 변하고, 다른 사람들이 으레 부탁하지도 않은 사적인 조언을 해주는 시간이 다가온다.

동료들에게 임신 사실을 밝혔을 때 나는 이미 임신 18주였다. 밥을 잘 먹어서 조금 살찐 사람처럼 보였기 때문에 임신한 것을 쉽게 숨길 수 있었다. 나를 잘 아는 사람이 아니었다면 눈치채지 못했을 것이다. 내 이력에서 가장 기억에 남을 만한 날인 데이비드 애튼버러David Attenborough 경(영국의 동물학자이자 방송인. 환경보호론자로 유명하다-옮긴이)을 그의 자택에서 생방송 인터뷰하기로 한 날이었다. 그런데 하필 이날 동료들이 나의 임신 사실을 알게 되었다.

인터뷰가 끝나자 동료는 데이비드 경에게 내가 임신했다고 알렸다. 데이비드 경이 내 인터뷰 스타일을 칭찬하자 "그녀는 아기를 가져서 곧

휴직합니다."라고 대답한 것이다. 그러자 데이비드 경은 "저런, 일을 참 잘하는 분이니 놓치지 마세요."라고 말했다. 그의 말은 모두 칭찬이었고 그때의 경험은 내 이력에서 가장 빛나는 순간이었다. 게다가 내가 너무 긴장한 것처럼 보였는지 데이비드 경은 내게 무척 친절하게 대해줬다. 그러나 나는 이날 데이비드 경과 성공적인 인터뷰를 해낸 것에 대해 충분히 즐길 수도, 기뻐할 수도 없었다.

내가 상당히 오랫동안 회사에 임신 사실을 알리지 않았던 이유는 무엇이든 임신의 그늘에 가려지는 것을 피하고 싶어서였다. 좋은 의도일지라도 사람들이 나를 임신 전과 다르게 생각하는 것이 싫었다. 나는 할 수 있는 한 오래 '나 자신'으로 남고 싶었다. 임신 때문에 특별한 대우를 받고 싶지도 않았다. 두 차례 임신하는 동안 단 하루도 병가를 내지 않았던 것도 이런 이유 때문이었다.

나는 임신으로 인해 평상시만큼 활동할 수 없다는 사실에 굴복할 수 없었다. 첫 아이가 뱃속에 있는 동안에는 여전히 일주일에 두 번 이상 달리기를 하러 나갔고, 내가 어느 정도의 건강을 유지할 수 있다는 사실을 즐겼다. 어쩌면 이제 곧 극적인 변화를 겪을 나의 몸을 통제하는 방식이었는지도 모르겠다. 달리기는 내 몸의 변화를 완화할 수 있는 것처럼 느끼게 해줬다. 게다가 실제로 입덧도 조금 가라앉았다.

불룩한 배가 더 도드라질수록 내가 엄마가 될 예정이라는 점은 더 명백한 사실로 다가왔다. 그런데도 왜 나는 임신했다고 밝히는 것을 그토록 주저했을까? 딱 꼬집어 말할 수는 없지만, 새로 생겨난 '예비 엄마'라는 정체성이 나의 개인적 정체성과 부딪히고 삐걱거렸던 것은 아닐까 추측한다. 나는 '임신한 여성'이 나의 우선적인 정체성이 되는 게 싫었다.

그런데도 나의 모든 에너지가 그것에 소모되고 있었다. 몇 달 후 아기가 발로 차고 더 많이 움직이기 시작했을 때 특히 이 정체성의 물리적 실체가 느껴졌다. 어떤 여성들은 직업적으로 성공하기 위해 직장에서 남성적인 정체성을 선택하는데, 임신했을 때도 자신의 페르소나를 유지하기 위해 임신 사실을 숨기려 한다는 연구 결과가 있다.

임신한 여성을 가리켜 '공공 재산'이라고 부르는 이유도 여기에 있다. 임신은 육체적으로 드러나고, 그래서 매우 가시적이기 때문이다. 임신은 타인의 관심과 조언, 심지어 판단을 불러일으키는 지속적이고 물리적인 실재다. 임신한 여성이라는 극도로 개인적인 정체성은 신체적으로 바로 드러나기 때문에 결코 집에 숨겨둘 수 없다는 의미다. 사람들이 더 오래 문을 잡아주고 대중교통에서 자리를 양보하고, 마트 직원은 순수하게 말 한마디라도 더 건넨다. 낯선 사람이 대뜸 임산부의 배를 만지는 모습을 풍자한 패러디는 과장처럼 느껴지지만 어쨌든 현실에 기초한 것이다.

나에게 임신은 정신적인 실재이기도 했다. 출퇴근 시간이나 낯선 사람 옆으로 지나가거나 쉬는 시간이면 언제나 머릿속에서 '내가 임신한 것을 사람들이 알아차렸을까?' 하는 생각이 떠나지 않았다. 나는 원래 다른 사람들이 나를 어떻게 생각하는지 크게 신경 쓰지 않는 사람이었는데도 어떤 이유에선지 이 생각이 계속 머릿속에서 맴돌았다.

임신하면 엄마의 몸은 더는 엄마의 것이 아니라는 말처럼 실제로 엄마 몸속에서 자라고 있는 아기는 여분의 영양분을 모두 빨아들인다. 엄마가 흡수할 영양분이 남아 있지 않더라도 아기는 계속 엄마에게서 무언가를 앗아갈 것이다. 임산부에게 철분 부족이 매우 흔하게 나타나는 이유도 이 때문이다. 출산 전 정기검진을 받으러 갔을 때 나는 나이 많고 매우 진지한 조산사에게 요즘 피로감을 자주 느낀다고 털어놓았다. 그러자 그녀는 "몸 안에 기생충이 자라고 있잖아요. 엄마에게서 빨아먹을 수 있는 건 뭐든 다 빨아먹을 거예요."라고 말하면서 피로 완화에 도움이 되는 영양보충제를 복용하라고 권했다.[2]

임산부들은 임신 기간 동안 어떤 음식이나 음료를 섭취하는지에 관해서도 자주 질문을 받는다. 여성들은 임신했을 때 먹는 음식이 나중에 아이의 건강이나 기호에 영향을 미치는 것은 아닌지 고민한다. 알다시피 엄마가 먹은 음식의 맛이 양수까지 전달되기 때문이다. 또한 출산 후 모유수유를 하는 엄마들은 술과 커피를 조심하라는 조언도 들을 것이다.

임신을 두 번 경험했기 때문에 나는 임신이 아주 많은 변화를 가져온다는 것을 어느 정도 당연한 사실로 받아들인다. 임신하면 첫째로 입덧, 음식 기피, 식욕 증가, 예민해진 후각 등 신체적 변화를 끊임없이 느끼게 된다. 나는 후각이 아주 예민해서 아침 출근길에 전날 밤 술을 마신 사람의 술 냄새를 맡을 수 있었고 그 때문에 속이 자주 메스꺼웠다. 둘째로 외부 사건이 끊임없이 임신 사실을 상기시켜주고, 병원 검진 예약, 낯선 사람들의 미소, 축하 인사가 이어진다. 그렇게 아는 체하는 눈짓이 어느 때는 반갑지만 그렇지 않을 때도 있다. 여기에서 다시 '엄마의 뇌'를 생각하게 된다. 우리의 뇌는 엄마와 아기의 유대를 최대한 친밀하게 만들기 위해 물리적으로 변하기 시작한다. 임신기에 조금 예민해진다거나 평소 지나치던 것들을 더 민감하게 인식하는 것도 이런 변화에 따른 결

---

2) 최근의 연구는 임신 기간에 균형 잡힌 식사를 하고 있다면 엽산과 비타민 D 외에 별도의 영양제를 복용할 필요가 없음을 시사했다.

과일지 모른다.

한편 임산부들은 또 다른 압박감에 시달리기도 한다. '이상적인' 임산부의 몸이라는 개념이 여성들에게 신체적 변화를 통제해야 한다는 압박감을 주고 있다.

20여 년 동안 진행된 수많은 연구를 검토해 임신이 신체 이미지에 미치는 영향을 조사한 2014년의 한 논문에 따르면 여성들이 자기 몸에 대해 어떻게 생각하는지는 '사회적으로 형성된 이상적인 몸'의 개념에 달려 있었다. 즉 임신과 관련된 체중 증가는 어느 정도 용인되었지만, 과도한 체중 증가나 여드름, 임신선 같은 '이상적인 몸'에서 벗어나는 것은 용인되지 않았다. 또한 압도적으로 많은 여성이 자신이 이상적인 기준에서 벗어난다고 생각했다. 이 논문은 임신한 여성들이 자기 몸을 뱃속의 아기와 공유하고 있다고 생각하거나 아기가 자기 몸을 침범하는 것처럼 느낀다고 보고했다. 후자와 같은 부정적인 생각은 출산 후 몸에 대한 인식뿐만 아니라 아기와의 유대감에도 나쁜 영향을 줄 수 있다.

임신했을 때 일어나는 신체 변화에 얼마나 잘 대응하는지는 여성의 아름다움에 관한 사회적 기준으로부터 스스로를 얼마나 잘 지키는지에 달려 있다. 여성들은 아기가 태어난 후에는 사회적으로 형성된 미적 기준을 다시 따라야 한다고 생각하며, 임신 이전의 몸매로 돌아가야 한다는 압박감을 느낀다. 이런 압박을 강하게 경험한 여성들은 출산 후 달라진 몸에 더 고통스러워 한다. 논문의 저자들은 임신 기간과 출산 후에 겪는 신체 변화가 엄마라는 새로운 역할과 정체성에 얼마나 잘 적응하는지 결정하는 열쇠이므로 이를 과소평가하지 말아야 한다고 이야기한다. 임신했을 때 자신의 신체에 대해 부정적인 생각을 하는 여성들은 이후

우울증에 걸릴 확률이 높고, 모유수유를 할 확률도 낮으며, 모유수유를 하더라도 기간이 짧게 끝난다. 반면 신체에 대한 높은 만족감은 원만한 대인관계와 신체에 대한 높은 내부 수용 감각(자기 인식)으로 이어진다.

한 가지 분명한 것은 임신기의 신체 변화가 많은 여성의 마음을 차지하고 있다는 것이다. 출산 후 정신건강 문제가 얼마나 흔한지 고려할 때, 신체 정체성에 관한 질문 또한 산전 정기검진에 포함해 더 자세히 다뤄야 할 필요가 있다. 이 검사는 임신 초기에 쉽게 시행할 수 있다. 검사 결과를 통해 출산 후 정신적 고통을 겪을 위험이 큰 여성에 대해 의료적으로 개입할 수 있다. 이를 통해 여성들이 임신 이후에도 온전히 자기다움을 느끼고 자신을 통제할 수 있게 도와주고, 궁극적으로는 아기와 더 강한 유대를 형성하도록 도울 수 있다.

임산부에서 어머니로 변화하는 과정은 실로 위대하다. 9개월간의 여정을 거친 끝에 우리가 돌봐야 할 새로운 인간이 태어난다. 인류학자들은 엄마가 되는 시기를 '어머니기(matrescence)'라고 불렀는데, 생식정신의학자인 알렉산드라 삭스Alexandra Sacks가 이 용어를 사용하면서 널리 알려졌다. 삭스는 어머니라는 정체성의 탄생은 아기를 낳는 것 못지않게 힘든 일이라고 말한다. 더 좋은 부모가 되기 위해 우리는 이러한 정체성의 변화를 충분히 이해해야만 한다. 아기의 탄생은 곧 '새로운 어머니의 탄생'을 의미하기 때문이다.

2장

출산의 순간

출산 시 겪는 혼란과 산후 정신건강

응급 제왕절개 수술로 딸아이를 낳은 지 4일째 되는 날이었다. 샤워를 하던 중 복부의 제왕절개 수술 상처에서 무언가 새어나오는 것이 느껴졌다. 처음 남편을 부르기 전에는 그냥 고름 정도라고 생각했다. 그러나 상처가 더 벌어지는 느낌이 들었을 때 뭔가 잘못되었음을 직감했다. 나는 큰 소리로 남편을 부르려고 했다. 그러나 배에 힘이 들어가자 찢어진 상처가 마치 고장 난 지퍼처럼 한쪽에서 다른 쪽까지 벌어졌다. 어쩔 수 없이 작은 목소리로 소리칠 수밖에 없었다.

"스티븐, 도와줘요."

남편이 나중에 말해줬는데, 내가 그렇게 다급한 목소리로 부르는 걸 들어본 적이 없었기에 사태의 심각성을 바로 알아차렸다고 한다. 몇 초 후 남편이 내 옆으로 왔다. 남편은 아무 말도 하지 않고 곧바로 전화기를 집어 들어 구급차를 불렀다. 전화기 너머로 상담원이 보이는 대로

다 설명하라고 재촉하는 소리가 들려왔다. 남편은 지금 벌어지고 있는 일의 실체를 내가 알지 못하게 하려고 욕실 밖으로 나갔다.

"제 생각에 아내의 내장이 몸 밖으로 나온 것 같습니다."

남편은 내가 듣지 못하도록 속삭이듯 말했다. 하지만 나는 그들의 대화를 모두 들었고, 말도 안 되는 현실에 충격을 받아 몸을 심하게 떨었다. 워낙 심하게 몸을 떨었기 때문에 어떻게 계속 그 상태로 서 있을 수 있었는지 지금 생각해도 놀라울 뿐이다. 남편은 내장이 중력에 의해 점점 아래로 떨어지고 있는 상황에서 나를 어떻게 해야 하는지 물었다.

샤워 중이었기 때문에 나는 나체로 서 있었다. 다행히 머리를 감기 전에 일이 벌어졌다. 안 그랬으면 머리에 샴푸 거품을 뒤집어쓴 채로 서 있었을 것이다. 남편은 내가 고개를 숙여 몸을 직접 살피지 못하도록 했다. 그래서 손상 범위 전체를 자세히 보지 못하고, 구멍에서 새어나온 엉망진창의 붉은색과 흰색 내용물이 약간 돌출된 것만 보았다. 하지만 실제로는 6미터가 넘는 내장이 몸에서 쏟아져나와 복부에 크게 난 구멍에 매달려 있었다. 나중에 남편이 해준 말에 따르면, 공포영화의 고전 '에어리언'의 팬들 사이에서 체스트버스터라 불리는 외계인이 가슴을 뚫고 나오는 장면이 연상되었다고 한다. 오토바이를 타고 도착한 응급치료사도 이런 상황은 단 한 번도 본 적이 없다고 했다. 그 후 며칠 동안 병원에서 마주친 무수히 많은 의료진 또한 모두 같은 말을 했다.

응급구조사가 오토바이를 타고 나타나기까지 7분밖에 걸리지 않았다. 그가 도착할 때까지 상담원과 전화로 계속 연결되어 있었기 때문에 우리는 오토바이 응급구조사가 먼저 출동하리라는 것을 미리 알고 있었다. 그때 처음 안 사실이지만 환자의 상황이 긴박할 때는 구급차보다 오토바이가 먼저 파견된다고 한다. 그날은 교통 정체로 악명 높은 금요일 밤이었다. 그래서 우리는 구급차가 도착하기까지 다시 20분 정도를 고통스럽게 기다려야 했다. 응급구조사는 먼저 내가 샤워실 밖으로 나올 수 있도록 도왔다. 그러고 나서 내가 의자에 앉아 덜덜 떨면서 아기가 안전한지 몇 번이고 물어보는 동안 식염수로 도포된 거즈 붕대를 내 몸에 감은 다음 큰 수건으로 몸을 감쌌다. 나는 계속해서 "우리 아기는 태어난 지 4일밖에 되지 않았어요."라고 말했다.

아기는 괜찮을 것이고 구급차에 함께 타고 갈 수 있다는 말을 듣고서야 비로소 안심할 수 있었다. 막 젖이 나오기 시작한 때였고 아기에게 한 번도 젖병을 물려보지 않았다. 아기에게 유일한 음식 공급원은 나였기 때문에 계속 그것만 신경 쓰였다.

밖으로 노출된 내장을 식염수 붕대로 감싸고 최소한의 진통제만 맞은 상태로(모르핀이 모유로 흘러 들어갈 수 있으므로 나는 모르핀을 거부했다) 세 시간을 기다린 후 드디어 응급수술을 받을 수 있었다. 수술을 기다리는 동안에도 나는 가능하다면 아기에게 젖을 먹이려고 애썼다. 하지만 침대에 똑바로 누운 상태에서는 수유가 힘들었다. 부풀어 오른 젖꼭지에서 젖을 짜내려고도 했지만, 그것도 같은 이유로 힘들었다.

나는 수술 동의서에 서명했다. 의사는 수술로 영구적인 장기 손상이 남을 수 있다고 경고하고 내가 그 말의 의미를 제대로 이해했는지 확인하는 질문도 했다. 마취의는 잠재적 알레르기 반응에 관해 온갖 종류의 질문을 했고, 친절한 간호사가 항생제와 진통제를 투약하기 위해 카테터를 삽입하고 수액 주사를 놓았다. 비록 점점 심해지는 통증에 별 효과는 없었지만, 병원에 도착한 지 2시간 만에 나는 결국 진통제 투약에

동의했다. 내 인생에서 가장 긴 시간처럼 느껴지는 순간이었다. 남편이 모든 게 괜찮을 거라는 말도 하지 못하는 것을 보고 상황의 심각성을 눈치챌 수 있었다. 남편의 얼굴은 거의 잿빛으로 변해 있었다. 남편은 내가 수술실에 들어가면 아기를 어디로 데려가야 할지 몰라 초조해 하며 내내 아기를 안고 있었다. 하지만 그는 자신이 어디로 가야 할지 또는 이제 곧 배고파 할 아기를 어떻게 해야 할지 묻는 말로 주의를 분산시키고 싶지 않은 듯했다.

나는 자정이 넘어서야 수술실로 들어갔다. 10에서부터 거꾸로 수를 세라고 했을 때는 단 3초도 버티지 못했다. 창자 전문 외과의와 산부인과 전문의가 함께 호출되었고, 의사들은 파열되거나 손상된 부분을 찾기 위해 꼼꼼히 확인하고 몸 안으로 내장을 다시 집어넣는 '시험 개복술'을 시행했다. 나는 길고 어두운 직사각형의 방에서 2시간 후에 깨어났다. 방에 환자는 나 혼자였고, 여전히 마취 기운이 남아 있어서 몽롱한 상태였다. 두 명의 간호사가 미소를 지으면서 모든 게 잘 되었고, 남편과 아기가 오고 있다는 소식을 알려줬다. 회복실 간호사들이 창자 수술을 받은 환자들의 수술 후 샤워 습관에 대해 재미있는 이야기를 해줬다. 아직 약 기운에 취해 있던 나는 킬킬거리며 웃었다. 그리고 나서 한 간호사가 불어난 유방을 가라앉힐 수 있게 성능이 강한 유축기를 가지고 들어왔다.

남편과 아기를 다시 만났을 때 아기는 잠들어 있었다. 내가 수술을 받는 동안 남편은 간신히 산부인과 병동을 찾아냈고, 산부인과 수련의가 우는 아기에게 먹이라며 분유를 줬다고 했다.

회복 과정은 더디고 고통스러웠다. 회복 과정에서 만난 모든 이들이 내가 괜찮아서 얼마나 기쁘고 놀라운지 모르겠다고 말했다. 내가 겪은 일에 관한 상담을 받을 수 있는 곳을 소개한 책자도 받았다. 입원해 있는 동안 분만 수술에서 정확히 무엇이 잘못되었는지 밝히기 위해 여러 산부인과 의사의 진찰을 받았다. 의사들은 일어나지 말았어야 할 '예상치 못한 사건'이 일어났다고 했고, 원인을 밝혀보려 애썼지만 결국 정확히 밝혀내지는 못했다. 어쨌든 가까스로 방귀가 나왔을 때 얼마나 많은 축하를 받았는지 절대 잊지 못할 것이다.

외상과 약물치료라는 악조건 속에서 몸이 회복되자 아기에게 모유 수유를 계속할 수 있었고, 경험 많은 조산사들이 아기를 잘 돌봐줬다. 조산사들 덕분에 아기가 얼마나 먹고 자는지, 체중이 잘 늘고 있는지 걱정할 필요가 없었다. 아마 이것이 장기 입원의 유일한 장점이었을 것이다.

내가 겪은 일의 원인이 무엇이었든 그것에 대해 너무 깊이 생각하지 않는 것이 내가 할 수 있는 최선이었고, 내 몸은 지속적인 부작용 없이 완전히 회복되었다. 하지만 이 사건이 오랜 시간 동안 트라우마로 남을 것이며 온전히 극복하지 못하리라 생각한 적도 있었다. 가끔 그때의 일이 갑자기 떠오르거나 악몽을 꾸는 날도 있었지만, 이것을 제외하면 다행히도 장기적인 정신적 충격은 거의 남지 않았다. 내가 이 사건을 비교적 잘 극복할 수 있었던 두 가지 이유는 내 몸이 완전히 회복되었고 주변에 나를 도와주는 친절하고 섬세한 의료 지원 네트워크가 있었다는 것과 그런 시련을 겪는 동안 아기가 내내 건강했다는 점을 꼽을 수 있을 것이다.

나를 담당했던 정신과 의사들은 정신적 외상을 경험한 환자에게 심리적 안전감과 안정감이 가장 중요하다는 사실을 잘 알고 있었다. 처음에는 의료 과실로 이런 일이 발생했을지도 모른다는 생각에 화도 나고 속상했지만 나를 치료해주고 지원해준 여러 의료진의 도움으로 곧 안정감을 찾을 수 있었다. 많은 경우 출산 외상은 지속적인 심리적 충격을 남기고, 이제 막 엄마가 된 여성들을 심한 우울증에 빠트리기도 한다.

내가 겪은 것처럼 의학적으로 매우 드문 사건까지는 아니더라도 비교적 가벼운 출산 외상조차 트라우마를 남길 수 있다. 엄마가 되면 우리의 정체성은 순식간에 바뀐다. 이전에 가지고 있던 자아감을 상실할 뿐만 아니라 혼란스럽고 불분명하고 고통스럽고 어쩌면 아주 오래갈 수 있는 정체성 변화를 겪기 때문이다. 출산을 경험하며 여러 면에서 정신적인 충격을 받을 수 있고, 산후우울증과 그보다 정도가 덜한 산후 불안감, 외상후스트레스장애, 산후 정신병 같은 질환이 발병할 위험이 있다. 이런 질환은 여성의 자아감에 지속적인 영향을 미칠 수 있다.

진통과 분만을 겪는 동안 여성들은 이미 신체적으로, 정신적으로 취약한 상태에 놓인다. 즉 일이 잘못되거나 의료진으로부터 신뢰감과 안전감을 느끼지 못하면 장기적인 트라우마로 이어질 가능성이 크다는 의미다. 바꿔 말하면, 생명을 위협받는 상황을 경험하더라도 의료진의 적절한 지원을 인지할 수만 있다면 그것이 정신건강에 큰 도움이 될 수 있다는 의미이기도 하다. 중요한 것은 임산부가 사건을 제대로 인지하는 것이다. 제왕절개 수술 같은 의료적 개입에 의한 출산이 상당히 통상적인 것으로 여겨지지만, 사실 지속적인 문제를 일으킬 수 있는 경험이므로 신중히 고민하고 결정해야 한다.

출산 시의 의료적 개입은 출산 후에 겪는 정신건강 문제의 가장 강한 예측 변수로 꼽는다. 연구에 따르면 '의료 전문가에 대한 낮은 만족감'

은 만성적인 외상후스트레스장애와 연관이 있는 것으로 나타났다.

출산 후에 겪을 수 있는 정신건강 문제

출산 후의 정신건강 문제는 이제 더는 드문 일이 아님이 분명하다. 특히 최근 들어 더 많은 여성이 자신의 트라우마에 관해 공개적으로 이야기하기 시작했다. 출산 후 경험하는 산후우울증은 자존감 저하, 무기력, 눈물, 짜증, 분노 등의 증상으로 나타나고, 심한 경우 자살 충동을 느끼기도 한다. 또한 아기와의 유대감 형성과 수유를 방해하기도 한다. 출산 후 대략 10~15퍼센트의 여성들에게 산후우울증이 발생한다고 알려져 있는데, 미국에서만 매년 대략 40만 명의 초보 엄마들이 산후우울증을 겪는다는 말이다.

아예 보고되지 않은 사례가 많고 우울증 중증도에도 매우 큰 차이를 보이기 때문에 정확한 숫자는 파악하기 어렵다. 이유가 분명하게 밝혀지지는 않았지만, 유럽과 호주의 여성들은 미국의 여성보다 산후우울증 발병률이 낮은 것으로 나타났다.

우울증의 정도는 다르지만, 누구나 산후우울증을 겪을 수 있다. 산후우울증의 발병률은 빈곤, 가정폭력 및 성폭력, 가족이나 사회적 도움을 거의 받지 못하는 환경 등 여러 요인에 의해서도 증가한다. 산후우울증과 생애 다른 시기에 겪는 우울증이 어떻게 다른지 확실하게 밝혀지지는 않았지만, 두 종류의 우울증은 서로 연관되어 있다. 출산 이전에 우울증을 앓았던 엄마들이 산후우울증에 걸릴 위험이 더 크다. 일주일에

40시간 이상 일하는 엄마들도 발병률이 높다. 증상이 가벼운 경우에는 대화 치료로 효과를 볼 수 있지만 매우 심각한 경우에는 항우울제 처방을 받아야 한다. 만일 치료하지 않고 내버려둔다면 수개월 또는 어떤 경우에는 수년 동안 증상이 이어질 수 있다.

우울증으로 엄마가 아기와의 유대감을 형성할 수 없다면 결국 가족 전체에게 타격이 올 수 있다. 우울증의 영향은 아기가 태어나기 전부터 시작될 수 있다. 임신 기간에 엄마가 우울증에 걸리면 아기의 편도체가 변형되어 감정 조절에 문제가 생길 수도 있다는 연구 결과도 나왔다. 이 연구 결과는 우울증에 걸린 엄마가 낳은 아이들이 우울증에 걸릴 확률이 높다는 연구 결과와도 밀접한 관련이 있다.

산후우울증은 임신했을 때 시작되는 경우도 종종 있지만 어쨌든 출산 후 발병할 수 있는 가장 잘 알려지고 널리 인용되는 정신질환일 것이다. 이에 비하면 출산 외상후스트레스장애는 비교적 드문 정신건강 문제이다. 우울증과 출산 외상후스트레스장애는 겹치는 부분이 있어서 처음에는 구별하기 어려울 수도 있다. 외상후스트레스장애는 너무 생생히 떠오르는 기억이나 악몽을 통해 외상 경험을 다시 체험하는 것으로, 심각한 불안과 우울증을 일으킬 수 있다.

이 질환을 앓고 있는 환자들은 종종 본인이나 아기가 죽을 것 같은 두려움을 느낀다고 말한다. 외상후스트레스장애는 처음에 '탄환 충격(shellshock)'이라 불렸고 전쟁터에서 외상을 입은 군인들에게만 발생한다고 여겨졌지만, 이제는 이 질환에 대한 이해가 높아졌다. 외상후스트레스장애는 대부분의 외상성 사건을 겪은 후에 발생할 수 있다. 그래서 외상을 초래하는 힘든 출산을 한 엄마에게도 나타날 수 있는 것이다.

외상후스트레스장애의 발병 요인이 될 수 있는 또 다른 위험 요소는 수면 부족인데, 출산 후 수면 부족은 엄마라면 거의 피할 수 없는 일이다. 출산 외상후스트레스장애 발병률은 대략 1.5~6퍼센트까지 다양하게 보고된다. 영국 출산외상협회(Birth Trauma Association)에 따르면 영국에서는 한 해에 대략 3만 명의 여성이 이 증상에 시달린다고 한다. 그러나 실제로는 그 숫자가 훨씬 더 많을 것으로 추정된다. 2020년 유산이나 자궁외임신을 경험한 여성 737명을 분석한 연구에 따르면, 유산한 여성 여섯 명 중 한 명이 외상후스트레스장애 증상을 보이는 것으로 나타났다. 이들 중 29퍼센트가 출산 한 달 후부터 증상이 나타나기 시작했다. 9개월 후에는 그 수가 다소 줄어들었지만, 여전히 18퍼센트가 외상후스트레스장애 증상을 보였다.

한편 이들 중 17퍼센트는 불안증을 보이고 6퍼센트는 우울증 증세를 보였다. 연구자들은 발병률을 고려할 때 많은 여성이 남몰래 정신건강 문제에 시달리고 있을 것으로 본다. 산후우울증의 실제 사례를 살펴보기 위해 나는 두 명의 여성을 만나 산후우울증이 그들의 삶에 어떤 영향을 미쳤는지 물었다.

─────────────── 앨리스의 고백

산후우울증 진단을 받은 후 내 삶은 완전히 새로운 방향으로 흘러갔어요. 처음에는 피해자가 된 느낌이었죠. 그다음에는 나 자신을 고쳐보려 했어요. 하지만 이제는 우선으로 해야 할 일을 생각하고 나의 가치관을 모든 일에 반영하기 위해 애쓰고 있어요.

이 모든 일을 겪으며 엄마들에게 엄청난 압박이 가해지고 있음을 깨달았어요. 이상적인 양육에 관한 의견이 소셜미디어를 도배하고 있고, 많은 여성이 정신 질환에 시달리고 있죠. 그런데도 대부분 적절한 지원을 받지 못한 채 방치되어 있어요. '약을 먹고 그냥 계속해!'라는 식인 거죠. 엄마들은 이것이 개인적인 문제가 아니라 사회적인 문제에 더 가깝다는 것을 깨닫지 못하고 있어요. 그래서 나는 나와 같은 일을 겪는 엄마들을 돕기로 했어요.

내가 산후우울증 진단을 받았을 때 남편은 매우 화를 냈어요. 우리의 관계도 그때부터 변했죠. 남편은 현실을 받아들이려고 하지 않았고, 내가 친구들과 산후우울증에 관해 의논하지도 못하게 했어요. 남편은 툭하면 "당신, 계속 잊어버리고 있는 것 같은데, 기억해. 당신은 다른 무엇보다 엄마라고."라고 말했어요.

엄마가 되기 전까지만 해도 나는 매우 독립적이고 긍정적인 사람이었어요. 하지만 엄마가 된다는 것이 어떤 의미인지, 엄마라는 정체성과 다른 정체성을 동시에 지닌다는 것이 얼마나 어려운 일인지에 대해서도 너무 순진하게 생각했죠. 엄마인 나, 앨리스는 내가 상상했던 것보다 훨씬 더 강하고 인내심과 공감 능력이 뛰어난 사람이에요.

이제 산후우울증이라는 거울을 통해 나 자신을 고스란히 들여다봤기 때문에 나에게 희생할 것을 요구하는 세상에서 조금씩 한계선을 확장하려 애쓰며 나 자신을 돌보고 있어요.

출산한 지 3개월 2주쯤 되었을 때 산후우울증 진단을 받아, 호주 멜버른에 있는 산부인과 병동에 5주간 입원했어요. 진단을 받고 입원하기까지 3일을 기다려야 했는데, 그 시간이 매우 고통스러웠어요. 나는 전문의의 도움을 받을 수 있는 시간을 손꼽아 기다렸어요. 정신건강 문제로 입원한 것은 내 인생의 최악이자 최고의 경험입니다. 입원할 때만 해도 정말 위험한 상태였어요. 거울 속에 비친 나를 보고도 알아보지 못했으니 말 다 했죠. 칼이나 끈 같은 게 있을까 봐 병원에서 소지품을 검사하더군요.

나는 평상시 매우 논리적으로 사고하는 사람이었지만 그때의 나는 엄마의 삶으로 전환하는 데 실패했다고 생각했어요. 아기를 입양 보내는 게 차라리 낫겠다고 생각하면서도 동시에 한시도 아기 곁을 떠날 수 없었어요. 나 자신을 진정시키기 위해 온갖 방법을 써봐도 효과가 없었어요. 육아 서적에서 읽었던 말들을 떠올리며 나는 실패한 엄마라고 자책했어요.

아기를 낳기 전까지만 해도 나는 상당히 체계적이고 독립적인 사람이고 독서량이 많고 체력도 좋아서 엄마가 되기에 적합하다고 생각했어요. 돌이켜 생각해보면 이런 특징이 오히려 처음 1년 동안 부작용을 일으킨 것 같아요. 갓난아기가 제어가 안 되는 것은 지극히 정상인데, 그게 너무 힘겹게 느껴져서 제정신이 아니었어요. 직장에서 그랬던 것처럼 매일 아기와 함께 이루고 싶은 목표를 세우는 게 아니었어요. 그런 목표는 집어치우고 아이와 마음 편히 유대감을 형성하는 데 초점을 맞췄어야 했어요.

그러나 어쨌든 의료진과 출산 전후 심리전문가, 약물치료 등 전문적인 도움과 가족과 친구들의 사랑과 지원을 받고 회복되었어요. 사실은 단순한 회복 그 이상이었어요. 시간이 지나면서 훨씬 더 좋아졌고 나라는 사람을 새롭게 정의하기 시작했거든요.

엄마가 된다는 것은 기존의 정체성에 무엇인가를 추가하는 게 아니에요. 완전히 새로운 인생 단계로 접어드는 것이죠. 나는 엄마가 되기 이전의 인생에서 필요한 것은 가져오고 필요하지 않은 것은 과감하게 버렸어요. 모든 것이 변합니다. 물리적, 신체적으로뿐만 아니라 심리적, 정서적으로도 변하죠. 변화의 규모나 갑작스러움을 과소평가해서는 안 돼요.

이제 내가 가지고 있는 정체성은 이전보다 훨씬 다차원적이고 복잡하고 풍성합니다. 그래서 엄마가 되기 전의 내 모습을 기억하기 어려울 정도예요. 그때의 인생도 즐거웠어요. 하지만 엄마가 된다는 것은 내 인생에 새로운 목적을 부여해줬어요.

외상후스트레스장애도 산후우울증과 마찬가지로 심신을 쇠약하게 만들며 수년에 걸쳐 삶에 영향을 미칠 수 있다. 나에게 자신의 경험을 이야기해준 질의 사례를 보자. 질은 첫째 딸을 낳은 후 심각한 외상후스트레스장애를 앓았다. 그녀는 정유회사에서 근무하는 야심 차고 의욕 넘치는 30대 초반의 직장인이었고, 대규모 금융 거래를 성사시키거나 수백 명 앞에서 발표하는 일에 능숙했다. 그런데 출산 경험은 다시는 되돌아오지 못할 것같이 그녀를 변화시켰다.

질의 경우, 출산 과정에서 잘못될 수 있는 무수히 많은 것 중에서 실제로 여러 가지가 잘못되는 경험을 했다. 질은 약물을 쓰지 않고 자연분만을 하고 싶었다. 그러나 허리에 문제가 있는 데다가 아기가 커서 유도분만을 시도했다. 자궁 수축이 여러 날 계속되었다. 그러나 의사가 진통촉진을 돕는 호르몬인 옥시토신 주사를 투여하지 않아서 진통이 제대로진행되지 않았다. 마침내 진통이 막바지에 이르렀을 때 결국 회음 절개술을 하고 겸자 분만을 시도했다. 아기를 꺼낸 후에는 출혈이 심해서 의식을 잃었다. 아기에게는 항생제 투약이 필요했고 곧바로 신생아 집중치료실로 옮겨졌다.

의식이 돌아왔을 때 질은 혼자였다. 그녀는 아기가 죽었다고 확신했다. 그런 비이성적인 두려움이 일어나던 순간을 그녀는 지금도 또렷이 기억하고 있다. 무수히 많은 의료적 개입이 일어난 후였고, 수면 부족으로 정신이 혼미했다. 아기가 잘못될지 모르고 자신이 그 원인이 될 수있다는 두려움은 이후 정신건강 문제를 일으키는 촉매제가 되었을 뿐만아니라 전혀 예상하지 못한 방식으로 그녀의 자아감을 바꿔놓았다.

그녀는 분명 아기가 죽었는데, 그 소식을 감당하기에 자신의 몸 상태가 너무 좋지 않아서 말해주지 않는 것으로 생각했다. 간호사가 아기를 데리고 왔을 때도 자기 아이라는 것을 믿지 못했다. 집에 돌아온 후 무언가 변화가 있어야 한다고 깨달은 것은 남편과 불화가 있고 난 후였다.

———————————————————————————————— 질의 고백

남편은 자꾸만 나와 아기 사이에 개입했어요. 적극적인 개입이라기보다는 단지 나와 아기 사이에 껴드는 것이었어요. 하지만 나를 압도하는 분노는 말로 다 표현할 수 없을 정도였어요. 지금은

농담처럼 말할 수 있지만, 그때는 정말 그랬어요. 무기가 있었다면 남편을 죽였을지도 몰라요. 내게서 아기를 빼앗아가는 듯한 기분이었거든요.

차라리 그때 수술실에서 죽었으면 좋았을 거라고 생각했어요. 엄마가 차갑고, 다정하지 않고, 깊은 고통에 빠져 있고, 집 밖으로 나가고 싶어 하지 않는 사람이라는 현실을 우리 딸이 몰랐으면 했어요.

아무도 나에게 신경 쓰지 않는 것 같았어요. 병원 사람들은 아기가 건강하게 태어나기만을 바랐고, 그들이 신경 쓰는 것은 오직 그것뿐이었지요. 그 과정에서 나는 불편한 존재였어요. 말 안 듣는 아이랄까. 다 자란 어른이 병원에서 어린애 취급을 받는 그런 느낌이 들었어요.

나는 한때 자신감이 넘치는 직장인이었지만 이제 딸아이의 손을 잡고 거리를 걸어갈 때도 사람들이 나를 한 인간이 아닌 엄마로만 바라보는 것 같다고 느껴요. 나는 옛날만큼 강하지 않고, 내겐 엄마라는 갑옷 말고 다른 갑옷이 없어요.

사람들은 여러 정체성을 지니고 살아가지만, 질에게는 '정신건강 문제를 겪는 엄마'라는 정체성이 가장 지배적인 정체성이 되었다. 그녀는 결국 한때 '일 잘하고 멋진 여성'이라는 정체성을 선물했던 직장으로 돌아갈 수 없게 되었다.

현재 질은 영국 출산외상협회에서 자원봉사를 하고 있다. 종종 자신의 외상 경험이 그 당시에 그리고 여러 해가 지나서 그녀에게 어떤 영향을 미쳤는지 이야기한다. 그때의 기억을 되살리는 것이 불편할 수 있지만 질은 다른 여성들을 돕고 출산 외상후스트레스장애에 대한 인식을 높일 수 있기를 바라며 불편을 감수하고 있다.

앨리스, 제인 그리고 질의 이야기는 과거 정신 질환 병력이 없는 사람도 쉽게 정신 질환에 시달릴 수 있음을 보여준다. 다양한 중증도의 출산 트라우마에 시달리고 있는 여성이 여전히 많지만 제대로 진단을 받는 경우는 별로 없다. 출산외상협회는 출산 사례의 3분의 1이 정신적 트라우마를 일으킨다고 말한다. 그중 많은 경우가 병으로 진단될 만큼 심각하지는 않거나 일상 활동에 지속적인 영향을 미칠 정도는 아니라고 보고 있다. 그렇다 하더라도 트라우마의 경험은 마음에서 쉽게 사라지지 않는다.

나 역시 사건이 벌어진 후 몇 개월 동안 머릿속에 여러 가지 질문이 떠오르는 걸 막을 수 없었다. 만약 남편이 그날 밤 옆에 없었으면 어떻게 되었을까? 남편이 샤워실 소리가 들리지 않는 곳에 있었다면 어떻게 되었을까? 만일 내가 몇 시간 동안 통증이나 출혈로 기절을 했거나 상태가 더 나빠졌으면 어떻게 되었을까?

이런 생각은 그 일이 일어난 후 몇 주 동안 더욱 강하게 맴돌았다. 다행히도 시간이 지나면서 점점 희미해지긴 했지만, 나 역시 질처럼 오랫동안 고통받을 수 있었다. 마치 영구적인 투쟁 도주 모드(fight-or-fight mode)로 설정된 것처럼 외상후스트레스장애는 격한 감정에 휩싸이고 제어력을 상실한 기분이 들게 한다. 그래서 한순간 극심한 공포가 일어날 수 있다. TV에 나오는 출산 관련 영상 같은 아주 간단한 것에도 공황 상태가 될 수 있다.

내가 출산 후 합병증을 겪는 동안 다행스럽게도 아기의 생명이 위태로운 적은 한 번도 없었다. 내 경우엔 이것도 트라우마를 극복하는 데 도움이 되었다. 하지만 질의 경우는 달랐다. 그러므로 '위험군'으로 분류될 수 있는 사람들을 위해 이런 차이를 밝히는 것이 매우 중요하다.

일반적으로 출산 후 정신건강 문제를 겪고 있지는 않은지 검진을 받지만 이 과정에서 많은 문제를 놓치기 쉽다. 엄밀히 말해서 엄마 자신의 행복을 희생해서라도 갓난아기에게 모든 것을 주는 '완벽한 엄마'가 되어야 한다는 심한 압박이 있기 때문이다. 이런 압박감은 진통과 분만 이전부터 시작될 수 있다. 그래서 엄마들은 정신건강 문제가 있다는 사실을 상당 기간 무시하거나 모르고 지나칠 수 있다.

산후 정신건강 문제에 도움이 되는 방법

여성들이 겪는 호르몬 변화와 뇌 변화에 대한 이해가 있다면 임신 기간과 출산 후에 나타나는 정신건강 문제를 치료하는 데 도움이 될 것이다. 2010년 소규모로 진행된 한 연구에 따르면 산후우울증에 걸리면 감정을 느끼는 데 중요한 뇌 영역의 활동이 둔해지는 것으로 나타났다. 이것이 몇몇 경우 우울증에 걸린 엄마들이 아기와 유대를 형성하기 어려워하는 이유이다. 연구자들은 우울증에 걸린 엄마들과 그렇지 않은 엄마들에게 화난 얼굴과 겁먹은 얼굴 사진을 보여주고 뇌에서 어떤 반응이 일어나는지 살폈다. 그 결과 부정적인 감정을 나타내는 얼굴 사진을 보여줬을 때 우울증이 심한 엄마들의 뇌 활동이 감소했다.

이것이 산후우울증에 걸린 엄마들이 공감 능력이 떨어지는 이유를 설명해줄 수 있을 것이다. 우울증 증세가 없는 엄마들과 비교했을 때 우울증에 걸린 엄마들이 아기 울음에 비교적 즉각적으로 반응하지 않는 이유 중 하나가 될 수 있을 것이다. 우울증에 걸린 엄마들은 아기가 울 때도 뇌 활동이 감소했다.

2017년에 발표된 관련 연구에서 우울증에 걸린 엄마들의 경우 긍정적 감정을 식별하고 다른 사람의 생각과 기분을 이해하는 기능을 담당하는 뇌 영역의 활동이 감소했다. 따라서 엄마가 아이의 감정이나 요구를 이해하도록 도울 수 있는 뇌 영역이 최적의 상태가 아닐 거라 추측할 수 있다. 마찬가지로 새로운 정보를 결합하고 학습하는 기능을 수행하는 뇌 영역인 편도체와 해마도 우울증의 영향을 받는다.

우리는 임신 기간부터 출산 후까지 호르몬이 '엄마의 뇌'에서 중요한 부분을 담당한다는 것을 알고 있다. 예를 들어 코르티솔과 옥시토신은 엄마가 아기에게 집중하고 아기와 유대를 형성할 때 중요한 역할을 한다. 그런데 이때 호르몬의 균형도 매우 중요하다. 호르몬이 너무 많이 분비되거나 충분히 분비되지 않으면 우울증을 일으킬 수 있다. 출산 후 며칠 동안 분비되는 코르티솔은 아기에 대한 주의력을 높이는 데 중요한 역할을 한다. 그러나 몇 개월이 지났는데도 코르티솔 수치가 계속 높다면 엄마가 아기와 상호작용을 하는 과정에 부정적인 영향을 미친다.

엄마들이 아기의 냄새와 소리를 알아볼 수 있는 것은 코르티솔 때문이라는 것이 여러 연구를 통해 증명되었다. 코르티솔은 스트레스호르몬이기도 하지만 주의력과 기민성을 높여주기도 한다. 지나치게 많은 양의 코르티솔은 만성적 스트레스를 일으킬 수 있지만 적절한 양은 엄마가 아기의 요구에 초점을 맞추도록 돕는다.

출산한 지 얼마 되지 않은 엄마들은 출산 직후 분비되는 코르티솔 때문에 다른 사람들에 비해 아기 울음에 더 즉각적으로 반응한다고 밝혀졌다. 교감 능력이 뛰어난 엄마들은 아기 울음소리가 들리면 심장박동 속도가 올라가 박동률이 상승했다. 그뿐 아니라 아기가 아파서 우는 소리와 배고파서 우는 소리를 잘 구별했다. 코르티솔이 증가한 엄마들은 아기 냄새에 더 긍정적으로 반응하고, 돌봄 행동을 더 많이 보였다.

이는 아기가 태어나면 호르몬이 실제로 양육 감정을 고조시키고 우리를 특정한 방식으로 반응하도록 준비시켜주면서 상당한 신체적 반응을 끌어낸다는 증거다. 그다음으로는 노출 효과가 나타나기 시작한다. 다시 말해, 단지 사랑하는 아기와 함께 시간을 보내기만 해도 유대감 형성에 중요한 호르몬이 분비된다는 것이다. 생물학적인 부모가 아니더라도 아기에 대한 호르몬 반응이 일어나는 이유가 여기에 있다.

외상후스트레스장애를 겪는 엄마들에게 출산 후 꽤 오랫동안 증상이 이어지는 이유는 뇌에서 공포를 처리하는 방식과 관련이 있다. 외상후스트레스장애 같은 정신장애는 질의 사례처럼 공포를 느끼는 사건이 출산 과정에 동반되었을 때 발생할 수 있다. 질은 출산하면서 아기가 죽을 것이라는 직접적인 공포를 경험했고 그 공포는 그녀의 뇌에 계속 남아 있었다. 그래서 나중에는 그때 겪었던 다른 기억, 예를 들어 사건이 벌어진 장소와 그때 들은 소리, 그때 맡은 냄새가 사건을 연상시킬 수 있다. 그러므로 병원이나 의료기관에만 가도 출산 과정이 다시 생각나고 트라우마를 촉발할 수 있는 것이다.

뇌에서 일어나는 과정을 정확히 기술하기란 여간 복잡한 게 아니

2장. 출산의 순간

다. 특히 외상후스트레스장애는 여러 뇌 영역이 관련되어 있어서 더욱 복잡하다. 뇌는 많은 감각을 이용한다. 소리, 냄새, 촉각 모두 다양한 경험을 촉발할 수 있고, 그 경험은 결국 다양한 뇌 영역에 의해 표현된다. 보통 끔찍한 사건이 발생할 때 그 사건이 일어난 장소를 연관 지어 생각하는 것은 우리에게 이롭다. 비슷한 환경에 처했을 때 위험을 재빨리 알아차려서 신속하게 행동을 바꾸도록 자극할 수 있기 때문이다. 예를 들어 걸음마기의 유아는 무엇이 통증을 일으키는지 배워서 다음에는 비슷한 상황에 처하는 것을 피할 것이다.

문제는 많은 끔찍한 사건들이 예기치 않게 일어나거나 처음 겪는 일이어서 공포를 처리하는 뇌 영역이 과열될 수 있다는 것이다. 연구에 따르면, 외상후스트레스장애를 일으키는 무섭거나 긴장되는 상황이 벌어지는 동안 그 사건이 훨씬 더 생생하게 느껴지도록 기억이 과장된다고 한다. 공포는 뇌가 기억을 저장하는 방식을 변화시킨다. 일상 속에서 벌어지는 평범한 일도 끔찍한 사건으로 이어질 뻔했을 때 더 또렷하게 기억하게 되는데, 이는 아드레날린이 기억을 증폭시키기 때문으로 여겨진다.

나 역시 수술 봉합 부위가 벌어진 문제가 일어났을 때 샤워를 하기 전에 정확히 무엇을 하고 있었는지 또렷하게 기억한다. 봉합 부위가 조금 당기고 울퉁불퉁해진 것 같아서 다음 날 의사에게 보여야겠다고 남편과 의논한 것도 기억한다. 구급차가 도착했을 때 남편이 얼마나 신속하게 병원 가방을 쌌고 아이에게 어떤 모자를 씌웠는지도 정확히 기억한다.

어떻게 이것이 가능한지 이해하기 위해 신경과학자들은 공포가 학습되는 뇌 영역과 공포를 최종적으로 표출하는 뇌 영역 사이를 연결하는 특정 신경회로를 분석했다. 아직은 쥐를 대상으로 하는 실험만 진행되었지만, 2014년 한 연구진은 뇌의 한 영역에서 다른 영역으로 무서운 기억을 전달하는 데 매우 중요한 뇌세포를 비활성화시키는 데 성공했다. 이 연구에서 가장 흥미로운 결과는 사건을 경험하는 것을 담당하는 뇌 영역과 사건이 일어난 장소나 상황에 상응하는 뇌 영역이 서로 분리되어 있다는 점이었다. 공포의 학습은 감정을 담당하는 뇌 영역으로 알려진 편도체에서 일어나는 것으로 보인다.

무서운 기억은 당연히 감정 센터인 편도체를 작동시키지만 '장소'에 의해 연상되는 공포를 형성하는 곳은 다른 뇌 영역인 해마이다. 편도체와 해마는 서로 쉽게 교신할 수 있다. 정보를 전달하기 위해 신경세포가 두 영역 사이를 자유롭게 이동하는데, 그렇게 해서 해마가 편도체에게 무서운 사건이 어디에서 일어났는지 말해줄 수 있다. 쥐 실험에서 정보 전달자 역할을 하는 신경세포를 비활성화하면 무서운 사건을 경험한 장소에 있더라도 쥐가 그 사건을 연상하지 않게 된다. 공포를 느꼈던 장소가 더는 공포를 일으키지 않을 수 있다는 말이다. 그래서 신경과학자들은 공포 연상이 어떻게 형성되는지 이해하고 싶어 한다. 이것은 아주 끔찍하고 무서운 기억을 약화하는 방법을 더 잘 이해할 수 있는 중요한 출발점이 될 것이다.

같은 해에 연구진은 한 단계 더 나아가 쥐 실험에서 '무서운 기억'을 '기분 좋은 기억'으로 바꾸는 데 성공했다. 연구자들은 실험을 위해 쥐를 행복한 상황에 놓이게 했다. 그 상태에서 나쁜 기억과 관련 있는 신경세포를 인위적으로 활성화했다. 쥐가 즐거운 시간을 갖는 동안 공포 신경

세포의 '스위치를 켠 것'이다. 기본 원리는 공포 신경세포를 새롭고 더 기분 좋은 환경에 맞춰 다시 프로그래밍함으로써 전에 공포를 느꼈던 장소로 돌아갔을 때 덜 무서워하게 되는 것이다.

이것을 바꿔 생각하면 누군가가 어느 해변에서 공격을 당한 적이 있다면 나중에 다른 해변에 가더라도 그때 공격당한 기억이 연상될 수 있다는 것과 같다. 공포와 관련된 뇌세포를 정확히 판별할 수 있다고 상상해보자. 만일 공포 신경세포를 보다 편안하고 선호하는 환경에서 활성화할 수 있다면 부정적인 기억을 긍정적인 기억으로 바꿀 수 있을 것이다. 그러면 공포 신경세포를 무서운 기억이 발생하기 이전 상태로 되돌릴 수 있으므로 문제의 해변에 다시 가더라도 두려움을 느끼지 않을 수 있다. 이 실험의 연장선으로 1년 후 시행한 실험에서 같은 연구진은 쥐가 스트레스를 받았을 때 행복한 기억을 활성화하는 데 성공했다. 연구진은 쥐가 스트레스를 받는 상황에 있을 때 긍정적인 기억과 관련된 신경세포를 자극했고, 쥐가 우울한 상태에서 벗어나는 데 도움이 되었다.

이와 같은 연구는 공포 반응에 관여하는 뇌 영역에 대한 획기적인 이해를 제공하지만, 인간에게 적용하려면 아직 갈 길이 멀다. 침습적 뇌변형 방법이 수반되기 때문이기도 하고, 또 다른 문제는 과학자들이 쥐의 기억을 일부 조작할 수 있다고 하더라도 다른 기억에 어떤 영향을 미치는지 분명히 밝혀지지 않았기 때문이다. 우리가 가지고 있는 공포 기억은 우리를 위험으로부터 안전하게 지켜주는 역할도 하므로 공포 기억을 완전히 소거하는 것은 또 다른 문제를 일으킬 수 있다. 하지만 외상후 스트레스장애나 우울증 환자의 뇌에서 일어나는 과정을 이해하는 것이 효과적인 치료법이나 특효약을 찾는 열쇠가 될 수도 있으므로 이 연구는 여전히 중요하다.

산후 정신건강 문제를 안고 살아가는 데 도움이 되는 다른 방법들도 있다. 앨리스에게는 정신과 치료, 독서, 친구와의 경험 공유 등 여러 방법을 혼용하는 것이 도움이 되었다. 앨리스는 당시에 '자가 치유' 시간이 중요하다고 생각했고, 그래서 완벽해지려는 마음을 내려놓고 스스로 휴식을 취하고 다른 의무보다 자녀와 함께 보내는 시간을 우선시했다.

제인도 자신을 위한 시간을 더 많이 가졌다. 특히 수면 시간을 늘렸다. 집안일같이 덜 중요한 일보다 잠자는 것을 최우선으로 했다. 약물치료와 상담도 중요했다. 그러나 무엇보다 엄마로서 정착하는 데 시간이 필요했고, 다른 여성들의 경험담을 다룬 책을 읽는 것도 도움이 되었다.

질의 경우는 상담 치료, 다른 사람에게 자신에 관해 이야기하기 등이 도움이 되었다. 질은 이런 환경 덕분에 외상후스트레스장애를 극복할 수 있었다고 자신 있게 말한다. 이를 뒷받침하는 연구 결과도 있다. 배려심 있고 공감 능력이 뛰어난 의료진이 자신을 잘 관리해준다고 인지한 산모들의 경우 불안감이 현저히 줄어드는 것으로 나타났다. 이런 경험들은 개인마다 조금 다른 방식으로 문제를 해결해야 한다는 것을 보여주고 있다. 하지만 분명한 점은 고통스러웠던 출산이나 산후 경험의 결과로 우리의 정체성에 돌이킬 수 없는 변화가 일어난다는 것이다.

나 역시 트라우마 때문에 처음에는 출산에 관한 부정적인 이야기를 모두 회피했다. 그러다 시간이 흐르면서 상당히 끔찍한 이야기도 어느 정도는 공유할 수 있게 되었다. 엄마들이 수십 년이 지나도 계속해서 자신의 출산 이야기를 하는 것은 드문 일이 아니다. 출산은 시간이 한참 지나서도 생생하고 자세하게 기억해낼 수 있는 경험이다. 내가 임신했을 때도 얼마나 많은 사람이 유산 경험을 포함해 자신이 겪은 '공포스러운' 이야기를 들려줬는지 모른다.

최근 들어서야 트라우마를 일으킨 출산 경험을 터놓고 이야기하는 것이 평범하게 받아들여지고 심지어 장려되고 있다는 사실을 고려해볼 때 모든 세대의 여성들이 얼마나 힘든 시간을 견뎌왔을지 충분히 짐작할 수 있다. 우리 할머니는 1960년대 사산아를 출산했는데 아기는 할머니에게 여섯째 아이였고 딸로는 둘째였다. 간호사가 아기를 재빨리 어디론가 데려갔고 할머니는 곧바로 집으로 보내졌다.

할머니는 시간이 많이 흐른 후에야 비로소 아기에 대해 입을 열었다. 아직도 매일 죽은 아기를 생각한다며 숱 많고 까만 머리카락에 예쁜 이마까지 얼마나 완벽했는지 모른다고 말이다. 할아버지 역시 깊은 상심을 느꼈지만, 할아버지의 그런 마음은 죽음을 앞두고 비석에 작은 십자가를 새겨서 딸아이를 기억해달라고 부탁했을 때 알 수 있었다. 그 시절의 유가족들은 재빨리 마음을 정리해야 한다는 무언의 규칙을 공유했다. 잠시 삶의 활기를 제공했지만 슬프게도 곧 죽음을 맞이한 아기처럼 영원히 잃어버린 것에 집착하기보다 현재에 집중하는 게 현명하다는 생각 때문이었다.

하지만 이처럼 외롭게 맞이하는 비극은 분명 마음에 오래 남는다. 사산을 묘사할 때 사용하는 영어 단어가 태어났을 때 죽어 있다는 'born dead'가 아닌 태어났을 때 움직이지 않는다는 'born still'인 것을 보면 단어 하나에도 우리 자신을 진실로부터 보호하고 싶은 바람이 반영된 것인지도 모른다. 아기를 잃게 되면 평생 트라우마로 남는 게 당연하다. 이런 상실감을 무시하는 것이야말로 더 심각한 문제를 불러올 것이다.

복잡하고 예측 불가능한 출산의 과정

출산이 엄마가 된 여성의 자아감에 미치는 영향을 고려했을 때 좋은 경험이든 나쁜 경험이든 우리가 다른 사람들에게 출산 경험을 말하고 싶어 하는 것은 놀랄 일이 아니다. 그러나 출산 경험을 공유하는 데는 부정적인 면이 뒤따른다. 어머니라는 집합에 속하지 않는 사람들은 보통 출산에 관해 자세히 묻지 않는다. 그런데도 여전히 자연적이고 긍정적인 출산을 강조하는 분위기가 지배적이고, 그래서 어떤 여성들은 출산이 자신이 계획했던 방식대로 진행되지 않으면 실망하고 자책한다.

내가 들은 최고의 조언은 '출산에 대해 아무 걱정도 하지 말고 아무 계획도 세우지 말라'는 것이다. 사실 출산 계획은 거의 지켜지지 않는다. 물론 나도 첫아이를 낳기 전만 해도 나름의 출산 계획을 세웠다. 그러나 약물을 사용하지 않고 질을 통한 자연분만을 하려고 했던 애초의 계획은 제왕절개 수술을 받게 되면서 순식간에 무너졌다. 이제 생각해보니 참 순진한 자신감이었다. 사실 일부러 더 긍정적으로 생각하려고도 했다. 나는 산모가 침착할수록 호르몬이 진통 진행을 더 잘 돕지만, 스트레스가 쌓이면 진통을 방해할 수 있는 호르몬이 분비된다는 것을 알고 있었다. 이것은 우리 몸의 진화론적 적응 방법이다. 초기 인류의 조상이 아기를 낳으려고 할 때 위험한 동물이 나타났다고 상상해보라. 그때 스트레스호르몬이 분비되어 안전한 장소를 찾을 때까지 진통을 지연시켜준다면 분명 도움이 되었을 것이다.

네덜란드에서는 가정 분만을 장려하고 있다. 약 20퍼센트의 여성이 집에서 아기를 낳는데, 단 2.3퍼센트가 가정 분만을 하는 영국과는 대조적이다. 가정 분만의 기본 개념은 저위험군 산모가 편안하고 조용한 가정에서 분만할 경우 불필요한 의료적 개입을 줄일 수 있다는 것이다.

제왕절개 분만율도 네덜란드가 대략 17퍼센트로 영국보다 낮다. 내 경우 제왕절개 수술이 꼭 필요한 조치였음을 이해는 했지만 이 사실을 완전히 받아들이기가 어려웠다. 분명 누군가가 실수를 했다고 확신했다. 의사는 아기의 머리가 밑으로 향해 있어야 하는데 엉덩이가 밑으로 향하고 있는 둔위라고 했다. 나는 펄쩍 뛰며 절대 그럴 리 없다고 말했는데, 사실 둔위 자세로 있는 역아가 얼마나 흔한지 잘 모르고 있었기 때문이다.

출산 예정일 6일 전 새벽 4시 즈음에 양수가 터졌고, 검사를 받기 위해 병원에 갔다. 자궁 수축이 아직 진행되지 않아서 다시 집으로 돌아가야 한다는 것을 알고 있었다. 병원에서는 18시간 이내로 진통이 시작되지 않으면 유도분만을 해야 한다고 말했다. 양수가 터졌을 때는 감염 위험 때문에 정말 필요하기 전에는 의사가 자궁이 얼마나 벌어졌는지 확인하기 위해 손가락으로 내진하는 경우가 드물다고 했다. 의사는 아기 머리가 생각한 위치에 있는지 확인하기 위해 배를 재빨리 촉진한 후 나를 집으로 돌려보냈다. 몇 시간 후 자궁 수축이 시작되었다. 나는 되도록 오래 편안한 집에 머물다가 병원으로 가겠다고 마음먹었다.

아침 식사도 든든히 먹고 샤워도 했다. 정오쯤 되었을 때 산모 전용 패드에 작은 초록색 이물질이 묻어 있는 게 보였다. 그것은 아기의 첫 변으로 알려진 태변의 흔적일 수도 있었다. 아기들은 엄마 뱃속에 있을 때 보통 변을 보지 않는데, 태변을 눴다는 것은 무언가 문제가 있다는 신호일 수 있었다. 산부인과에 전화했더니 즉시 병원으로 오라고 했다. 바지

안에 수건 한 장을 아무렇게나 집어넣고 불편하게 택시를 탔다. 이번에
는 진진통이 시작되었고 양수가 새기 시작했다. 양수는 영화에서처럼
갑자기 터져나오지 않고 조금씩 계속 흘러나왔다. 진통도 아주 느리게
시작되었으므로 조심스럽게 호흡하면 겉보기에 꽤 침착하게 행동할 수
있었다. 그러나 자궁수축이 일어날 때마다 커다란 바늘이 몸 안을 찌르
는 것 같은 고통을 느꼈다.

태변의 흔적을 확인하기 위해 의사가 자궁 경부 내진을 했다. 진통
을 촉진하기 위해 손가락 두 개를 몸 안으로 집어넣어 내막을 쓸어내리
는 곳도 자궁 경부이다. 내 경우 양수 상태와 자궁이 얼마나 열려 있는지
확인하기 위해 내진을 했다. 다행히도 태변은 없었다. 그 말에 안도하면
서 나는 다시 집으로 가라고 하겠구나 생각했다. 자궁문이 3센티미터밖
에 열리지 않아서 입원할 수 있는 상태가 아니라고 생각했다. 그때 의사
가 말했다. "여기 있는 게 머리가 아니네요. 이건 엉덩이예요." 나는 확실
하냐고 되물었다. 몇 주 동안 아기 머리가 밑을 향하고 있다고 들어왔던
터였다. "그럼요. 만져보면 엉덩이라는 걸 알 수 있어요."

아기 위치가 확인된 것은 내가 병원에 도착한 지 30분이 지난 오후
1시를 막 넘겼을 때였다. 의사가 이제 어떻게 해야 하는지 알고 있냐고
물었다. 나는 작은 소리로 대답했다. "네, 제왕절개를 말하는 거죠." 나는
한없이 작아지고 죄책감을 느꼈지만, 이것이 최종 결정이라는 것에 안
도했다. 그러나 한편으론 지금까지 자연분만을 하리라 확신했는데 그러
지 못하게 된 것에 실망했다.

의사는 복잡한 통계치를 들면서 태아 머리가 아래로 향하고 있을
때와 비교해서 둔위 자세일 때 분만하는 것이 얼마나 위험한지 설명했

다. 그 사이에도 자궁수축은 계속되었다. 남편과 나는 수술실로 들어갔고, 의사는 다급하게 수술 보조에게 말했다. "이 산모는 진진통을 하고 있어서 아기를 바로 꺼내야 해요." 다른 사람에게 일어난 일인 것처럼 그때의 기억을 들여다보면 나는 극적인 음악과 심각한 표정이 특징인 TV 드라마에서 충격받은 표정으로 아무 말도 못 하는 등장인물과도 같았다.

아기가 둔위 자세로 있다는 것을 확인한 지 30분이 지나 하반신 마취를 하기 위해 큰 바늘이 내 등에 꽂혔고 그래서 진통 중간에 나도 모르게 숨을 참고 있었다. 이윽고 건강한 울음을 터트리며 아기가 태어났다. 아기와 맨살을 맞대려고 했지만 내 몸에 두른 온갖 의료 장비 때문에 그럴 수 없었다. 아기는 곧 회복실로 보내졌고 남편이 20여 분 동안 아기를 안았다. 그사이 나는 절개 부위를 봉합하는 처치를 받았다(이때 봉합이 제대로 되지 않았던 것이다). 아무도 내가 혼자 남겨질 것이라 말해주지 않았다. 그러나 달리 어떻게 해야 할지 몰랐다. 그때는 아기가 더 따뜻한 방에 있는 게 최선이라고 생각했다. 그로부터 거의 2년 후 아들이 태어났을 때 나는 의료진에게 내가 볼 수 없는 곳으로 아기를 데려가지 말라고 부탁했다. 의사들이 분만 후 처치를 하는 동안 아기는 따뜻하게 싸개로 싸여 내 품 안에 안겨 있었다.

나는 나중에야 역아로 잘못 진단하는 경우가 대략 30퍼센트이고, 태아의 3~4퍼센트가 역아라는 사실을 알게 되었다. 어쩌면 소용없는 일이겠지만 나는 역아 출산에 관한 모든 과학 문헌을 찾아보았고, 역아를 출산할 때 항상 제왕절개술을 해야 하는 것은 아니며 사례별로 다르다고 주장하는 논문을 발견했다. 내가 논문을 찾아본 이유는 제왕절개를 하기로 한 결정과 그로 인해 생길 수 있는 후유증이 내 제어력을 어느 정도 벗어나는 것인지 또는 내가 선택할 수 있는 문제였는지 제대로 이해하고 싶어서였다. 역아 분만은 아기에게 더 위험하고 치사율도 조금 더 높은 것으로 알려져 있다는 대목을 읽었을 때 이 문제가 내가 여러 가지 요건을 따져가며 선택할 수 있는 문제가 아니라는 것을 깨달았다.

어떤 분만 방식을 선택하든 또는 선택의 여지가 없었든 간에 출산 과정이 꽤 오랫동안 엄마들에게 영향을 미친다는 것은 분명하다. 한 소규모 연구에서 출산 과정에 대한 예상과 기대감이 충족될 때 긍정적인 출산을 경험하는 것으로 나타났다. 그런데 알다시피 의료적 개입이 필요하게 되는 상황에서는 기대했던 대로 진행되는 경우가 드물다. 둘째 아이를 가진 엄마들은 첫째 아이를 출산하며 이 모든 상황을 경험했기 때문에 이미 마음의 준비를 하고 있어 비교적 긍정적인 경험을 하는 경향이 있었다. 결국 산모 자신이 출산 상황을 어느 정도 제어할 수 있다는 느낌이 긍정적인 출산 경험에 중요하다는 것이다.

첫째 아이를 제왕절개로 낳았다는 것은 의사의 조언대로 둘째 아기도 제왕절개술로 낳는다는 의미였다. 의료적 개입과 추후 고통스러운 회복기가 기다리고 있음에도 불구하고 이번에는 어떻게 될지 어느 정도 예상할 수 있어서 나 역시 안심할 수 있었다. 그러나 내 안의 호기심 많은 또 다른 나는 자연분만이 어떤 것인지, 내가 그것을 어떻게 이겨내었을지 항상 궁금해 할 수밖에 없을 것이다.

영국 여성의 약 25퍼센트가 제왕절개로 출산하고, 그중 15퍼센트가 응급수술을 받는다. 미국에서는 제왕절개 분만이 30퍼센트가 넘고, 사이프러스에서는 52퍼센트에 달한다.

자연분만한 여성의 82퍼센트 이상이 상당한 자부심을 느끼고, 제왕절개로 분만한 여성의 경우 그렇게 느끼는 비율이 64.5퍼센트로 떨어진다는 점을 생각해보자. 계획에 없던 제왕절개 분만을 한 여성이라면 더 실망하고 속상해 하고 슬퍼하고 분노를 느꼈을 것이다. 제왕절개술로 분만한 여성 중 15퍼센트 이상이 자신이 '실패자처럼 느껴진다'라고 응답했다. 자연분만한 여성 중 그렇게 대답한 사람이 3퍼센트인 것과 대비된다. 전체적으로 봤을 때 예기치 않게 제왕절개술을 받은 산모들이 출산에 대해 가장 부정적으로 생각하고 있었다.

여성의 몸은 자연분만을 하도록 만들어졌다는 표현은 의료적 개입이 필요한 여성들에게 부정적인 영향을 미친다. 우리가 모두 긍정적인 출산 경험을 할 운명은 아니라는 말이다. 출산은 아주 엉망인 상태에서 모든 제어력을 상실할 수 있는 시간이며, 특히 의료적 개입이 필요하게 되면 더욱더 그렇다. 만일 '자연적인 것이 최고'라는 생각을 지나치게 강조하면 유도분만이나 응급 제왕절개술을 하는 여성들은 자신의 몸이 기대를 저버렸다고 생각하거나 심한 경우 모든 게 자신의 잘못이라 여길 수 있다.

3장

신체의 변화

출산 후 우리의 몸은 어떻게 변할까

임신했을 때 느낀 첫 번째 신체 변화는 유방에서부터 시작되었다. 유방이 극도로 민감해지고 만지면 아팠다. 날이 갈수록 점점 커지고, 민감한 느낌은 꼬박 9개월 동안 사라지지 않았다. 이는 임신한 대부분의 여성이 겪는 증상이며, 막달에는 적은 양의 젖이 분비될지도 모른다.

　　하지만 아기가 태어난 직후 일어나는 유방의 변화에 비하면 임신 기간의 변화는 아무것도 아닐 수 있다. 분만 후 2~3일 동안에는 젖이 전혀 안 나오지만, 대략 3일째부터는 짙은 노란색의 영양가가 풍부한 초유가 나온다. 유방은 아기가 원하는 양에 맞춰 알아서 젖양을 서서히 조절할 것이다. 보통 수요와 공급 법칙이 충실히 적용된다. 그러나 처음 몇 주 동안은 유방이 이 법칙을 잘 수행하지 못할 수도 있다. 다시 말해 어떤 엄마들은 젖이 충분히 나오지 않고, 또 어떤 엄마들은 정반대의 일을 겪는다. 나는 후자 쪽이었다. 젖이 너무 많이 분비되어 유방이 두 개의

둥근 풍선처럼 엄청난 크기로 부풀어 올랐다. 수유용 대형 브래지어도 맞지 않을 정도였다.

　모유수유는 자궁을 임신 전 크기로 수축시키는 역할도 동시에 한다. 아기가 젖을 빨면 젖꼭지가 자극되어 옥시토신이 분비되는데, 이 호르몬이 자궁수축을 돕는다. 출산 후 자궁이 수축하면서 일어나는 통증을 산후통이라 부르는데, 산후통은 내가 전혀 예상하지 못한 또 다른 변화였고, 제왕절개 수술 후의 통증으로 가중되었다. 산후통은 대개 분만 후 일주일이 되기 전에 멈추지만, 9개월 동안 서서히 팽창한 자궁이 원래 크기로 수축하는 데는 대략 6주 정도의 시간이 걸린다. 앞 장에서도 이야기했듯이 나는 제왕절개 수술 후 예기치 않게 위험천만했던 일을 겪었고, 장기가 다시 제자리로 돌아가는 동안 극심한 통증을 느꼈다. 그와 동시에 제왕절개 수술 부위의 통증, 산후통, 갈라진 젖꼭지의 통증까지 함께 시작되었다.

　내 경우엔 젖이 워낙 잘 돌아서 늘 유방이 묵직했다. 아기가 배고프지 않을까 생각만 해도 아무 데서나 젖이 뿜어져 나왔다. 우리의 뇌와 몸은 아주 강하게 연결되어 있어 아기의 울음소리만 들어도 젖 분비가 자극된다. 내가 느낀 느낌을 묘사하자면 수도꼭지를 틀어놓았는데 물이 아직 수도관 끝에 도달하지 않았고 막 쏟아져나오기 직전에 안쪽에서 부글부글하는 느낌이랄까, 이렇게밖에는 달리 표현할 수가 없다. 마치 아기가 언제 배고플지 유방이 본능적으로 알고 있는 듯했다. 수유하고 난 후 몇 시간만 지나면 가슴에 얼얼한 느낌이 들곤 했는데, 그러다 보면 또 수유할 시간이었다. 아기에 대해 생각하거나 모유수유에 관해 생각하기만 해도 유방이 즉시 반응했다. 아기가 쉬지 않고 세게 빨아대는 통에 젖꼭지에 성가신 물집이 생기고 피가 났지만 몇 주가 지나니 그마저도 익숙해졌다. 아기가 젖을 물면 처음 몇 초 동안은 너무 아파서 입술을 깨물며 참았다. 그러다 서서히 통증이 줄어들었고, 나중에는 이 통증마저 자연스럽게 느껴졌다. 모성의 시작은 사랑과 고통이 복잡하게 뒤얽혀 충돌하는 세상으로 나타났다.

삶의 모든 면을 변화시키는 출산

내가 아기에게 묶여 있는 존재라는 사실은 곧바로 명백해졌다. 한 번은 꽤 오랫동안 참여했던 아침 달리기 모임에 나간 적이 있다. 모임에 참석한 누군가가 내게 엄마가 되니 어떤지 물었다. 그런데 이 말에 대답도 하기 전에 가슴에서 젖이 나오기 시작했다. 나는 그런 상황을 예방하려면 외출하기 전에 미리 젖을 짜거나(시간이 허락된다면) 아기 생각을 하지 말아야 한다는(이것은 쉽지 않다) 것을 배웠다. 유방 패드는 나의 새로운 외출 필수품이 되었다. 하지만 시간이 없거나 정신이 없는 상태에서 외출할 때는 유방 패드를 생각하지 못할 때가 종종 있었다.

수유는 점점 본능적인 일이 되어갔다. 모든 사람이 잠들어 있는 깊은 밤 딸아이의 울음소리가 나를 깨우곤 했다. 젖샘의 냄새를 맡은 아기는 쉽게 젖꼭지를 찾아 물었다. 아기에게는 당연한 본능적이고 선천적인 능력이었다. 아기가 한번 젖을 물면 너무 세게 빨아서 가끔은 젖을 빠는 중간에 아기의 작은 입에 손가락을 집어넣고 떼어냈다. 그렇게 하지 않으면 아기를 떼어내는 게 너무 고통스러웠다. 아기와 나는 늘 한 몸처럼 얽혀 있었다. 이런 시간이 분명 아기에게는 대단한 안정을 제공하는 소중한 순간이었을 것이다. 아기는 편안한 얼굴로 젖을 문 채 잠들었고 내 자아는 아기의 요구 아래 깊숙이 묻혔다. 둘째가 태어났을 때도 이 모든 과정이 반복되었다.

우리는 임신과 출산을 겪는 동안 어느 정도 몸이 변하리라는 것을 알고 있다. 몸이 변한다는 것은 자연스러우면서도 명백한 과정이다. 나 역시 몇몇 변화를 예상했다. 병원이나 국가 기관에서 진행하는 산모 교실은 이런 변화를 준비하는 데 생각보다 별 도움이 되지 않았다. 그곳에서는 실제로 언제든 일어날 수 있는 일들에 대비하는 방법보다는 최악의 시나리오에 대응하는 조언을 더 많이 들려주었다.

나는 아기가 젖을 못 먹게 되었을 때, 즉 내가 몇 시간 외출을 계획하고 싶을 때마다 젖을 짜야 했다. 내가 아기의 요구에서 절대 자유로울 수 없는 이유였다. 젖을 많이 짜낼수록 엄마의 몸은 젖을 더 많이 생산하기 때문에 악순환이 반복될 수도 있다.

첫아이를 낳은 지 두 달이 지난 어느 날 나는 친구가 여는 브런치 파티에 갔다. 어림잡아 초저녁에는 돌아올 수 있으리라 생각해서 외출 바로 전에 수유를 하고 내가 없는 동안 두 번 정도 더 먹일 수 있게 충분히 유축한 후 파티 시간에 맞춰서 출발했다. 유방 울혈을 예방하기 위해 유축기도 챙겨서 갔다. 친구의 파티는 평범한 술집에서 시작되었고, 여느 술집처럼 그곳 역시 유축하거나 수유할 수 있는 장소가 마련되어 있지 않았다. 나는 도중에 자리를 옮겨 근처의 대형 마트를 찾았고, 그곳에 마련된 공간에서 젖을 20분 동안 짰다.

모유수유에는 여러 장점이 있으므로 일정 기간 모유수유를 유지하기 위한 노력은 충분히 가치 있는 일이다. 아기와 강하게 묶인 이 생물학적 연결고리는 내 몸이 자신이 아닌 다른 인간을 위해 일하고 있다는(사실 이것은 수정된 순간부터 일어나는 변화이다) 사실을 다시 한번 상기시켜줬다. 모유수유는 고통스럽고 어렵고 시간이 많이 소모될 수 있는 일이다. 즉 모든 사람이 모유수유를 선택할 수 있는 것은 아니라는 말이다. 하지만 초보 엄마들은 종종 이 문제로 죄책감을 느끼곤 한다.

2019년 출산 경험이 있는 여성 1,162명을 대상으로 한 조사에서 조사 대상의 절반이 모유수유를 힘들어 하는 자신에 대해 죄책감을 느낀다고 응답했다. 한 엄마는 분유 수유가 '아기에게 독약을 먹이는 것처럼 느껴진다'고까지 말했다. 모유수유에 대한 이런 강한 압박감은 초보 엄마들에게 전혀 도움이 되지 않는다. 수유가 계획대로 되지 않으면, 그렇지 않아도 호르몬 분비가 많고 고단한 시기에 훨씬 더 많은 스트레스를 받을 수 있기 때문이다.

임신기와 출산 직후의 급격한 변화는 심리적인 영향도 동반한다. 아기가 태어난 후 처음 몇 주 또는 몇 달 동안 배우자가 성적으로 가슴을 만지는 것을 원하지 않는 여성이 많다. 아기와 거의 하루 내내 친밀감을 유지하며 '충분한 신체적 접촉'을 경험하므로 외로움을 느끼지 않을 수도 있고, 다른 사람의 손길에 대한 욕구도 거의 느껴지지 않을 수도 있다. 대신 아기가 잠들면 자기만의 시간을 조금이라도 가질 수 있기를 간절히 원할 뿐이다. 나 역시 마찬가지였다. 하루 12시간 넘게 아이의 요구를 하나하나 충족시켜주며 항상 무언가를 하고 있었기 때문이다. 드디어 아이가 잠들었을 때 내가 원한 것은 오직 혼자 보내는 시간이었다.

한 연구에서는 아기가 태어난 이후 여성들의 섹스에 대한 흥미가 압도적으로 감소한다고 보고했다. 이 연구에서는 엄마들이 자신의 가슴을 성적 매력을 위한 기관이 아닌 기능적인 기관으로 생각한다고도 보고했다. 한 응답자는 "가슴은 이제 더이상 저의 여성성을 증대시켜주지 않아요. 실용적인 신체 부위일 뿐이며, 제 가슴에서 뭔가 사라졌어요. 아마 성적으로 무엇인가 상실한 것 같아요." 또 다른 응답자는 이렇게 말했다. "제가 누군가의 엄마라고 느낄 뿐 여자라고 느끼지는 않습니다."

임신기에 증가한 에스트로겐 분비는 출산 직후 감소하기 시작한다. 에스트로겐이 젖 분비를 방해하므로 모유 분비를 촉진하기 위해 일어나는 자연스러운 현상이다. 성호르몬인 에스트로겐의 분비가 감소한다는 것은 보통 성행위가 줄어든다는 의미로 해석된다. 성욕이 떨어지고 결과적으로 질 건조증도 생길 수 있다. 1996년 570명의 여성과 그들의 파트너를 함께 조사한 연구에서 모유수유를 하는 여성들은 모유수유를 하지 않는 여성들에 비해 성욕 감소가 더 큰 것으로 나타났다. 연구 참여자들은 평균적으로 출산하고 대략 7주 후에 성관계를 하기 시작했다. 연구진은 '아기가 태어나면서 부부 사이의 성 만족감이 감소할 수 있고, 그다음 해가 되어서야 천천히 회복된다'라고 언급했다.

출산 초기는 호르몬의 변화 외에도 수면 부족과 산욕기를 거치고 24시간 수유를 하느라 여성들이 최상의 몸 상태라고 느끼기 어렵다. 그러므로 출산 후 처음 6~7주 또는 사람에 따라 몇 달 동안 성욕이 감소하는 것은 매우 정상적이다. 봉합 부위의 통증, 피곤함, 시간 제약, 의욕 상실 그리고 어떤 여성들에게는 다시 임신을 하게 될지도 모른다는 걱정 등이 그 이유일 것이다.

성욕이 지속적으로 감소하거나 아예 없는 상태를 여성 성기능장애

(female sexual dysfunction)라고 지칭하는데, 일부 연구자들은 이것이 매우 흔히 나타나는 현상이라고 주장한다. 2010년에 발표된 검토 논문에서 제시한 통계 자료를 보면 다음과 같다.

- 출산 후 처음 3개월 동안 여성의 70.6%가 성기능장애를 겪는다.
- 출산 후 4~6개월 사이 여성의 55.6%가 성기능장애를 겪는다.
- 출산 후 6개월에 여성의 34.2%가 성기능장애를 겪는다.
- 여성의 7.17%가 결코 임신 이전의 성욕 수준에 도달하지 못할 것이다.

'여성 성기능장애'라는 용어는 그것이 왜 발생하는지 자세히 살펴보고 특히 심한 열상에 의한 질 손상, 치질, 신체 만족감 저하 같은 불쾌한 신체 변화까지 결부시켜 생각한다면 전혀 유용하지도, 적절하지도 않은 단어이다. 성욕 감퇴로 오랫동안 신체적 접촉이 제한된다면 당연히 부부 관계에 부정적인 영향을 미칠지도 모른다. 하지만 그런 경우는 드물다. 출산 후 힘든 시기를 보내는 엄마들에게 성기능장애라는 또 다른 꼬리표가 붙는 것은 그저 유용하지 않은 정도가 아니라 가혹한 일이다.

임신과 출산은 이미 상당 부분 의학적으로 다뤄지고 있다. 그런데 성욕 감소에까지 의학적 용어를 붙이는 것은 일반적으로 여성은 어떠해야 하는지 또는 얼마나 '정상'과 거리가 먼지 말하는 또 다른 외부 권력으로 작용할 수 있다. 표준이라 여겨지는 것과 비교하기보다 부부가 폭넓게 생각을 공유한다면 성생활에 문제가 있다고 생각하는 여성이 지금처럼 많지는 않을 것이다.

스키드모어 칼리지 사회학과의 수전 월저Susan Walzer 교수는 새로 부모가 된 사람 50명을 인터뷰할 때 처음에는 성에 관해 질문할 생각이 없었다고 한다. 대체로 우리 사회가 성을 너무 강조하는 경향이 있다고 생각해서였다. 그러나 많은 여성 참가자가 자발적으로 성생활에 관해 언급하자 생각이 바뀌었다. 그들은 출산 후 성관계를 하지 않는다는 것과 왜 성관계를 하고 싶은 마음이 들지 않는지에 관해 먼저 이야기했고, 그래서 죄책감을 느낀다고 털어놓았다.

월저는 새로 부모가 된 많은 부부들이 성 문제로 고민한다는 것을 알아차렸고, 그래서 성에 관한 질문을 인터뷰에 포함했다. 조사 결과, 많은 여성은 남편의 성적 요구를 반드시 충족시켜야 한다고 느끼고 있었다. 여성이 성관계를 원하지 않는 이유에는 주로 피곤함, 성욕 감소, 혼자 시간을 보내고 싶은 욕구 등이 있었다. 한 여성은 온종일 아기와 붙어 있어야 해서 저녁이 되면 쉬고 싶은 생각뿐이라면서 이렇게 덧붙였다. "그냥 그런 욕구가 생기지 않을 때가 많아요. 그렇다고 남편을 사랑하지 않는 건 아니에요."

성관계를 원하지 않더라도 많은 여성이 자신이 남편을 소홀히 대하고 있다는 사실에 관해 자주 생각하고 걱정하고 있었다. 이것은 여성의 몸이 얼마나 성적 대상화되었는지를 반영하는 현상이기도 하다. 남편을 만족시키기 위해 성관계를 해야 하는 압박감이 그들을 무겁게 짓눌렀고, 그래서 몇몇 여성들은 '억지로 기운을 내야 하는 의무감'을 느낀다고 말했다.

임신과 출산으로 몸이 망가질 것이란 걱정

한 인간을 9개월 동안 뱃속에서 기르는 일은 우리 몸에 여러 가지 타격을 준다. 골반저 근육도 그중 하나이다. 골반저 근육은 방광을 조절할 때 사용하는 근육 다발이다. 임산부들은 골반저 근육이 약해지지 않도록 항문 근육을 조이는 운동을 하라는 조언을 임신 기간 내내 들을 것이다. 이 운동을 꾸준히 하면 요실금을 예방할 수 있고 출산 후 성생활도 나아질 수 있다는 이유에서다. 골반저 근육은 자궁 안에서 계속 자라는 태아를 지탱해주는 역할을 하므로 당연히 약해질 수 있다. 출산할 때 힘을 주면서 더욱 약해질 수 있는데, 때로는 영구적인 문제가 발생할 수도 있다. 2008년 거의 2,000명에 이르는 미국 여성을 대상으로 진행된 대규모 연구에서 23.7퍼센트의 여성이 한 번 이상 골반저 근육 장애를 겪었고, 15.7퍼센트의 여성이 요실금을 경험한 것으로 조사되었다.

골반 장기가 질 쪽으로 내려가는 골반장기탈출증에 걸릴 확률도 거의 3퍼센트에 이른다. 질을 통한 자연분만을 두 차례 이상 경험한 여성들은 자연분만을 한 번도 하지 않은 여성들보다 탈출증으로 수술할 확률이 높다. 2018년 에티오피아 여성 3,000여 명을 조사한 연구에서도 다섯 명 중 한 명이 적어도 한 차례 골반저 근육의 문제를 겪었으며 열 명중 한 명은 골반장기탈출증을 경험했다고 보고했다. 비교적 가벼운 증상은 치료하지 않은 채 넘기는 경우도 많아서 실제 수치는 더 높을 것으로 추정된다.

출산 후 소변을 몇 분 이상 참기 어려워서 항상 가장 가까운 화장실이 어디에 있는지에 온 신경을 곤두세워야 한다고 털어놓는 여성들도 많다. 점프를 하거나 재채기를 할 때마다 오줌을 지리는 경우도 있다. 이런 경우 방광을 완전히 비우지 않으면 잠깐의 달리기조차도 문제가 될 수 있다. 골반저 근육 장애는 출산 후 매우 흔히 나타나는 증상인데도 아직 충분히 알려지지 않았다. 이 문제가 사회적으로 자주 다뤄지지 않았으며 많은 여성이 여전히 남몰래 고통을 겪고 있다는 말이기도 하다.

안타깝게도 여성들이 임신 이전의 몸매가 사라지고 피부가 처지며, 혈관이 더 도드라져 보이고 모유수유를 한 후로 유방이 작아지거나 늘어져서 보기 흉해졌다고 한탄하는 소리를 너무도 흔히 듣는다. 이런 변화는 대체로 부정적으로 인식된다.

9개월의 임신 기간을 겪은 후에도 '신체적 완벽함에 집착하는 사회'가 많은 여성을 자유롭지 못하게 만든다. 다시 말해 여성들이 출산 후 자기 몸이 어떻게 보일지 비현실적인 기대감을 품고 있다는 의미이기도 하다. 임신 기간의 신체 변화는 여성들이 생애 처음 겪는 가장 생경하고 급격한 자아의 확장을 의미한다. 9개월 동안 우리는 소중한 화물을 실어 나르는 그야말로 숨 쉬고 살아 움직이는 선박이 된다. 소중한 화물의 건강과 안전이 전적으로 우리 손에 달려 있다. 내 몸 안에 무언가 계속 자라고 있고 그것이 발로 차고 움직이고 꼬르륵거리고 굴러다니는 것이 처음에는 생소하게 느껴질 것이다. 많은 여성이 이것이 임신 이전의 몸을 영원히 잃게 되는 전조가 아닐까 걱정하는 것도 당연하다.

나 또한 임신 이전의 몸 상태를 유지해야 한다는 강박관념을 가졌다. 그래서 첫아이를 가졌을 때도 달리기와 자전거 타기를 계속했다. 임신 전까지만 해도 높은 수준의 스포츠 대회에 참가하는 것을 목표로 삼았으므로 항상 신체적인 건강을 유지하는 것을 중요하게 생각했고, 또 그러기 위해 노력했다. 대학교 때는 가라테 검은 띠를 따기 위해 훈련에 몰입하느라 때로는 강의실보다 스포츠 클럽에서 보내는 시간이 더 많았다. 이런 나에게 '임신으로 몸이 망가질 것'이라는 걱정은 점점 무시무시한 위협으로 다가왔다. 그것을 통제하겠다는 생각, 즉 '원래의 나'를 유지하겠다는 생각은 몸이 변하지 못하게 붙잡는 유일한 방법이었다. 결국 강도 높은 운동만이 임신 기간에도 본연의 나답게 느껴지는 유일한 위안이 되었다.

임신 기간에 계속 활동적으로 움직인 것이 출산 합병증에서 회복하고 임신 이전의 몸으로 빨리 돌아가는 데 도움이 된 건 사실이다. 마치 지금까지 겪은 모든 일을 완전히 감춰주듯 내 몸이 빨리 회복되는 것을 지켜보며 나는 새로운 경외감을 느꼈다. 첫 출산 후 회복이 빨랐던 것이 주로 임신 전 신체 단련과 건강한 유전자 그리고 병원에서 예상보다 많이 투여하지 않은 항생제 덕분이라 여겼다. 그러나 시간이 지나 객관적으로 생각해보니 계속 출산 전의 몸에만 초점을 맞추는 것은 건강한 태도가 아니었다. '예전의 나'로 돌아간 것 같은 기분이 드는 것도 중요하지만 나는 이미 돌이킬 수 없을 만큼 변했다는 것을 스스로 인정해야 했다.

칭찬으로 하는 말이라 할지라도 '출산 후의 몸'에 관한 주변 사람들의 말은 여성의 몸이 평가 대상이라는 것을 두드러지게 한다. 게다가 이런 발언은 신체의 변화가 개인의 유전적인 면에 따라서도 결정될 수 있다는 점을 간과하는 것이다. 내가 예전의 몸으로 회복되었다는 칭찬을 좋아하지 않았다고 말한다면 분명 거짓말일 것이다. 누군들 그런 말을 싫어하겠는가? 그러나 한편으로는 예전 몸으로 돌아가리라는 주변 사람들의 기대가 전반적으로 나에게 얼마나 해로운 영향을 미칠 수 있는지도 잘 알고 있었다.

　사람들은 임신으로 여성의 몸이 변할 수 있다고 예상하지만, 그와 동시에 여성들이 그런 예상을 뒤집는 모습을 보이면 격려하고 축하해준다. 우리가 스스로 제어할 수 없는 일로 얼마나 많은 평가를 받고 있는지를 단적으로 보여주는 현상이다. 영국 여성 2,000여 명을 대상으로 한 조사에서 77퍼센트가 임신과 출산에 따른 신체 변화로 충격을 받았다고 응답했다.

　매스미디어의 유명인들이 보여주는 극단적인 체중 감소는 일반 여성들이 출산 후 자신의 모습에 대해 갖는 기대에 악영향을 미친다. 이상과 현실이 일치하지 않을 때 많은 이들이 상실감을 느낄 수 있기 때문이다. 그러므로 우리의 몸은 모두 변할 수밖에 없다는 것, 모든 사람의 몸이 같은 방식으로 변하지는 않는다는 것을 어느 정도 받아들여야만 한다.

　나는 아기를 낳고 수면 부족에 시달리는 동안 애써 화장을 하거나 편한 실내복이 아닌 진짜 옷을 차려입는 것이 불필요하다고 생각했다. 이것은 다시 달리기를 시작했을 때를 제외하면 외모에 그다지 신경을 쓰지 않았다는 말이다. 이전보다 머리를 자주 감지 않았고 레깅스와 후드티를 입는 것도 옷을 입은 것이라고 친다면 점심시간 이후에나 옷을 입었다. 그래도 괜찮다고 생각했다. 임신 중일 때 그리고 출산하고 나서 처음 몇 달 동안은 좋든 싫든 내가 혼자서는 아무것도 못하는 새로운 인간을 기른다는 목적을 위해 존재한다고 생각했다. 건강에 해로울 정도로 체중이 증가한 게 아니라면 몸이 예전과 조금 달라 보여도 문제가 되지 않는다고, 임신과 모유수유로 인한 신체적 굴레에서 더 자유로워질 때가 올 거라며 나 자신을 다독였다.

지금 이 책에서 이야기하고 있는 정체성 변화의 수많은 측면을 숙고하도록 촉발한 것도 끊임없이 내 본연의 모습으로 존재하고 싶은 바람이었다. 물론 아이와의 유대가 중요한 것도 사실이고 아이들은 언제나 많은 주의가 필요할 것이다. 그러나 9개월 동안의 모유수유를 끝내고 나서 나는 모든 기운을 앗아가는 육체적 속박에서 벗어났고, 내가 오직 아이만을 위해 존재하는 건 아니라는 사실을 다시 한번 느꼈다. 그 순간의 기분 좋은 해방감을 아직도 잊을 수 없다.

엄마와 아기가 서로의 세포를 주고받는 '마이크로키메리즘'

체중 증가, 체형 변화 등 가시적인 신체 변화 외에도 새로 알게 된 놀라운 사실은 우리의 몸 안에서 겉으로 드러나지 않는 놀라운 변화가 일어나고 있다는 것이다. 호르몬이 신체와 행동에 미치는 영향에 관한 연구는 수십 년 동안 진행되어왔지만 숨겨진 변화도 존재한다는 것이 드러나기 시작했다.

엄마의 뇌와 여러 주요 기관 내부에는 아이들의 세포가 함께 존재한다. 이 같은 사실은 엄마들에게서 남자 태아의 DNA가 검출되면서 밝혀졌다. 엄마에게서 발견되는 아이의 세포는 몇몇 종류의 암을 예방하는 데 중요한 열쇠가 될 수 있다. 그뿐 아니라 우리가 엄마가 되었을 때 가끔 '다른 사람'이 된 듯한 기분이 들거나 임신했을 때 심리적으로 매우 민감하게 변하는 이유를 밝혀주는 실마리를 제공할 수도 있다. 우리는 말 그대로 우리 아이의 세포를 몸속에 품고 있다. 아이의 세포가 엄마의 혈액과 심장과 뇌 속을 평생 떠다니는 것이다.

엄마 몸 안에 자녀의 세포가 있다는 것은 수십 년 전 한 엄마의 혈액에서 남자 태아의 세포가 발견되면서 처음 알려졌다. 여성 세포는 X염색체를 두 개 가지고 있는 데 비해 남성 세포만 Y염색체를 가지고 있다는 사실에 기초해서 엄마의 몸에서 남성 세포나 남성 DNA를 찾는 검사가 1996년에 진행되었다. 이 연구 이후 다른 연구진은 태아 세포가 엄마 몸속에 얼마나 오래 남아 있는지 밝혀냈다. 연구 결과, 임신 중인 여성뿐만 아니라 27년 전에 임신했던 여성에게서도 남자 태아의 세포가 발견되었다.

미국 시애틀 프레드 허친슨 암연구센터(Fred Hutchinson Cancer Research Center)의 류머티즘 학자 리 넬슨Lee Nelson이 이 연구 논문을 접했을 때 그녀는 후속 연구를 진행해야 한다고 생각했다. 그녀는 논문의 책임 저자에게 연락해서 엄마 체내에 남아 있는 태아 세포가 자가면역질환에 어떤 역할을 하는지 함께 연구하자고 제안했다. 자가면역질환은 면역체계가 자기 몸의 세포를 표적으로 삼기 시작하는 질환이다. 류머티즘 관절염, 다발성경화증 그리고 잘 알려지지 않은 피부 경화증이 모두 자가면역질환에 속한다.

임신은 자가면역질환 발병과 증상 변화에도 영향을 미칠 수 있다. 예를 들어, 류머티즘 관절염과 다발성경화증은 보통 임신 중에 개선되었다가 출산 후에 갑자기 심해진다. 넬슨은 이런 변화가 아기의 세포가 엄마 몸속에 살고 있기 때문일 수 있다고 설명했다. 흥미롭게도 넬슨은 모체 내 태아 세포 결핍과 유방암의 연관성도 검증했다. 유방암 환자 35명을 포함해 총 85명의 여성을 조사한 결과, 암에 걸린 여성보다 건강한 여성에게서 남자 태아의 DNA가 더 많이 발견되었다.

이 현상은 '남성 마이크로키메리즘(male microchimerism)'이라 불린다. 여기서 키메라는 다른 개체의 DNA를 가지고 다니는 개체를 말한다. 원래 키메라는 고대 그리스 시대 말기에 활동했던 유랑시인이자 작가인 호머가 '사자 머리에 염소 몸통, 뱀의 꼬리를 한 혼성체로 무시무시한 눈부신 화염을 내뿜는 불멸의 존재'라고 묘사한 '고대 그리스 신화'에 나오는 괴물이다. 키메라는 신화에나 나오는 존재일지 모르겠지만, 마이크로키메리즘은 우리 몸속에 다른 개체의 세포가 풍부하게 존재한다는 것을 보여준다.

마이크로키메리즘에 관한 연구는 꽤 오랜 시간 이어져 왔지만 마이크로키메리즘이 인간에게 일어난다는 사실은 아직 널리 알려지지 않았다. 그러나 넬슨은 모체 내에 남아 있는 태아 세포가 어떤 의의를 지니는지 밝히기 위해 연구를 계속했다. 그녀는 〈변하는 어머니의 자아(The changing maternal self)〉 〈당신의 세포가 곧 나의 세포(Your cells are my cells)〉 〈자아의 타자성(The otherness of self)〉이라는 제목의 논문들을 발표했다. 넬슨의 논문을 읽어보면 우리의 몸이 여러 개체의 세포로 그려진 일종의 콜라주 작품이라는 것을 알 수 있다.

여성의 뇌에서도 남성 DNA가 다량 발견된다는 넬슨 연구팀의 연구 결과는 매우 흥미롭다. 이 연구 결과는 남자 태아의 DNA가 혈액과 뇌 사이의 장벽을 넘어갈 수 있음을 보여줬다. 즉 그 장벽이 절대적인 장벽이 아니며 임신했을 때 투과성이 높아질 수 있음을 암시한다. 연구진은 59명의 여성을 검사했고, 이들 중 절반은 알츠하이머병을 앓고 있었다. 모두 37명의 뇌 조직에서 남성 DNA가 발견되었는데, 그들이 남자

아이를 임신했을 때 전이되었을 것으로 추정된다.[3]

남성 DNA는 뇌의 한 영역에서만 발견된 게 아니라 여러 영역에서 발견되었다. 뇌 질환이 없는 여성의 뇌에서는 남성 DNA(남성 세포의 증거)가 더 널리 분포되어 있었다. 이것은 태아 세포가 엄마를 질병으로부터 보호해줄 수도 있다는 것을 암시한다. 태아 세포는 분명 처음에 태반을 통해 엄마 몸속에 들어왔다가 혈액순환계로 들어가고 그러고 나서 엄마의 다른 조직들로 이동했을 것으로 보인다. 1996년 연구가 암시했듯이 마이크로키메리즘도 장기간 지속할 수 있는 변화이다. 남성 DNA가 발견된 여성 중 가장 나이가 많은 사람은 94세였다.

엄마의 몸속에 추가된 이 DNA가 어떤 이익을 주는지 아직 단정할 수는 없다. 그러나 연구자들은 틀림없이 '진화적 의의'가 있으리라 확신한다. 즉 진화론적으로 이로운 특성이 인류의 생존을 도왔고, 그 결과 그 특성이 계속 남아 있다는 것이다. 이런 관점에서 이 여분의 DNA를 가지고 있는 여성들이 알츠하이머병에 걸릴 확률이 낮았다는 사실은 의미심장하다.

마이크로키메리즘의 진화론적 의의를 암시하는 더욱 강력한 증거가 있다. 그것은 마이크로키메리즘이 쌍방향으로 일어난다는 것이다. 즉 엄마가 아기에게서 세포를 얻듯이 아기도 엄마 자궁 안에 있을 때 엄마에게서 세포를 얻는다. 우리는 모두 유전물질의 절반을 어머니로부터 받고 나머지 절반은 아버지로부터 받는다.

하지만 여기서 말하는 것은 정상적으로 물려받는 DNA를 가리키

---

3) 엄마들은 남자 태아의 DNA와 여자 태아의 DNA 둘 다 가지고 있을 수 있지만, 남자가 XY 염색체를 가지고 있으므로 남자 태아일 때만 Y 염색체가 검출될 수 있다.

는 것이 아니다. 어머니의 유전자 중 본래 유전되지 않은 나머지 절반의 유전자도 아주 소량이지만 마이크로키메리즘을 통해 자식에게 전달된다는 말이다. 그렇게 얻은 여분의 세포는 남성보다 여성들이 더 효과적으로 보존하는 것으로 밝혀졌다. 넬슨은 이것 역시 우연이 아니라 자가면역질환으로부터 여성들을 보호하기 위한 진화적 적응이라고 믿는다. 정확하게 말하자면 우리가 엄마가 되었을 때 뱃속 태아에게서 다른 '이질적인' DNA를 받아들임으로써 자가면역질환을 피할 수 있다는 것이다.

이런 쌍방향 세포 교환은 태아와 모체 사이에서만 일어나는 게 아니다. 첫째 아이를 가졌을 때 모체로 이동한 태아 세포가 엄마가 다시 임신했을 때 둘째 아기에게로 전달될 수 있으며, 그 과정이 계속 반복될 수도 있다(물론 이런 현상은 매우 드물다). 어쩌면 우리는 모두 여러 유기체의 혼합물인 셈이다. 그리고 이 중 어떤 것은 미묘하게 우리의 행동과 자아를 변화시킬 수도 있다.

정상적으로 출산할 때까지 임신을 유지해야만 외부 세포의 유입이 일어나는 것은 아니다. 낙태나 유산을 겪은 여성에게서도 남성 DNA가 검출될 수 있다. 2015년에 발표된 한 연구는 임신 자체가 모체 내 태아 DNA를 발생시키는 원인이라고 봤다. 연구진은 아주 이례적인 피험자들을 대상으로 연구를 진행했다. 임신 도중이나 출산 직후에 사망한 26명의 여성에게서 조직을 채취해 검사했는데, 뇌뿐만 아니라 심장, 폐, 신장을 포함한 여러 기관에서 남성 세포가 발견되었다.

마이크로키메리즘은 우리 아이의 가장 기본적인 구성 요소가 우리의 뇌 안으로 슬그머니 유입된다는 것을 보여준다. 유전학적으로 우리는 어머니와 아버지의 산물일 뿐만 아니라 우리 아이의 산물이기도 하다.

마이크로키메리즘이 유방암을 예방하는 역할을 할 수도 있다는 것이 밝혀졌지만, 마이크로키메리즘에 관해서는 아직 알려지지 않은 것이 훨씬 더 많다. 그래서 여전히 복잡한 그림으로 남아 있다. 모체 내 태아의 DNA는 직장암 같은 다른 암의 발병 위험을 높일 수도 있고, 정확한 이유는 밝혀지지 않았지만 두 가지 유형의 뇌종양에서도 태아 세포가 발견되었다.

최근에 나온 증거는 엄마의 면역체계가 이질적인 유전자를 가진 유기체인 태아를 거부하지 않도록 태아 세포가 돕는다는 점을 나타낸다. 태아 세포가 제왕절개 수술 흉터에서 유독 많이 발견되는 것으로 보아 상처 회복도 촉진하는 것으로 추정된다. 게다가 유방 조직과 모유에서도 태아 세포가 많이 발견되는데, 이 세포들이 엄마가 아기에게 수유하는 과정을 도와주고 있을지도 모른다. 이처럼 모체에 침입한 태아 세포가 긍정적 연관성과 부정적 연관성을 모두 보인다는 점은 여전히 의문으로 남아 있다.

태아 세포가 모유에서도 발견되는 것으로 보아 태아 세포는 아기가 엄마 몸 밖으로 나간 후에도 필요한 자원을 얻도록 도와주고 있을지 모른다. 아기로서는 엄마의 몸 밖으로 나가서도 여전히 엄마의 '부분'으로 남아있을 수 있는 기발한 방법이다.

태아 세포가 마치 보험 증권처럼 엄마의 호르몬 건강과 심리적 건강에 영향을 미칠 수 있다는 의견도 있다. 엄마의 자궁 안에 있을 때 아기는 필요한 자원을 얻을 수 있는 능력이 있다. 그러나 자궁 밖으로 나가면 자원을 통제할 수 있는 능력이 곧바로 줄어든다. 자신의 일부를 조금 남겨놓고 나가는 것보다 통제력을 유지하기 좋은 방법이 있을까? 엄마 몸에 남겨진 태아 세포는 유대감 형성과 젖 분비에 중요한 호르몬이 제대로 계속 생산되도록 도울 수 있다.

마이크로키메리즘 세포가 기나긴 인류의 진화 과정 내내 존재했다는 사실은 이 세포들이 틀림없이 쓸모 있다는 것을 의미한다. 단지 어느 정도로 유용한지 아직 완전히 밝혀지지 않았을 뿐이다.

4장

직장에서 겪는 차별

임신으로 인한 차별과 출산휴가의 진실

1971년 미국 클리블랜드에 살던 20대 초반의 교사 조 캐럴 라플레르는 첫째 아이를 임신 중이었다. 교장에게 임신 사실을 알렸을 때 교장은 그녀에게 임신 4개월쯤 되면 학교를 그만둬야 한다고 말했다. 당시 대부분의 공립학교에서는 이를 당연한 일로 여겼다. 교장은 어린 학생들이 그녀의 임신한 모습을 보면 당황하거나 혐오스러워 할 수 있다고 말했다. 당시만 해도 임신은 다른 사람들에게 숨겨야 하는 문제로 인식되었고, 어머니는 '아기에게 애정 어린 보살핌을 제공하기 위해 집에 머물러야 한다'는 시각이 지배적이었다.

교장은 심지어 그녀의 뱃속에서 아기가 아닌 종양이 자라고 있는 것이라면 학교에 남을 수 있겠지만 임신은 어쩔 수 없다고 대놓고 말했다. 조 캐럴은 교장에게 진짜 출산 예정일을 말하지 않았고, 그래서 5개월이 될 때까지 간신히 학교에 남아 있었다. 그녀의 배가 너무 불렀다고 생각한 교장이 교실에 들어가지 못하게 그녀를 막아서는 바람에 결국 조 캐럴은 학교를 떠나야 했다.

당시 미국 학교의 임산부 제한 정책은 일반적인 일이었다. 1960년 대에 성 해방 운동이 일어났지만, 조 캐럴이 임신했을 때는 근무 환경에 관한 규정 대부분이 남성에 의해 만들어지거나 주로 남성을 염두에 두고 만들어진 시대였다. 조 캐럴은 무급휴가에 들어가야 했고, 아기를 출산하고 3개월 후 새로운 학기가 시작되었지만 학교로 돌아갈 수 없었다. 그때 돌아갈 수 있다 하더라도 예전 자리가 보장되는 것은 아니었다. 그녀는 이것이 학생들의 교육을 불필요하게 방해하는 불합리한 조치라고 생각했다. 그래서 학교를 상대로 소송을 걸었다. 그녀가 아직 임신 중일 때였다. 조 캐럴은 학생들에게 차별에 맞서는 본보기를 보이고 싶었다.

불행히도 이 사건은 까다롭고 보수적인 73세의 남성 우월주의자 제임스 코넬 판사에게 배정되었다. 그 당시의 많은 다른 이들과 마찬가지로 코넬 판사도 여성이 있을 곳은 집이라는 시각을 가지고 있었다. 그는 결국 학교 측에 유리한 판결을 내렸다. 판결 근거 중 하나는 임신이 학생들의 주의를 산만하게 하는 요소라는 것이었다. 그는 "임신한 교사는 임신의 결과로 많은 수모를 겪는데, 학생들이 손가락질하고 낄낄거리고 욕설하는 것을 포함합니다. 그로 인해 학습이 중단되고 방해받을 수 있습니다."라고 말했다.

또한 그는 가르치는 일을 포함한 신체적 활동이 엄마와 아기 모두의 건강에 해롭다고 말하며[4] 임신한 여성이 학교에 있는 게 안전하지 않

---

4) 사실 임신 중 적당한 운동은 엄마와 아기 모두에게 이롭다는 것이 연구에서 증명되었다.

은 이유로 학교 폭력의 가능성을 들었다. 게다가 임신하면 '배뇨 횟수가 늘어난다'는 점과 임신 마지막 3개월 동안 신체적 민첩성이 떨어진다는 점을 지적했다. 조 캐럴의 상대측 변호사 역시 임신한 여성을 암울한 모습으로 묘사했다. 바닥에 떨어진 책도 줍지 못하고 똑바로 걷기 위해 양 팔을 허우적거리는 우스꽝스럽고 연약한 존재로 표현한 것이다.

조 캐럴은 당시를 회상하며 "그들은 우리를 매우 연약하고 자신을 관리하지 못하는 존재로 묘사했어요."라고 말했다. 이 사건은 1974년 대법원에 올라갔고, 결국 조 캐럴이 이겼다. 법원은 그녀에 대한 처우가 미국 헌법 수정조항 제14조에 어긋난다는 판결을 내렸다. 그 후로 모든 공립학교에서 임신한 여성이 교단을 떠나야 한다는 규정을 없앴다.

조 캐럴의 법정 싸움은 빈약한 교사 월급으로는 감당하기 힘든 일이었다. 그녀를 위해 무료 변론을 맡아줄 변호사를 찾은 후에야 법정 소송 절차가 가능했다. 일선 교사의 대다수는 여성이지만 교장은 주로 남성이었고, 그녀의 소송과 관련된 법률 전문가들도 대부분 남성이었다. 상황이 이렇다 보니 조 캐럴에게 행복했어야 할 임신 기간이 불편하고 괴로운 갈등의 시간이 되어버렸다.

"그러나 나는 가만히 앉아서 싸우지도 않고 그들이 나를 가혹하게 대하도록 그냥 놔둘 생각이 없었습니다. 게다가 학생들은 오랜 시간 함께해온 교사를 잃게 될 상황이었습니다. 아이들의 교육이 말도 되지 않는 이유로 방해받고 있었습니다."

그녀가 무엇보다 놀랐던 것은 임신한 여성은 가정 밖에서는 일하지 말아야 한다는 시각이었다. 이런 시각은 남성들에게만 국한된 것이 아니었다. 소송이 진행되는 동안 그녀는 여섯 자녀를 둔 한 어머니로부터

'임신한 여자는 집에만 있어야 하는데 당신이 왜 그런 소송을 진행하는지 모르겠어요'라는 편지를 받기도 했다.

조 캐럴은 자신이 사회로부터 학대당하고 있다고 느꼈다. 임신 기간뿐만 아니라 소송이 진행되는 동안에도 부당한 대우를 받았다고 생각했다. 사회는 늘 가족의 가치를 매우 존중한다고 말하지만, 임신에 대해서는 그렇지 않았다. 이 경험은 조 캐럴에게 깊은 영향을 미쳤다. 조 캐럴이 변호사가 되는 동기가 된 것이다. 현재 74세인 조 캐럴은 여전히 변호사로 활동하고 있고 소송비를 감당할 수 없는 여성과 아동을 위해 지속적으로 무료 변론을 하고 있다.

조 캐럴이 수십 년 전에 경험한 일이지만 문제는 지금도 그때와 같은 시각이 남아 있다는 점이다. 이런 시각은 임신과 모성에 관한 정책과 태도에 그대로 스며들어 있다. 조 캐럴은 여성이 지금보다 더 높은 사회적 지위와 힘을 획득할 때까지 이런 시각이 쉽게 바뀌지 않을 거라는 생각을 수십 년째 하고 있다.

임신했다는 이유로 차별을 겪는 여성들

조 캐럴 사건의 판결이 내려진 지 거의 20년 후 영국에서는 직장에서 임신한 여성을 무시하는 관행을 폭로하는 소송이 벌어졌다. 1990년 메리 브라운은 위생 서비스 업체인 렌토킬에 근무하면서 생리대 수거함을 설치하고 수거하는 업무를 담당하고 있었다. 그런데 임신한 후 출혈과 허리 통증 같은 합병증에 시달렸다. 그녀는 병원에서 진단서를 발급받고 일을 쉬기로 했다. 회사의 병가 규정에 따르면 26주 이상 병가를 쓴다면 근무 계약이 종료되는 상황이었다. 임신 때문에 생긴 장기 질병도 예외가 아니었다.

메리는 직장에 복귀하지 못했으며 1991년 2월, 그녀가 여전히 임신 중일 때 실직자가 되었다. 그리고 그다음 달에 아기가 태어났다. 근무한 기간이 2년이 채 되지 않아서 출산 수당을 받을 자격도 되지 않았다. 몇 달 후 메리는 소송을 제기했다. 그녀의 질환은 임신과 관련된 것인데도 해고할 때 그 점을 고려하지 않았다면서 이를 '성차별'의 문제라고 주장했다.

임신에 의한 질환은 출산에 관한 법적 권리에 포함되어 있지 않다는 이유로 그녀의 소송은 기각되었다. 그러자 메리는 영국 상원에 자신의 소송에 대해 알렸다. 소송은 유럽사법재판소로 올라갔고, 1998년 유럽사법재판소는 임신과 관련된 질환이 생긴 직원을 회사의 병가 규정에 벗어난다는 이유로 해고하는 것은 성에 기반한 차별이라고 판결하면서 그녀의 손을 들어줬다. 어쨌든 남성은 임신으로 인한 질환을 겪을 리가 없으므로 여성에게만 일어나는 일로 벌칙을 적용하는 것은 법에 어긋나는 행위라고 판결한 것이다. 이 사건의 결과는 이후 비슷한 사건들에도 큰 영향을 미쳤다. 임신 중 부당 해고에 대한 성차별 소송의 판례가 된 것이다. 메리가 이런 판결을 얻어내기까지 7년이나 걸렸다는 사실은 인간의 기본권리를 요구하는 당연한 일마저도 때로는 얼마나 지켜지기 힘든지를 잘 보여주고 있다.

메리 브라운과 조 캐럴의 소송 이후로 수십 년이 흘렀고 시대가 바뀌었다고 생각할지도 모르겠다. 그러나 여전히 우리의 눈과 귀를 의심하게 만드는 소송과 통계 자료가 이어지고 있다. 임신으로 인한 차별은 여전히 흔히 일어나고 있다. 그 증거를 바로 영국의 한 단체 이름에서 찾을 수 있다. '임신 후 곤란을 겪는 여성들(Pregnant Then Screwed)'은 직장에서 차별당하는 여성들을 대표하는 단체의 이름이다.

2020년 1월 이 단체는 헬렌 라킨이라는 여성이 근무했던 화장품 회사와 벌인 법적 싸움에서 이길 수 있게 도왔다. 그녀는 임신 8개월에 정리해고되었고, 비슷한 업무를 볼 수 있는 면접 기회조차 얻지 못했다. 헬렌은 변호사 없이 스스로를 변호했고 회사로부터 손해배상금으로 17,303파운드(한화로 약 2,800만 원)를 받았다. 일자리를 잃은 것을 생각하면 큰 금액이 아니었고, 헬렌은 돈을 위해 소송을 벌인 게 아니었다. 그녀는 "나는 내가 잃은 것을 요구한 것뿐입니다."라며 부당함에 저항했다. 그녀는 소송을 진행한 18개월 동안 엄청난 스트레스를 겪었다. 회사는 재판까지 가지 말고 끝내자면서 합의금으로 배상금의 두 배를 제시했다. 그러나 헬렌은 끝까지 소신을 지켰다. 사실 그녀는 모든 여성을 위해 싸우고 있는 것이나 마찬가지였다. 임신 차별에 대한 보상 청구는 무조건 3개월 이내 소송을 제기해야 했기 때문에 그녀는 법적 소송을 미룰 수밖에 없었다. 소송 기간에 태어난 갓난아기에 온 정성을 쏟아야 했기 때문이다. 3개월이라는 시간 제한은 여성들에게 절대적으로 불리한 제도였다.

영국 평등인권위원회(Equality and Human Rights Commission)에서 시행한 조사를 보면 임산부 차별이 얼마나 자주 벌어지는지 드러난다. '영국을 더 공평한 나라로 만들기'라는 목표로 세워진 평등인권위원회는 2018년 3,000명의 임산부와 3,000명의 고용주를 대상으로 설문 조사를 실시했다. 주요 분석 결과는 다음과 같다.

- 대략 11퍼센트의 여성이 임신 중 해고나 강제 정리해고를 당했다. 어떤 여성은 부당한 대우를 받았고 담당 업무에서 강제적으로 배제되었다. 평등인권위원회는 1년에 대략 54,000건의 차별이 일어나고 있을 거라 추정하고 있다.
- 다섯 명 중 한 명이 임신이나 업무 패턴과 관련해서 괴롭힘을 당하거나 모욕적인 말을 들었다.
- 산전 정기검진을 위한 유급휴무가 법적으로 보장되어 있지만 10퍼센트의 여성이 검진을 받으러 갈 때 눈치가 보인다고 응답했다.

이외에도 사기업 고용주의 35퍼센트가 직원을 채용할 때 여성에게 출산 계획을 묻는 것이 합당하다고 생각하고, 59퍼센트는 채용 시 임신 중인 여성 지원자는 그 사실을 미리 밝혀야 한다고 생각하는 것으로 나타났다. 이외에도 직접 드러나지 않는 암묵적 차별이 더 많으므로 이러한 통계 자료보다 차별 수준이 더 높을 수도 있다.

평등인권위원회에서 발표한 조사 결과를 보면 매우 놀라운 것이 사실이지만, 내가 지금껏 부딪쳤던 많은 미묘한 차별 사례들을 고려하면 그다지 새롭지도 않다. 건강 관련 신생 중소기업에서 일하던 한 친구는 회사로부터 승진을 약속받았는데, 상사에게 임신 사실을 알리자마자 승진이 취소되었다. 명백한 차별이지만 그녀는 이 일을 인권위에 제소할 정신적인 여유가 없었다. 결국 그녀는 출산에 대한 아무런 법적 권리를 보장받지 못한 채 회사를 그만뒀다.

마케팅 업체에서 일하는 한 친구는 현장에서 고객과 직접 대면하는 업무에서 배제되었다. 회사는 그녀가 출산휴가를 가기 전까지 탄력적 근무를 허용해야 할 법적 의무가 있는데도 이를 인정하지 않았다. 그녀는 자신의 경우가 차별에 해당한다고 단정 지어 말할 수는 없다고 했다. 하지만 직원들이 필요할 때 회사가 탄력적 근무 환경을 제공하지 않는다면 이 또한 직원이 자신의 능력을 발휘할 수 있는 기회를 빼앗는 행위라고 볼 수 있을 것이다.

한편 '임신 후 곤란을 겪는 여성들'에서 제시하는 노골적인 차별 사례도 수십 건에 이른다. 한 여성은 자신이 업무에서 배제되고 정리해고나 다름없는 일을 겪게 된 것에 대해 이렇게 기술했다. "차별로 겪은 스트레스와 초과 근무로 나는 산산조각이 났습니다. 더는 어떤 것에도 도전할 수 없는 것처럼 느껴졌어요."

또 다른 여성은 당연히 승진해야 할 기회를 잃은 경험에 대해 다음과 같이 말했다. "상사는 승진에서 우선순위가 바뀔 것이고, 아기가 생기면 내가 자발적으로 일을 원하지 않게 될 것이라고 말했습니다."

이런 사례들을 듣다 보면 직장에서 임신 사실을 밝히는 것조차 큰 도전처럼 느껴질 수 있다. 그리고 이때부터 이미 감정적인 것부터 신체적인 것까지 직장에서의 정체성 변화가 진행된다. 다가오는 변화에 대한 기대감과 두려움, 누가 업무를 대신 맡을 것인가에 대한 걱정, 출산이 회사에 복귀했을 때 어떤 식으로 영향을 미칠지에 대한 우려 등이다. 이런 모든 과정이 과도한 스트레스를 일으킬 가능성이 있다. 임산부는 세심하게 보호받아야 하지만, 사실 오랫동안 그러지 못했다. 단지 법에 명시된 보호만으로는 차별을 막지 못한다.

오늘날 미국의 현실도 마찬가지다. 2019년 여름, 구글의 한 직원이 직장 내 차별에 관한 글을 썼고, 많은 사람이 이 글을 공유했다. '나는 출산휴가 후 구글로 돌아가지 못하고 있다. 그 이유를 밝힌다'라는 제목의 글이었다. 그녀는 회사에 임신 사실을 알린 이후 자신의 건강 상태에 관해 들은 부정적인 말들을 상세히 나열하고 왜 자신이 부당한 대우를 받았다고 느꼈는지 설명했다. 그녀는 직장으로 복귀했을 때 출산 전과 같은 관리자급 직위를 보장받지 못했다. 사실상 좌천이나 다름없었다. 구글이 가족 친화적 혜택을 자랑하는 미국의 대표적인 회사 중 하나인데도 이런 일이 벌어지고 있었다. 사실 이런 유형의 차별은 생각보다 널리 퍼져 있다. 주로 미묘하게 차별이 일어나지만 때에 따라서는 노골적으로 일어나기도 한다.

〈뉴욕타임스〉는 심층 보도 기사를 통해 미국 대기업에서도 임산부 차별이 만연하다고 강조했다. 임신으로 시작된 차별은 출산휴가 후 복직을 하고도 계속된다. 기사를 쓴 저자들은 "많은 임산부가 주요 업무에서 배제되고 승진이나 봉급 인상에서 제외되고 있으며 이에 대한 불만을 제기했을 때 해고된다."라고 말한다.

이런 근무 환경은 장기적인 악영향을 미친다. 2016년 연구에 따르면 사회적 경력을 중시하는 고등교육을 받은 여성들은 임산부로서의 정체성과 직장 여성으로서의 정체성이 양립할 수 없다고 생각하는 것으로 나타났다. 특히 여성 롤모델이 적은 직업군에서 이런 경향은 더욱 두드러지게 나타났다. 그들은 되도록 오랫동안 임신 사실을 숨기고, '일과 가족 중 하나를 선택해야 한다'는 생각을 강요당한다. 이와 같은 정체성 갈등은 더 큰 스트레스로 이어지기도 한다. 여성 롤모델이 있는 직장의 여성들은 임신한 동료가 같은 상황에 대처하는 모습을 이미 보았기 때문에 같은 상황에서도 두려움을 덜 느낀다고 이 연구는 보고했다.

여러 학자들이 주장해왔듯이 남성을 위해 만들어진 공간에서 임신은 '수컷 영역'의 규범에 대한 물리적 침해로 여겨질 수 있다. 그래서 여성들은 종종 남성들의 공간에서 남성의 규범과 조화를 이루어야 한다고 느낀다. 하지만 주변의 시선은 이미 임신한 여성이 자신의 몸에 대한 물리적 제어력을 상실한 것으로 보기 때문에 이것은 분명 불가능하다. 한 연구자가 말했듯이 이 시기의 여성들은 메스꺼움과 구토, 잦은 소변 등 신체적인 증상과 관련해서 취약한 상태에 놓여 있다.

임신에 대한 부정적인 인식은 임신을 비밀로 하는 문화를 낳는다. 임신하면 사람들은 흔히 입덧 등 예측 불가능한 상황을 연상하며 때로는 수치심과 혐오감 등을 결부시키기 때문이다. 하지만 어떠한 경우라도 임신은 존중받아야 한다. 그렇지 않거나 또는 어떻게 받아들여질지 두려워서 임신 사실을 알리는 것을 주저한다면 여성들이 가정과 일 사이에서 갈등하는 고통이 끊임없이 이어질 수 있다.

세계 여러 국가의 출산휴가 정책

언제 출산휴가를 가야 할지에 대한 고민 역시 단순한 선택의 문제가 아니라 문화적 기대감과 국가 정책, 생명 작용이 관련된 복잡한 문제이다. 미국과 영국에서는 출산 예정일까지 일하는 예비 엄마들이 많고, 네덜란드와 프랑스 같은 국가에서는 분만 예정일 4~6주 전부터 일을 쉬도록 하고 있다. 휴가를 일찍 쓴다는 것은 출퇴근의 불편을 겪지 않아도 된다는 말이지만 그만큼 출산 후 쓸 수 있는 시간이 줄어든다는 의미이기도 하다.

미국의 경우 보편적인 유급휴가가 없다는 점을 고려했을 때 출산 전 언제까지 일할지는 대체로 회사 방침에 따라 정해진다. 미국 유급휴가 캠페인 플러스(PL+US)에 따르면 여성 네 명 중 한 명이 출산한 지 10일 후에 직장으로 복귀한다고 한다. 고용 보장이 거의 안 되는 저임금 노동직에는 보통 소수민족 여성들이 많이 종사하는데, 이들은 임신을 해도 유급휴가 제도에 접근할 수 없는 경우가 대부분이다.

엄마와 아이의 건강에 폭넓은 영향을 미치는 유급 출산휴가나 아버지의 유급 육아휴직 기간은 나라마다 큰 차이를 보인다. 2019년 유니세프의 보고서에서 유럽 및 OECD 회원국 41개국 가운데 스웨덴, 노르웨이, 아이슬란드, 에스토니아, 포르투갈이 가장 가족 친화적인 정책을 펼치고 있는 국가로 평가되었고 스위스, 그리스, 사이프러스, 영국, 아일랜드, 미국은 최악의 평가를 받았다. 이 중 미국이 최하위였다. 미국은 OECD 회원국 중에서 출산 후 보편적인 유급휴가 제도를 시행하지 않는 유일한 국가였다. 또한 41개 국가 중에서 6개월 유급 출산휴가를 제공하고 있는 국가는 절반도 되지 않았다.

OECD 회원국의 평균 유급휴가 기간은 대략 18주이고 유럽 국가 평균은 22주였다. 아버지의 육아휴직과 육아 서비스 접근성을 고려해서 작성된 이 보고서의 목적은 가족 친화적인 지원 정책의 여러 이점을 강조하는 것이었다. 일부 정책 입안자들에게는 아직 명백해 보이지 않겠지만, 이 보고서는 유급 출산휴가 및 육아휴직이 가족의 육아 스트레스를 줄여주고 결과적으로는 더 나은 사회로 나아가는 좋은 방법이 될 수 있다고 결론 내렸다.

영국에서 출산휴가의 개념은 1900년대 몇몇 기본권과 함께 등장했다. 하지만 이 당시의 여성 대부분은 출산 후 가정에 머물렀다. 영국이 여성 노동력의 필요성을 깨달은 것은 제2차 세계대전을 겪으면서였다. 그러나 일하는 엄마에게는 늘 육아라는 문제가 따라왔다. 그래서 1940년 이후 1,000곳이 넘는 탁아 시설이 문을 열었다. 일터에서는 여성이 필요했지만, 임신한 직장 여성은 여전히 비정상으로 여겨졌고 기업이 임신한 직원을 해고하는 일이 비일비재했다. 1970년대에 들어서서야 영국은 오늘날의 제도와 비슷한 출산휴가 제도를 도입했고, 그 후로 혜택을 점차 늘려나갔다. 아직 충분하지는 않지만 현재의 수준에 이르기까지 오랜 시간이 걸렸다. 그러나 임신한 여성에 대한 법적 보호 장치가 있음에도 불구하고 여전히 차별 사례가 존재한다.

현재 영국 엄마들에게는 52주, 즉 1년을 휴직할 수 있는 권리가 있다. 휴가 기간의 처음 6주에 대해서만 평균 임금의 90퍼센트를 받고 그 후 33주 동안에는 일주일에 151파운드씩(한화로 약 25만 원) 받는다. 많은 기업에서 휴가 급여를 100퍼센트로 높이고 지급 기간도 늘리고 있지만, 아직 법적 의무 사항은 아니다.

출산한 여성이 일찍 복직하겠다고 사전에 알리지 않는다면 고용주는 이 여성이 꼬박 1년을 휴직하리라 여긴다. 이 기간을 배우자와 나눠 쓸 수 있는데, 기한 내에서 자유롭게 나눌 수 있는 것이 원칙이다. 하지만 아빠들이 휴직하는 비율은 현재 대략 2퍼센트로 매우 낮은 편이다. 그 원인으로는 여러 가지가 있지만 주로 경제적인 이유가 대부분이다.

일반적으로 아빠들은 법정 수당 외에 월급 전액을 휴가 급여로 받지 못한다. 게다가 평균적으로 남성들의 수입이 여성보다 높다. 그러므로 지금의 정책으로 부부 중 누가 휴직을 오래 하느냐에 대해 실질적인 변화를 장려하는 것은 거의 불가능하다. 현실적으로 많은 가정에서 아버지가 오랜 기간 휴직하는 것은 적절하지 않은 선택일 것이다.

출산 급여가 모든 사람에게 제공되는 것도 아니다. 일하는 영국 여성의 12퍼센트 이상이 자영업자이거나 수당을 받을 자격이 있을 만큼 고용이 유지되지 않기 때문에 법정 수당을 전혀 받지 못하고 있다.

영국처럼 미국에서도 점진적이기는 하지만 출산휴가의 개념이 생겨나고 있다. 사실 미국은 세계적인 부국 중 유일하게 출산 급여가 법으로 규정되어 있지 않은 곳이다. 한 세기 전만 하더라도 다른 국가와 마찬가지로 미국에서도 일하는 여성이 거의 없었으므로 출산 급여가 필요하지 않았다. 하지만 제1차 세계대전을 치르면서 노동 패턴에 변화가 일어났고, 정부는 심지어 노동 현장에서 여성의 가치를 보여주는 홍보 캠페인도 실시했다. 다친 군인을 아기처럼 안고 있는 간호사를 묘사한 포스터에는 '세계에서 가장 위대한 어머니'라는 표어가 붙어 있었다.

오늘날 미국 연방법은 여성들이 12주 무급휴가를 받고 직장으로 복귀할 수 있도록 하고 있다. 그러나 월급이 없으면 당장 생활비를 감당할 수 없는 여성들에게는 일찍 복직하거나 병가와 연차휴가를 최대한 끌어 쓰는 것 말고는 다른 선택이 없다. 게다가 이 법은 근로자가 50인 이상인 사업장에만 적용되고 있다. 많은 대기업에서 직원들에게 유급휴가를 제공하고 있지만, 일반적으로 이것은 경제적 상황이 좋은 고소득직 여성들의 이야기다. 통계적으로 저임금 노동자일 가능성이 큰 유색

인종 여성들은 이런 혜택을 누리지 못한다.

내가 태어난 네덜란드의 경우는 조금 다르다. 나는 가족과 친구들을 만나러 가끔 네덜란드를 방문한다. 나는 아기를 낳기 전까지 네덜란드의 출산휴가 정책이 어떤지 전혀 아는 것이 없었다. 그래서 많은 분야에서 진보적이라고 여겨지는 국가에서 출산휴가 기간이 16주밖에 되지 않는다는 사실에 놀라고 실망했다(유급휴가라서 그나마 다행이다). 게다가 10~12주는 출산 후에 받고 4~6주는 출산 전에 받아야 한다. 어떤 사람들은 이 기간을 늘리기 위해 연차를 모아서 쓰거나 무급 휴가를 신청한다. 그래도 4개월 이상 쉴 수 있는 경우는 드물다.

대부분 9~12개월의 출산휴가를 받는 영국 여성들과 비교하면 회사로 복귀하기 전 아기와 함께 보내는 시간이 너무 짧은 듯한 느낌이었다. 네덜란드의 출산휴가가 생각보다 짧은 것에 놀랐다고 우리 가족과 친하게 지내는 이웃에게 말했을 때, 그분은 자신한테는 이 기간이 매우 이상적이었다고 대답했다. 3개월 동안 아기와 유대감을 형성할 수 있었고 그러고 나서 자신이 사랑하는 일터로 돌아갈 수 있었다는 것이다. 나의 이모 한 분은 두 자녀를 낳을 때 매번 2주씩만 쉬고 다시 사무실로 돌아가서 기뻤다고 했다. 나는 네덜란드의 짧은 출산휴가 정책이 어쩌면 본질적으로는 국민 의식 속에 이미 평등이 자리 잡고 있어서 그런 게 아닌가 하는 생각을 했다(여성들이 너무 오래 직장을 떠나 있을 경우 돌아왔을 때 능력 격차가 벌어질 가능성이 있다).

출산휴가 제도가 가장 좋은 곳을 꼽아보라고 하면 많은 사람이 북유럽 국가들을 가리킬 것이다. 예를 들어 스웨덴에서는 놀랍게도 대략 16개월, 총 480일이 출산휴가로 할당되어 있다. 게다가 한도가 정해져 있기는 하지만 대부분 월급의 80퍼센트를 휴가 급여로 받는다. 휴가 기간은 엄마와 아빠가 나눠 쓸 수 있는데, '사용하지 않으면 없어지는 방식'이어서 3개월은 아빠가 휴가를 받고 그다음 3개월은 엄마가 받는 식으로 이용한다.

스웨덴에서 아빠의 육아휴직은 유급이기 때문에 효과가 좋다. 한 세대를 거치는 동안 스웨덴 남성의 육아휴직은 완전히 자리 잡았다. 눈에 보이지 않는 다른 긍정적인 면도 있다. 아빠의 육아휴직이 사회적으로 더 수월하게 받아들여지고 있을 뿐만 아니라 미묘한 낙수 효과까지 발생한다는 점이다. 육아휴직을 경험한 아빠들이 아이와 관련된 일상적인 일에도 더 많이 참여하게 되는 것이다.

비슷한 연구 결과가 스페인에서도 나왔다. 아빠들에게 단 2주 동안 육아휴가를 제공했는데도 아빠들은 이후 훨씬 더 많이 육아를 담당했다. 캐나다에서도 아빠들이 육아휴가를 연장했을 때 더 적극적으로 육아에 참여했고, 그 결과 이혼율이 감소했다. 육아 부담을 나누는 것이 결혼 생활을 유지하는 데 도움이 된 것이다.

또 다른 긍정적인 면도 발견할 수 있다. 스웨덴 남성들이 한 달 동안 육아휴직을 하면 여성들의 소득이 7퍼센트 증가하는 것이다. 아이슬란드도 스웨덴처럼 남성의 육아휴직이 늘고 있다. 아이슬란드에서 아빠가 휴직할 수 있는 기간은 3개월이다. 아이슬란드의 민간기업에 중책을 맡은 여성이 많고, 아이슬란드가 북유럽 국가 중 글로벌 성 격차 지수(Global Gender Gap Index)가 가장 높은 것은 우연이 아니다. 2020년 2월 핀란드는 대대적으로 홍보할 만한 성과를 이뤘다. 다른 북유럽 국가들과 마찬가지로 아빠의 육아휴직을 여성의 출산휴가 기간과 똑같이 상향

했고, 결정적으로 '출산휴가'에서 '육아휴가'로 이름도 바꿨다. 이런 휴가가 주로 여성에게 해당하는 것이라는 사고방식에서 벗어난 중요한 변화였다. 이 정책은 여성 국무총리의 주도로 시행되었다.

이런 변화는 더욱 폭넓은 사회적 변화로 이어질 수 있다. 스웨덴 사람들에게 '일자리가 부족할 때 남성이 여성보다 일자리에 대한 권리를 더 많이 가져야 한다'는 의견에 관해 어떻게 생각하는지 묻는 조사를 시행했는데 1995~1999년에는 동의하지 않는다고 응답한 사람이 대부분이었고, 2010년과 2014년에 다시 조사했을 때는 동의하지 않는 사람의 비율이 각각 90퍼센트와 93퍼센트로 조금 감소했다. 이 결과는 시사하는 바가 크다.

다시 말해 스웨덴에는 1995년에 이미 평등 개념이 있었다는 것이다. 일본에서도 같은 조사를 시행했는데 동의하지 않는 응답자의 비율이 매우 낮았다. 처음에는 18퍼센트였고 같은 간격을 두고 다시 조사했을 때가 14퍼센트로 차이가 아주 적었다. 2017~2020년에 조사했을 때는 오히려 27퍼센트로 상승했다. 우려스럽게도 개발도상국가에서는 열 명 중 네 명이 이 의견에 동의한다고 응답했고, 연구에 따르면 이런 태도가 계속 유지될 때 실제로도 여성 고용 비율이 감소하는 것으로 나타났다.

남성에게 넉넉한 육아휴직 기간이 허용된다고 하더라도 문화적 규범이 남성의 육아휴직을 막을 수 있다. 일본에서는 남성과 여성 모두 유급 육아휴직을 1년 동안 사용할 수 있는데도 실제로 남성이 육아휴직을 신청하는 경우가 드물다. 주로 사회적 분위기와 성별화된 규범 때문이다. 남성의 육아휴직 비율은 2015년에 약 3퍼센트였고, 2019년에 6퍼센트로 상승했다. 일본 사회에서는 직장에 헌신하는 것에 대한 기대감이 높으며 그만큼 큰 가치를 두기 때문이다. 따라서 남성이 육아를 위해 휴직하는 것은 이런 분위기와 상충할 수밖에 없다.

2020년 초 일본 정부의 각료인 코이즈미 신지로가 2주간 육아휴가를 쓰겠다고 발표했을 때 국민들로부터 박수갈채를 받았다. 아주 이례적인 일이었기 때문에 지역과 중앙 언론에서 대대적으로 보도했다. 여러 보고서에 따르면 육아휴직을 쓰는 남성들은 그로 인해 직장에서 소외되는 경향이 있었다. 남성들이 육아휴직을 원하지 않는 게 아니라 직장 내 인식과 사회적 분위기 때문에 쓰지 말아야 한다는 압박을 느낀다고 한 연구에서 밝혔다.

예상했겠지만 일본의 남녀 임금 격차는 매우 크다. 대략 25.9퍼센트가량 차이가 난다. 여성들이 양육비, 불안한 경제, 직장 내 남녀 불평등 때문에 가정을 꾸리는 것을 미루고 있어서 출산율이 인구 대체율에 미치지 못하는 것도 문제가 된다. 노령화에 대응하기 위해 넉넉한 육아휴직 제도가 마련되었지만, 일본의 직장 문화가 먼저 바뀌지 않는 한 이 제도는 성공하지 못할 것이다.

육아휴가 정책은 어떤 방향으로 흘러가야 할까

지금까지 다양한 국가의 각기 다른 육아휴가 정책을 살펴봤는데, 그렇다면 엄마가 아기와 적절한 양질의 시간을 보낼 수 있으면서도 직장과 너무 단절된 느낌이 들지 않도록 할 수 있는 최적의 휴가 기간은 어느 정도일까? 휴가 기간이 너무 길면 남녀 임금 격차가 더 벌어질 수 있고, 너무 짧으면 여성들의 스트레스와 건강 문제가 늘어날 수 있다.

매사추세츠 대학의 미셸 버딕Michelle Budig 교수가 이에 대한 정확한 수치를 제시했다. 버딕은 출산휴가를 받거나 어머니가 된 여성들이 받는 '모성 페널티(motherhood penalty)' 규모를 조사했다. 모성 페널티는 여성이 어머니가 되었을 때 발생하는 경력과 소득 측면의 부정적 영향을 기술하기 위해 사회학자들이 만든 용어다. 2014년에 발표된 이 연구 보고서는 자녀 한 명을 낳을 때마다 엄마의 시간당 임금이 감소하고 아빠의 임금은 상승한다는 사실을 강조했다.

15년에 걸쳐 진행된 연구 결과, 자녀 한 명이 생길 때마다 엄마의 임금이 4퍼센트 감소하는 임금 페널티가 발생했고 이것이 남녀 임금 격차를 더욱 벌리는 결과를 초래했다. 그러나 버딕은 출산휴가 기간이 1년에 조금 못 미칠 때 모성 페널티가 가장 적게 나타난다는 점을 발견했고, 이 현상을 가리켜 '달콤한 지점(sweet spot)'이라 불렀다.

달콤한 지점에 대한 개념은 많은 엄마들이 경험하는 '아이와의 분리불안'이 경력 지향적 엄마들의 경우 대략 8개월쯤에 가라앉고, 집에 머무는 것을 선호하는 엄마들의 경우 몇 개월 더 지속하다 가라앉는다는 연구 결과와 일치한다. 얼핏 보기에는 휴직 기간이 길수록 좋아 보일 수 있다. 전통적으로 여성이 가정에 머물러야 한다는 사회적 압박이 높은 독일에서는 아이가 태어나면 처음 몇 년 동안 여성들이 집에 머무르는 것이 일반적이다. 만일 연달아서 아이를 낳는다면 여러 해 동안 직장에서 멀어져야 한다는 의미다.

여러 해 동안 일과 멀어지면 능력이 녹슬게 되고, 그렇게 되면 여성들은 경쟁적인 인력 시장에서 밀려날 수 있다. 직장으로 돌아가더라도 대부분 시간제나 저임금 노동자로 일할 가능성이 크다. 그래서 단순히 남녀 임금 격차가 존재한다는 정도가 아니라 격차가 자꾸만 더 벌어지고 만다. 평균적으로 엄마들은 첫아이를 출산하고 7년 후에 임신 이전 급여의 약 45퍼센트를 받는다. 일하는 엄마들의 수입이 이전보다 절반가량 줄어든다는 말이다.

30여 년 전 독일이 통일되기 전 동독에서는 출산 후에도 일하는 것을 장려했고, 여성 고용률이 유럽 국가 중 가장 높았다. 전업주부는 기생충이라는 의미의 '슈마로쳐Schmarotzer'라고 불렸고, 여성들이 이용할 수 있는 보육시설도 풍부했다. 사회정책과 문화 규범에 따라 여성이 집에 머무르는 것이 바람직하지 않은 일로 규정되었다.

반면 서독에서는 3세 미만의 유아를 맡길 수 있는 적절한 보육시설을 찾기 어려웠다. 아이가 3세가 되기 전까지는 일하는 것이 엄마들의 선택지에서 거의 배제되었다는 의미다. 그보다 일찍 직장에 나가는 엄마들을 가리켜 '까마귀 엄마'를 의미하는 '라벤무터Rabenmutter'라고 불렸다. 말 그대로 엄마들을 배고파 하는 새끼들을 두고 둥지를 비우는 까마귀에 비유한 것이다.

오늘날에도 동서독 간의 문화적 차이가 여전히 존재한다. 그런데 흥미롭게도 동독으로 이주한 서독 출신 여성들은 짧은 출산휴가를 선택하는 경향이 있다. 서독에서도 같은 현상이 나타나고 있다. 즉 직장에서 서독 여성들이 동독 출신의 여성들과 함께 생활하면서 출산휴가를 짧게 쓴 것이다. 이 현상을 연구한 2020년의 논문에서는 이처럼 자신과 다른 여성들을 보는 것만으로도 생활방식이 빠른 속도로 변화한다고 보고했다. 다시 말해 동독 엄마들은 역사적으로 전부터 해왔던 방식대로 하고 있고, 여러 해 동안 휴직하거나 아예 일을 그만두는 것이 일반적이었던 서독 엄마들은 이제 동독의 노동 관행을 받아들이고 있다는 것이다. 이 현상에서 특히 주목할 만한 긍정적인 점은 평등주의적 태도를 목도하는 것이 문화적 변화를 촉진할 수 있다는 것이다.

출산휴가는 여성들의 정신건강에도 영향을 미친다. 출산 후 직장으로 복귀한 570여 명의 여성을 조사한 연구에 따르면 6주 미만의 짧은 기간을 쉬었던 여성들은 우울증과 부부 간의 문제를 더 많이 겪었다. 유급 휴가가 출산 당시뿐만 아니라 그 이후에도 정신건강에 매우 이로운 것은 사실이지만 출산한 지 4개월 후에 전임으로 일하기 시작한 여성들은 경력에 대한 더 높은 수준의 불안감을 보였다.

분명한 것은 새로 엄마가 된 여성들이 어쩌면 그들 인생에서 가장 큰 변화를 맞이하며 복잡한 고민에 직면해 있다는 것이다. 휴직을 하면 소득이 감소할 것이고 직장에 복귀하면 월급의 많은 부분이 육아 비용으로 나갈 것으로 예측된다. 휴직이 단순히 소득이나 승진에만 영향을 미치는 것은 아니다. 2012년 육아휴직과 급여에 관한 검토보고서에서 지적했듯이 계속해서 구시대적인 고정관념을 조장하고 남성과 여성이 동등한 조건에서 일과 가정생활에 참여하는 것을 막을 것이다. 다시 말해 여성들은 엄마가 되자마자 사회에서 더 많은 성별화를 경험할 것이다.

외견상 진보적인 육아휴직 정책은 양성평등을 다루는 데 어느 정도 진전을 이룬 것처럼 보이지만, 실제로는 여성들이 다시 직장으로 복귀했을 때 훨씬 더 불리하게 만들 수 있다. 영국에서처럼 남녀가 육아휴직을 나눠 쓸 수 있는 정책만으로는 이 문제가 해결되지 않는다. 실제로 휴직하는 남성의 비율이 턱없이 낮기 때문이다. 이런 정책은 생계 부양자로서 남성의 역할과 주 양육자로서 여성의 역할을 더욱 강조할 뿐이다.

이런 점에서 육아휴직은 아무리 진보적인 정책이라 하더라도 실제로는 부모에 대한 성 고정관념을 더욱 영구화할 수 있다. 스웨덴과 네덜란드 같은 여러 유럽 국가에서처럼 더 많은 지원금이 제공되는 양질의 보육 서비스가 보장될 때 유급 출산휴가 정책이 실효성을 발휘할 수 있을 것이다. 이렇게 된다면 스트레스를 일으키는 과도한 양육비 부담 없이 여성들이 마음 편하게 직장으로 복귀할 수 있을 것이다.

육아휴직은 아직도 대부분 여성의 몫이다. 부부가 육아휴직을 나눠 쓸 수 있는 나라에서도 마찬가지다. 더 많은 국가의 남성들이 육아휴직을 자유롭게 쓸 수 있어야 한다. 남성의 육아휴직은 분명 성평등 향상에 도움이 될 수 있다. 육아로 남녀 모두 비슷한 경력 공백을 경험한다면 회사가 여성을 고용하는 것을 큰 부담으로 여기지 않을 것이다. 하지만 고정관념과 직장 규범은 아주 느리게 변하므로 아빠의 육아휴직이 정착되기까지는 오랜 시간이 걸릴 것이다.

우리가 명심해야 할 중요한 점이 있다. 물론 많은 여성이 육아휴직을 쓰고 싶어 하고, 힘든 출산에서 회복하려면 신체적으로 휴식할 시간이 필요하다. 산후 초기에는 이것이 당연할 것이다. 하지만 모든 육아휴직 기간을 엄마가 써야 할 필요는 없다. 여건이 허락된다면 휴가를 더 많이 쓰고 싶고 아이와 함께 집에서 시간을 보내고 싶다는 아빠들도 많다.

만일 육아휴직이 남성과 여성 중 어느 한쪽만 쓸 수 있는 선택의 문제라고 한다면, 결국 여성이 9개월 동안 뱃속에서 아기를 키웠기 때문에 여성이 휴직하리라 기대할 것이다. 또한 우리 사회의 성별화된 역할 기대감도 매우 강력한 기능을 한다. 그래서 사회적 조건화와 단순한 선택을 구분하기 어렵게 만든다. 만약 규범과 정책이 바뀐다면 당연히 스웨덴의 경우처럼 지금보다 더 많은 아빠가 육아를 위해 휴직할 것이다.

휴직하면 완전히 일자리를 잃고, 직장에 다니면 아이를 오랜 시간(출퇴근 시간까지 계산하면 하루 10시간) 보육시설에 맡겨야 하는 사회적 구조로 말미암아 일과 가정은 좀처럼 양립할 수 없는 두 개로 분리된 세상처럼 느껴진다. 우리가 어느 쪽을 선택하든 다른 한쪽을 희생해야 한다. 직장으로 일찍 돌아간다는 것은 자녀와 함께 보내는 시간을 놓친다는 의미이다. 그러나 오랫동안 휴직하면 경력에 타격이 있다.

간단한 해결책은 없다. 하지만 스웨덴과 아이슬란드의 경우에서 확인했듯이 남성의 육아휴직에 대해 '사용하지 않으면 없어지는 방식'으로 접근하는 것은 긍정적인 효과를 가져올 수 있다. 가장 먼저 엄마와 아빠가 양육과 육아 분담 측면에서 어떤 역할을 해야 하는지에 대한 규범과 기대를 근본적으로 변화시키는 데 도움이 될 수 있다. 그렇다고 성별화된 규범이 완전히 또는 충분히 빨리 바뀐다는 의미는 아니다. 2019년 〈가디언〉지에 실린 기사가 밝혔듯이, 스웨덴의 넉넉한 육아휴직 정책은 아직도 여성들을 가정에 매어두고 있다.

기업에서 제공하는 육아휴직은 대체로 엄마와 아빠가 기간을 쪼개서 쓸 수 있음에도 불구하고 엄마가 대부분을 쓰고 있다. 이것은 여성이 주 보육자라는 생각을 더욱 강화한다. 이 같은 현상이 벌어지는 이유에 대해 〈북유럽 노동 학술지(Nordic Labour Journal)〉에 발표된 보고서는 두 가지 요인을 들었다. 하나는 전통적인 성역할 규범이고, 다른 하나는 아빠들에게 원래 할당된 육아휴가만 사용하기를 강요하는 회사의 압박이다.

이탈리아에서는 남성이 육아휴가를 받을 수 있지만, 고작해야 5일이고 여성의 휴가와 기간이 겹쳐야 한다. 네덜란드에서도 역사적으로 아빠들의 육아휴직 비율이 터무니없이 낮았다. 2019년에 5일로 늘어나기 전까지 고작 3일이 허용되었고, 그것도 아기 출생 후 4주 안에 써야 하므로 아기와 단둘이 보내는 경우가 없었다. 2020년 7월에 육아휴가 기간이 다시 늘어나서 아기 출생 후 6개월 안에 5주를 더 추가로 쓸 수 있게 되었다.

어떤 국가의 정책에도 문제점은 존재한다. 이제 시작일 뿐이다. 남성도 똑같이 경제적 혜택을 받으면서 육아휴직을 선택할 수 있으려면 사회적 기대가 그에 부합할 때까지 변해야 할 것이다. 그러기 전까지는 남녀의 동등한 육아 참여는 이루기 어려운 목표일 것이다.

5장

엄마의 인간관계

엄마의 우정에 관한 과학적 탐구

내가 엄마가 되기 얼마 전의 모습을 떠올려보려 한다. 점점 불어오는 배를 보며 놀라기도 하고 경이로워 하기도 했던 기억이 가장 먼저 떠오른다. 신체적인 측면에서는 하루하루 지날 때마다 임신이 더욱 현실적인 일로 느껴졌다. 그러나 정신적인 측면에서는 내가 곧 엄마가 될 거라는 생각이 비현실적이고 불가능한 일처럼 느껴졌다.

　엄마로의 이행은 순식간에 일어난다. 아기를 추상적인 개념으로만 생각하다 갑자기 온 세상이 아기를 중심으로 돌아가게 된다. 나는 출산 후 딱 하룻밤을 병원에서 보낸 후 퇴원했다. 기진맥진한 상태였지만 막연한 기쁨이 느껴졌다. 내 몸의 일부였던 아이가 이제는 온전한 아이 자신이 된 것이다.

　아기를 낳고 처음 몇 달간은 정신이 몽롱한 상태로 지나갔다. '엄마'라는 새로운 세상에 대한 낯선 느낌은 그전에 경험한 어떤 것과도 달랐다. 엄마라는 경험은 신체적으로 그리고 감정적으로 가장 원초적인 것처럼 느껴졌다. 나의 몸과 습관, 정체성이 이 새로운 역할을 인정하고 그에 맞춰 변화하기 시작했다.

어떤 여성들은 상충하는 여러 정체성을 완전히 통합하는 데 어려움을 겪기도 한다. 작가 레이철 커스크가 '모성성과 자아 사이의 단절'에 대해 쓴 글이 내게도 무척 와닿았다. 그녀는 자신의 저서에서 "아기와 만난 인생 최고의 순간에도 이런 과정을 뛰어넘은 내가 온전한 나처럼 느껴지지 않았다. 이제 나는 아이와 함께하는 세상이 나에게 어떤 영향을 미칠지 생각하고 그에 대비하는 법과 그 경계를 안전하게 지키는 법을 배우고 있다."고 말했다.

새로운 친구와 오래된 친구

출산 후 처음 1년은 엄마라는 새로운 정체성이 확고해지는 기간이다. 임신하면서 시작된 사회적, 신체적, 감정적 변화는 '임신 4기'라 불리는 이 시기에 확실히 자리 잡는다. 신생아와 함께한 초기의 순간은 너무나 생소하고 치열한 데다 수면 부족으로 기억력이 떨어져 빨리 잊어버리기 쉽다. 하지만 분명한 것은 우리가 생각한 모성의 모습과 실제로 경험하는 방식 사이에는 차이가 있다는 것이다.

출산 전 선배 엄마들로부터 '잠은 포기하라'는 농담 같은 조언을 듣지만, 실제로 경험해보기 전까지는 잠을 제대로 잘 수 없어 매일 머리가 몽롱한 느낌이 무엇인지 이해하기 어렵다. 어쩌면 우울증에 걸리지 않

있는데도 일부 초보 엄마들이 우울증에 걸린 엄마에게서 발견되는 부정적인 감정을 경험하는 이유일 것이다. 출산 초기에 부정적인 생각이 드는 것은 흔하고 일반적인 현상이다.

엄마가 된 후 느끼는 부정적인 감정에는 완벽한 엄마가 되어야 한다는 강박감과 함께 내가 아기를 잘 돌보고 있는가에 대한 걱정, 아기가 잘못될지도 모른다는 두려움도 포함되어 있다. 하루하루 크게 다를 바 없는 시간의 연속이지만 새로운 걱정거리가 머릿속에 갑자기 나타났다 사라지기를 반복하고 막연한 불안감을 느낄 때도 있었다. 아이를 목욕시키기 위해 매트에 눕힐 때면 나는 실수로 아기를 떨어트리거나 밟을지도 모른다고 생각했다. 계단 위 유모차에 앉아 있던 딸아이가 허공으로 떨어지는 꿈도 여러 번 꿨다. 밖에 있을 때는 도로나 자동차, 오토바이, 낙하물 같은 것에 자주 움찔했다. 아기를 위험으로부터 보호하려는 본능이 과도하게 작용해서 일상적인 장애물을 매번 잠재적 위험으로 느끼는 것 같았다.

어린 시절, 우리 어머니도 나와 오빠가 물가나 계단에 있으면 그런 기분이 들었고, 항상 최악의 상황을 미리 상상했다고 한다. 잠재적 위험에 미리 대비하는 것은 좋지만 일상적인 일들에까지 자꾸 그런 생각이 드는 것은 무척 피곤한 일이었다. 2019년 5월에는 둘째가 태어났다. 두 번째 임신이라고 해서 첫 번째 임신보다 좀 더 수월한 것은 아니었다. 신체적 제약이 더욱 심했고, 첫째를 임신했을 때보다 걷고 서는 게 불편했다. 임신 21주 이후로는 내가 그토록 좋아하는 달리기도 할 수 없었다. 첫째를 가졌을 때만 해도 35주까지 달리기를 했는데 말이다.

항상 소변이 마려웠다. 금방 화장실에 다녀왔는데도 계속 소변이 마려운 느낌이었다. 자다가도 소변이 마려워 깰 것을 알기에 밤은 더더욱 괴로운 시간이었다. 불면증은 나의 오래된 적이자, 꼭 필요한 휴식을 방해하는 불청객이었다.

여기저기 몸이 쑤셨다. 통증이 너무 심할 땐 내가 이 일을 왜 다시 겪고 있나 하는 부정적인 생각이 더욱 강해졌다. 주변 사람들에게 둘째 임신 소식을 전하자, "또? 너무 빠른 거 아니야?"라는 반응이 돌아왔다. 2년 터울은 비교적 흔한 일이지만, 사람들은 나를 '아기를 낳은 지 얼마 되지 않은 사람'으로 여겼다. 아이를 더 낳고 안 낳고에 안내서가 따로 있는 게 아니듯 꼭 지켜야 하는 알맞은 터울이나 자녀 수에 대한 규범은 없는데도 주변 사람들의 반응을 통해 임신과 출산에 대한 일반적인 기대와 평가가 존재한다는 것을 다시 한번 느낄 수 있었다.

엄마가 되었을 때 겪는 특유의 생소한 일들이 있다. 나는 유방 울혈이 생기지 않도록 유방 마사지를 하고 젖을 짜야 할 때처럼 새로 엄마가 되었을 때 겪는 일이나 일어나서 안아주지 않으면 울음을 그치지 않는 아이를 아기띠로 안은 채 많은 일을 해야 하는 고충, 지독한 수면 부족 문제 등을 아직 엄마가 되지 않은 친구들에게는 털어놓고 싶지 않았다. 그들이 부담스럽게 느낄까도 걱정이었지만, 가장 큰 이유는 애초에 스스로 선택해서 아이를 가진 것이므로 육아가 힘들고 자유가 사라졌다고 한탄하지 말아야 한다는 압박감이 있었기 때문이었다.

물론 전체적으로 나는 임신과 출산을 행복하고 감사하게 생각했다. 그렇다고 아기에 대한 사랑을 느끼면서 동시에 과거의 자유를 그리워할 수 없다는 의미는 아니다. 다만 상충하는 두 가지 감정을 융화시키기 위해서는 시간이 필요했고, 이런 감정 충돌을 불편하다고 느끼는 것이 당연하다는 점을 받아들여야 했다.

엄마가 되었을 때 외롭고 고립된 것 같은 기분이 드는 것도 어쩌면 당연하다. 하지만 지속적인 고립감은 정신건강에 해로울 수 있다. 출산 후에 느끼는 고립감으로 우울증뿐만 아니라 '자신과 타인에 대한 왜곡된 기준'이 생길 수 있다는 것이 2019년 한 연구를 통해 밝혀졌다. 따라서 이 시기에는 엄마가 되는 경험을 공유하는 이들과의 관계가 도움이 된다.

첫아이를 낳고 회복한 후 처음 몇 달 동안 나는 같은 지역의 엄마들을 열한 명 정도 만났다. 모두 나와 마찬가지로 갓난아이와의 생소한 삶을 경험하고 있었다. 엄마들과 나누는 대화는 이전에 만난 사람들과 나눈 대화와 전혀 다른 느낌이었다. 예전이라면 말하기 힘들었을 부끄럽고 민망한 부분도 거리낌 없이 털어놓을 수 있었다. 몸의 변화에 대한 걱정, 두려움에 관해서도 처음부터 솔직하게 이야기를 나눴다.

출산 후 한 달 동안 출혈이 생겼을 때의 충격이나 모유수유를 하면 몇 개월 동안 월경이 완전히 중단될 수 있다는 이야기도 공유할 수 있었다. 아기를 출산한 몸은 기능적인 면에 좀 더 초점이 맞춰지고 따라서 몸에 관한 대화도 기능적으로 변했다. 새벽에 대화를 나누는 것도 흔한 일이었다. 그 시간에도 누군가는 꼭 깨어 있었다. 아기와 관련한 새로운 걱정거리와 관심사 그리고 중요한 사건이 끊임없이 일어난다는 게 신기했다.

아기 엄마들을 위한 활동이나 모임에 참가했을 때 형성되는 심리적 안정감의 중요성을 고찰한 2010년의 한 연구에 따르면, 엄마들과의 관계가 새로운 정체성이 자리매김하도록 도와주고, 긍정적이고 안정적인 정체성 형성을 위해 '자아 균형'을 찾도록 돕는다고 한다. 다른 사람들이 나와 비슷한 경험을 한 이야기를 들으면 안심할 수 있고, 결과적으로 정신건강에도 도움이 되기 때문이다.

엄마들과의 교제에 이렇게 긍정적인 면이 많긴 하지만 아기가 있다는 공통점을 제외하고 다른 공통점이 전혀 없다면 이 관계는 일시적으로 끝날 가능성이 크다. 첫아이와 함께 방문했던 몇몇 육아 놀이 교실에서 나도 이런 경험을 했다. 그곳에서는 단지 육아에 관해 나눌 일화가 많다는 이유로 낯선 사람들과 즉각적인 친분을 쌓을 수 있다는 기대가 있는 듯했다. 하지만 내게는 그런 관계가 자연스럽지 않게 느껴졌다.

출산휴가 때 새로 사귄 '엄마 친구들'과 급격히 멀어지는 모습을 다룬 TV의 패러디 프로그램은 어느 정도 이런 현실을 반영한 것이다. 영국 TV 시트콤 '카타스트로피Catastrophe'에서 샤론 호건Sharon Horgan이 분한 주인공이 둘째 아이를 출산한 후 후줄근한 평상복을 입고 길을 가다가 멋진 정장을 입고 출근 중인 '엄마 절친'과 마주치는 장면이 있다. 그들 사이에는 다정하지만 어색한 대화가 오간다. 또한 그들은 이제 서로 완전히 다르고 양립할 수 없는 세상에 살고 있다는 것을 느낀다.

출산휴가 기간에 새로 사귄 사람들과 꾸준히 연락하며 지내는 것이 어렵게 느껴지는 이유가 또 있다. 수십 년 전 영국의 학자 로빈 던바Robin Dunbar는 주어진 시간에 정신적으로 주의를 기울일 수 있는 친구의 수가 정해져 있다고 주장했다. 기쁘게 술 한잔 같이할 수 있는 넓은 인맥 범위에 속하는 친구는 총 150명인데, 그중 주기적으로 연락하며 관심을 보일 수 있는 사람은 대략 열다섯 명이고, 아주 친밀한 관계를 유지할 수 있는 핵심 그룹의 친구는 고작 다섯 명에 불과하다는 것이다.

사실대로 이야기하자면 나는 첫아이를 낳았을 때 아직 엄마라는 정체성을 온전히 받아들이지 못했던 것 같다. 내 곁엔 분명 조그만 아이가 함께 있었지만 엄마가 된 것 같은 기분이 들지 않았다. 그래서 엄마들의 세계로 더 깊이 들어갈수록 오직 아기에 관한 이야기만 하고 엄마가 되기 전에 중요하게 생각했던 것들에 대해서는 전혀 공감할 수 없는 관계가 낯설고 불편하게 느껴졌다. 나는 수면 패턴, 더러워진 기저귀, 젖 떼기, 모유에 관한 대화 말고 그 이상의 것을 갈망했다.

한번은 대학교 때부터 친했던 친구가 집으로 찾아왔다. 그녀가 평소 알고 있는 태평하고 즉흥적인 나의 모습과 잠자는 시간과 목욕 시간, 저녁 시간이 정확히 정해진 아이 중심의 세상에서 살고 있는 나는 너무나 달랐다. 친구는 샴페인 한 병을 들고 왔다. 나는 전날 밤에도 여덟 번 정도 깬 아이 때문에 잠을 설쳐 너무 피곤한 상태였다. 얼른 친구를 보내고 일찍 눈을 붙이고 싶은 욕구와 친구와 재회한 기념으로 축배를 들고 싶은 마음이 갈등했다.

아마도 내 사정을 솔직히 말했다면 친구는 충분히 이해했을 것이다. 그러나 친구를 실망시키고 싶지 않았다. 결국, 나는 친구와 서로를 응원하며 건배하기로 했다. 순간 내가 더 나답고 인간적으로 느껴졌다. 둘 중 하나가 삶의 큰 변화를 겪었더라도 우정에는 전혀 문제가 되지 않는다는 것을 깨달은 순간이었다.

자녀에게 집중하느라 우정을 잃는 일이 흔하다지만, 자녀가 있는 친구이든 없는 친구이든 오랜 친구와 관계를 유지함으로써 우리는 여전히 어딘가에 존재하는, 그러나 처음에는 부드럽게 앞으로 끌고 나와야 하는 우리 자아의 일부를 회복할 수 있다. 관계가 계속 유지되는 가장 친한 친구들은 자녀가 있든 없든 예전부터 우정의 뿌리가 깊었던 친구들이었다. 물리적으로는 여전히 서로 바빠 만나기 어렵지만, 아이가 우정의 기반이 되거나 반대로 장벽이 되는 것은 아니었다. 어쨌든 내 친구들과는 서로에게 여전히 마음을 쓰고, 그래서 친구의 가족에 대해서도 서로 배려한다. 엄마가 되었다고 해서 우정을 포기할 필요는 없었다.

여전히 사회구성원으로 존재하고 싶다는 열망

한 연구에서 직장으로 복귀한 엄마들은 예전보다 자신이 중요하지 않다고 느끼고 그래서 직장인으로서 자신의 정체성을 재정립해야 한다고 생각하는 것으로 나타났다. 비슷한 맥락으로 여성들은 직장에서의 역할과 모성에 대한 기대감 사이에서 갈등을 겪기 때문에 모성으로의 이행을 더 어렵다고 느낀다. 게다가 엄마들이 자신을 어떻게 바라보는가는 어릴 때 부모로부터 경험한 양육과 진로 동기, 임신 전력과 관련이 있다.

　　출산휴가를 보내던 어느 날, 나는 가위를 꺼내 머리를 3인치 정도 잘라내고 최대한 머리카락 끝을 깔끔하게 다듬었다. 도무지 미용실 예약을 할 시간이 없는 데다 머리가 손질하기 어려울 정도로 너무 길었다. 사회에 '다시 모습을 드러낼 때'가 되면 머리를 제대로 잘라야지 하고 생각했다. 그런데 예상외로 대충 자른 머리가 꽤 괜찮아 보였다(아니면 내가 객관적으로 보는 능력을 상실했을 수도 있다). 내가 이 이야기를 하는 이유는 육아를 하는 동안 우리가 얼마나 현실과 동떨어질 수 있는지 그리고 우리 삶에서 외모의 우선순위가 얼마나 뒤로 밀려날 수 있는지를 잘 보여주기 때문이다.

　아이를 보살피며 조금이라도 소중한 시간이 생길 때마다 나는 잠을 더 자거나 아니면 뇌에 더 많은 자극을 주기 위해 글을 썼다. 기껏해야 나 자신에게 보여주는 것이라 할지라도 나에게 아직 직업적인 열정이 남아 있음을 증명해 보이고 싶었다. 아직은 사회의 주변부로 밀려나 있고 늘 아기를 데리고 다녀야 하지만 나는 여전히 기자이자 작가이고 제대로 기능하는 사회 구성원임을 증명할 수 있는 확인이 필요했던 것 같다.

　나라마다 출산휴가 기간은 다르지만, 영국에서는 보통 1년의 출산휴가가 보편적이다. 반면 나는 첫째를 낳았을 때 딱 6개월만 휴직하기로 했다. 네덜란드에 있는 내 친구들에 비하면 이 정도 기간도 사치로 보였다. 하지만 영국인 친구들은 내가 6개월 만에 직장으로 돌아갈 계획이라고 말했을 때 놀라워했다. 네덜란드와 영국, 두 나라의 좋은 점만 포착해서 그 중간값으로 정한 6개월이 가장 적당하다고 생각하기도 했지만, 꼬박 1년 동안 회사를 떠나 있으면 내가 중요하게 여겼던 업무로부터 도태될지 모른다는 걱정도 어느 정도 깔려 있었다.

　직장인 엄마에게 출산휴가는 처음으로 '자신의 이전 자아를 진정으로 놓아주는 시간'이 될 것이다. 앞 장에서 살펴봤듯이, 임신한 여성의 정체성은 내적으로뿐만 아니라 외부의 압박으로도 변하기 시작한다. 그러나 엄마가 된 여성이 현재 경험하는 삶에 관해 정말로 곰곰이 성찰하는 것은 아기가 태어나서부터다. 이 글을 쓰고 있는 지금 둘째는 8개월이 되었고, 나는 이제야 막 일을 다시 시작했는데도 벌써 몇 달 전의 나와 지금의 내가 아주 다르게 느껴진다. 몇 달 전만 하더라도 나는 연속으로 2시간 이상 잠을 자는 날이 거의 없었다. 하지만 지금은 그보다 조금 더 잘 수 있다. 몇 달 전의 나는 주중에 여러 사람과 대화를 나누지 않았지만, 지금의 나는 일주일 내내 어른들과 대화를 하며 보내고 있다.

이제 두 아이의 엄마가 된 나의 삶은 2년 전 아이가 하나뿐이었던 생활과 사뭇 다르다. 그때는 삶이 너무 힘들게만 느껴졌다. 아이가 둘이 되면서 더 큰 혼란을 겪어낸 지금의 나는 그때의 나에게 위로와 공감의 미소를 지을 수 있다. 지금 나는 마치 여러 자아를 가지고 있는 사람처럼 이 글을 쓰고 있다. 사실 엄마가 된다는 것이 그런 느낌이다. 임산부로 병원에 입원했다가 갓난아기와 함께 퇴원한 나는 하루가 다르게 눈에 띄게 자라는 아기를 보고 있는 오늘의 나와 다른 사람처럼 느껴진다.

처음에는 변화가 천천히 나타났지만, 그날이 그날 같은 날이 점점 늘어나더니 변화 속도가 빨라지는 듯한 착각이 드는 날이 많아졌다. 아이는 하루가 다르게 자라고 있었다. 겉으로 봤을 때의 나는 그대로지만 엄마인 나 역시 아이가 자라는 동안 큰 변화를 겪어낸 것이다. 엄마가 되면서 우리의 삶은 크게 변하지만 새로 생긴 정체성이 이전의 자아를 완전히 대신할 필요는 없다.

출산 후에는 삶의 모든 면이 바뀐다. 아주 작은 인간이 우리 생활 공간에 들어오면서 모든 관계가 바뀌게 된다. 출산과 그 후에 일어나는 수많은 경험이 제각기 타당하고 독특하다. 이런 변화 중 많은 것이 어렵게 느껴질 것이다. 그렇다고 나쁜 변화로 정의해야 한다는 의미는 아니다.

두 번의 출산휴가를 경험한 지금, 나는 출산휴가의 핵심이 균형에 있다고 생각한다. 휴가를 오래 받으면 직장으로 다시 돌아가거나 예전의 삶으로 되돌아가기 더 어려울 수 있다. 휴가를 짧게 받으면 죄책감과 불안감 그리고 수면 부족에 시달리며 일과 육아의 저글링이 더 냉혹하고 갑작스럽게 느껴질 것이다. 아예 직장으로 돌아가지 않는 엄마들은 직접 현실을 살아보고 온전히 육아에 집중하는 선택을 한 것이다. 어쨌든 세상의 모든 엄마를 귀하게 여기고 그들에게 경의를 표해야 한다. 그들의 '선택'에 다른 사람들의 잣대나 평가는 필요하지 않다.

6장

모성 페널티

일과 육아, 두 마리 토끼를 잡는다는 것

모린 셰리Maureen Sherry가 1980년대 월스트리트의 한 투자은행에서 일하기로 했을 때 그녀는 이곳이 철저히 남성 중심으로 돌아가는 회사임을 잘 알고 있었다. 온갖 성차별적인 발언, 의도가 뻔히 보이는 신체 접촉, 불합리한 기밀 유지 서약 같은 일이 일상적으로 벌어졌지만 모린은 쉽게 동요하지 않았다. 그러나 정도가 심해도 너무 심했다. 한 남성 직원은 증권거래소가 열리는 겨울의 어느 추운 날, 자신이 일에만 집중할 수 있도록 여직원들의 젖꼭지에 붙일 반창고를 직접 나눠줬다. 그가 전하는 메시지는 분명했다. 여성이 남성의 집중을 방해하는 성적 대상이라는 의미였다.

모린은 일에 대한 자신감이 넘쳤고 빠르게 고위직으로 승진했다. 번번이 목표를 예상보다 빨리 이뤘기 때문에 회사로부터 어느 정도 인정을 받는다고 생각했다. 그런데도 그녀가 받는 상여금은 비슷한 직위의 남성 임원들과 차이가 났다. 그뿐만이 아니었다. 첫째 아이를 출산하고 5주 만에 회사로 복귀했을 때 그녀는 여러 형태의 성차별적 요구와 미묘한 직장 내 괴롭힘에 부딪혔다(물론 이런 개념조차 없었던 때이다). 모린은 임시로 자신의 업무를 맡은 사람이 그녀의 자리뿐만 아니라 고객까지 훔쳐가고 있다는 제보를 받은 후 원래 계획했던 것보다 몇 주 일찍 업무에 복구했다.

모린이 회사로 돌아오자 노골적인 괴롭힘이 시작되었다. 매일 유축하러 갈 때마다 모린은 거래소를 통과해야 했는데(그녀는 이것을 '수치심의 발걸음'이라고 불렀다), 그녀가 지나갈 때면 남자 동료들이 '음매' 하고 작게 소리 내는 일이 허다했다. 그녀는 그럴 때마다 그들에게 가운뎃손가락을 내보이며 당당하게 걸어갔다. 한번은 한 남자 동료가 그녀를 도발하려는 목적으로 냉장고에 넣어둔 유축한 모유를 꺼내 한 모금 마시기도 했다. 모린이 출산휴가를 갔을 때는 업무를 대신 맡은 직원이 모린이 출산하러 가기 전에 유치한 고객에 대한 상여금을 받았다. 제리라는 남자 직원은 그녀와 비슷한 기간 동안 병가를 받았는데 그는 상여금을 받았지만, 모린은 받지 못했다. 모린은 이것이 불공평하다고 주장했다. 하지만 그녀의 상사는 "제리는 자기가 결정해서 심장에 문제가 생긴 게 아니잖나. 하지만 자네는 스스로 결정해서 아기를 가졌으니 다르지."라고 대답했다.

모린은 이런 일들을 모두 비밀에 부칠 수밖에 없었다. 그녀가 받는 고액의 연봉에는 기밀 유지 서약을 지키는 대가도 포함되어 있었다. 그래서 이곳에서 벌어진 일은 오랫동안 외부에 알려지지 않았다. 이 모든 일이 1990년대에 벌어졌고, 지금은 비슷한 상황이 법적 처벌로까지 이어질 수 있다. 하지만 경쟁이 치열한 비즈니스 세계에서 여성에 대한 인식은 여전히 편견과 차별로 가득 차 있다.

모성 페널티가 존재하는 이유

모린이 살았던 세상에서는 일과 자녀 양육이 양립할 수 없는 것으로 보였다. 그리고 오늘날에도 여전히 많은 여성이 이렇게 느끼고 있다. 완벽한 엄마라는 꿈은 이상적인 직장인에 대한 기대와 정면으로 충돌한다. 이것은 일하는 엄마를 지원하는 공공정책 없이 개인주의를 부추기는 사회의 모습도 그대로 반영한다. 모린의 동료 중에는 압도적으로 남성이 많았는데 그들의 아내는 대부분 전업주부였다. "그들 모두 그것이 세상을 사는 유일한 옳은 방법이고 적절한 삶의 모델이라고 생각하는 것 같았어요."라고 모린이 말했다. "남성들은 자신이 유일한 생계 부양자일 때 스스로 남성호르몬이 넘치는 우월한 존재라고 느끼는 것 같아요. 그것이 그들의 사고방식이죠. 나는 그런 세계로 들어간 거예요."

모린은 이 투자은행에 4년을 더 다녔고, 그동안 둘째 아이를 가졌다. 그녀는 사람들이 자신을 대하는 방식에 늘 마음이 불편했다. 습관처럼 듣는 "이제는 가족이 우선이군."이라는 말에 지지 않으려고 무리해서 일하는 날도 많았다. 그래도 충분하지 않았다. 남자 동료들처럼 늦게까지 일하거나 업무 시간 외로 고객을 만나는 일을 자주 할 수 없었다. 주중에 정상적으로 근무하는 것만으로는 상사들 눈에 차지 않았다. 결국 변화가 필요했다.

모린은 회사를 나올 때 기밀 유지 계약과 함께 후한 보상금을 제안받았다. 그러나 회사 밖으로 나가 자신이 겪은 일을 알리고 싶었기에 계약서에 서명하지 않았다. 그녀는 오랜 소원대로 자신의 경험에서 영감을 얻어 차별적인 근무 환경에서 일하는 여성을 주제로 한 소설을 썼다. 모린은 자신의 경험이 '옛날이야기'이고, 가장 극단적인 성차별의 형태라 생각했다. 그러나 책을 출간한 이후 지금까지도 자신이 직장에서 겪은 차별에 대해 털어놓는 여성들의 편지가 이어지고 있다고 한다.

아직도 많은 여성이 틀에 박힌 성역할에 순응하고 있다. 다만 수십 년 전 가정주부들에 비해 오늘날이 더 미묘할 뿐이다. 긍정적이고 평등주의적인 변화가 어느 정도는 있었지만 여전히 성차별과 불평등이 만연해 있고, 차별이 발생했을 때 차별이라고 말하기 더 어려워진 것도 사실이다. 이런 분위기에서 여성들은 남성과 대등해지기 위해 여성처럼 행동하지 않아야 한다고 생각하기도 한다. 독일에서 발표된 한 연구에 따르면, 영국과 독일의 여성 정치인들은 남성처럼 행동해야 남성들과 경쟁할 수 있다고 느낀다고 한다. 정치권은 상당히 남성 지배적인 문화이고, 목소리 톤이 낮을수록 더 권위 있는 목소리로 인식된다.

그래서 많은 여성 정치가들이 타고난 목소리를 바꾸기 위해 노력한다. 마가렛 대처 역시 더 위엄 있는 목소리를 내기 위해 발성 교습을 받았다고 전해진다. 타고난 정체성이 아닌 다른 정체성을 받아들이는 것은 굉장히 고달픈 일이다. 본래의 자아가 지닌 면모를 일부러 바꾸기 위해서는 끊임없이 정신적인 변화를 받아들여야 하는 과정이 요구되기 때문이다. 하지만 많은 여성이 남성 지배적인 사회에서 자리를 확보하고 지키기 위해 그렇게 하고 있다.

셰릴 샌드버그Sheryl Sandberg(미국의 기업인이자 메타의 최고 운영 책임자. 2012년 미국 〈타임〉지의 '세계에서 가장 영향력 있는 100인'으로 선정되었다 – 옮긴이)는 여성들에게 더 남자처럼 행동하라고 조언하며, 많은 여성이 습관처럼 일과 가정생활을 양립할 수 없다고 생각한다고 지적했다. 2013년에 발표한 그녀의 책 제목을 딴 '린 인lean in 운동' 또는 '뛰어들기 운동'에서 셰릴은 경력을 추구하는 것이 훗날 가정생활에 영향을 미칠까 봐 염려되더라도 지금은 일단 작은 것에 만족하지 말고 더 적극적으로 뛰어들라고 격려한다.

셰릴은 여성들이 자녀가 생기기 전부터 미리 현실과 타협하고 자녀가 생기고 나서도 계속 그렇게 한다는 점 또한 지적했다. 그녀는 자신의 책에서 여성들은 돌봄 책임과 충돌할 때 승진을 추구하거나 다른 일자리 찾기를 포기할 확률이 큰 반면, 남성들은 스스로를 상당히 야심 있는 사람이라 여긴다고 꼬집는다.

지난 몇 년 동안 린 인 운동은 많은 반발에 부딪혔다. 많은 이들이 셰릴의 조언처럼 '뛰어들기'를 했지만, 열정을 바쳤던 회사에서 나와야 했다. 사회가 자녀가 있는 여성을 바라보는 시선은 개인의 힘이나 열정만으로는 제어하거나 변화시킬 수 없기 때문이다. 수많은 편견이 우리를 방해할 수 있다. 린 인 운동은 자칫 직장 생활의 성공 여부가 여성의 손에 달려 있다는 오류에 빠지게 할 수도 있다. 셰릴의 '직장 생활과 자녀 양육, 두 마리의 토끼를 잡을 수 있다'는 메시지는 열심히 노력했는데도 임금이 오르지 않거나 승진하지 못할 경우, 스스로를 자책하게 만드는 원인이 될 수 있다.

아이를 낳아 기르는 일을 개인적인 문제로만 바라볼 때 이런 오류에 빠지기 쉽다. 사회정책과 지원 제도의 부재에서 비롯된 어려움을 개인의 탓으로 돌리는 문화가 사회 곳곳에 스며들어 있지만 더는 모든 것을 여성의 탓으로 내몰도록 둬서는 안 된다. 이는 여성들이 앞으로 나아가기 위해 노력하기도 전에 사회와 직장이 먼저 발목을 붙잡을 수 있다는 사실을 보여준다.

우리 사회가 많은 진보를 이뤘음에도 불구하고 실망스럽게도 직장에서의 평등은 여전히 갈 길이 멀다. 이 점은 코로나바이러스와 그에 따른 경제적 여파가 발생하면서 더욱 명백해졌다. 학교가 문을 닫으면서 엄마들이 일과 양육을 둘 다 추구하는 것은 더욱 어려워졌다. 압도적으로 많은 여성이 실직을 겪고 무거운 육아 부담에 직면했다. 그러는 동안 남녀평등은 다시 수년 전의 수준으로 뒷걸음쳤다.

우리 사회에 성별화된 인식이 존재한다는 의식이 점점 높아지고 있다고 해도 린 인 운동만으로 수십 년 동안 유지되어온 고정관념을 바꾸지는 못할 것이다. 모성 페널티, 즉 여성이 어머니가 되는 순간 맞닥뜨리는 차별과 부당함이 존재하는 데는 이유가 있다. 아주 미묘한 형태의 성역할 구분이 여전히 직장과 가정에 만연하므로 여성들은 조금씩 노동시장 밖으로 밀려나게 되고, 여성이 본질적으로 남성보다 양육에 더 뛰어나다고 보는 '양육 본질주의(parental essentialism)' 개념 역시 이런 현상에 영향을 미친다.

양육 본질주의가 지속되는 이유는 엄밀히 말해서 우리가 사는 세상이 처음부터 성별화되어 있기 때문이다. 내가 딸아이에게 버스 기사가 여성일 수도 있다고 말하고, 도로에 정차된 경찰차 안에 있는 사람이 경찰관 아저씨가 아니라 경찰관 아주머니라고 강조하는 것도 이 때문이다. 같은 이유에서 나는 동화책 속에서 남성으로 그려진 아주 많은 동물 캐릭터의 성을 바꿔서 읽어준다. 아이의 세상에 다양한 성별의 캐릭터를 배치하는 과정이 매우 중요하다고 생각하기 때문이다. 이렇게 하지 않으면 아이는 여성이나 중성 캐릭터보다 남성 캐릭터 또는 남성이라고 가정되는 캐릭터를 압도적으로 많이 접할 것이다. 많은 아이가 과학자를 그리라고 하면 남자의 얼굴을 그린다(그러나 나는 이제 여섯 살밖에 되지 않은 아이가 그렇게 하지 않았으면 한다). 1960년대와 1970년대 어린이에게 이 과제를 내면 99퍼센트가 남성 과학자를 그렸다. 지금은 많이 달라졌다고는 하지만 그 이후에 수행된 연구에서도 여전히 77퍼센트의 어린이가 남성 과학자를 그렸다.

속도는 느려도 '일하는 엄마'에 관한 인식이 점차 변하고 있긴 하다. 2015년에 시행된 한 조사에 따르면, 여성이 일하는 것에 대한 지지율이 상황에 따라 크게 달라지는 것으로 나타났다. 미국인 응답자들은 전반적으로 여전히 아버지가 생계 부양자인 가족 모델을 지지했다. 절반이 넘는 51퍼센트의 미국인이 특별히 엄마의 소득이 필요한 상황이 아니라면 설령 엄마가 일을 아주 좋아한다고 하더라도 자녀 양육을 위해 집에 있는 것을 지지했다. 이런 조사 결과에도 불구하고 사회적 인식이 바뀌고 있다고 분석한 이유는 응답자들이 오랫동안 선호되었던 남성 생계 부양자 모델보다 '주어진 상황'을 더 중요하게 생각했기 때문이다. 예를 들어, 엄마가 돈을 벌어야 하는 한부모 가정이라고 가정하면 92퍼센트가 엄마가 일하는 것을 지지한다고 응답했다.

일부 응답자들이 엄마들이 일하는 것을 지지하지 않는다고 한 이유는 사회적 인식 조사에서 찾아볼 수 있다. 2012년에 발표된 보고서에 따르면 응답자의 4분의 1 이상이 '일하는 엄마도 집에 머무는 엄마와 똑같이 자녀와 다정하고 안정적인 유대 관계를 형성할 수 있다'는 명제에 동의하지 않았다. 미국 국민 중 상당 비율이 엄마가 집에 있어야 한다는 생각이 확고한 것으로 나타났다. 2009년 조사에서도 여전히 응답자의 21퍼센트가 자녀가 어릴 때는 엄마가 직장에 나가지 말아야 한다고 생각했다. 이런 사회적 인식은 여성들에도 영향을 미치고, 그래서 직장인 엄마들로 하여금 죄책감을 부추기고 있다.

휴직 후 복직은 쉽지 않은 일이다. 아기를 낳고 나서 직장으로 돌아오는 여성들은 더더욱 어려움을 느낀다. 엄마라는 정체성을 위협하는 도전이 사방에서 우리를 겨냥하고 있기 때문이다. 여성들은 때때로 직장에서 '없는 사람' 취급을 받는 것 같다고 말한다. 남성에 비해 덜 중요하게 여겨지고 있다고 느끼거나 직장에서의 정체성을 재정립해야 한다고 느낀다. 게다가 엄마인 여성들은 남성이나 자녀가 없는 여성에 비해 임금 인상이나 승진 가능성이 낮다고 느낀다. 또한 회사에서 적당한 지원을 받지 못하고 있고 과소평가되고 있다는 느낌을 흔히 경험한다.

예를 들어, 내 오랜 친구는 최근 전체 회의 시간을 의논할 때 자신이 배제되는 과정을 보며 좌절감을 느꼈다고 한다. 그녀는 회사에 복귀한 지 1년이 넘었고, 동료들은 그녀의 근무 시간을 잘 알고 있었다. 하지만 회의 시간은 그녀가 퇴근한 후로 결정되었다. 그녀는 "사람들은 내가 출근하는 것은 보지 않고, 그저 매일 그들 앞에서 퇴근하는 것만 본다."며 초과 근무를 하는 동료들 사이에서 늘 불편하고 미안한 마음이 든다고 했다.

2019년 〈가디언〉지에 실린 글에서 스테파니 가디너Stephanie Gardiner는 회사에 복귀하던 날 들었던 한 동료의 말을 회상했다. "내가 복귀한 첫날 동료 한 명이 농담으로 '이제는 당신도 반일 근무자 중 한 명이 되었네요'라고 말했어요. 이미 내가 그날 근무한 시간이 8시간이 넘었는데도 말입니다." 가디너는 직접 어려움을 겪어보기 전까지는 직장인 엄마들을 색안경 끼고 보는 것이 다 '옛날이야기'라고 착각하고 있었다고 말한다.

2020년에 발표된 한 보고서에 따르면, 엄마 세 명 중 한 명이 일과 가정을 조합하는 것이 힘들어서 일을 줄이거나 아예 일을 그만둘 생각을 하는 것으로 나타났다. 회사에서 지속적인 야간 근무를 요구할 때 아이가 있는 부모 노동자나 저임금을 받는 엄마 노동자들은 곤란을 겪는다. 직원의 능력이 회사에 늦게 남아 있는 시간으로 평가된다면 돌봄 책임이 있는 사람들은 자동으로 불리한 위치에 놓인다. 많은 서구권 국가에서는 야간 근무 요구가 너무 흔해서 '프레젠티즘presenteeism'이라는 장시간 근무를 의미하는 용어까지 생겨났지만, 그에 따른 적절한 지원 제도나 사회정책은 제대로 갖춰져 있지 않다.

모성 페널티 VS 부성 보너스

엄마가 되어 직장으로 복귀한 여성들은 처음부터 회사에 덜 헌신적이고 일에 대한 의욕이 부족한 존재로 인식된다. 2011년의 연구에 따르면 여성의 출산휴가 기간은 그 여성의 출세 가능성에 대한 다른 사람들의 인식에 영향을 미치는 것으로 나타났다. 연구진은 헝가리의 인사 전문가들을 대상으로 조사를 진행했는데, 응답자들은 1년 이상 휴직 후 복직한 사람들이 더 일찍 복귀한 사람들보다 회사에 덜 헌신적이라고 생각했다. 몇 개월간 회사를 떠났다가 복귀했을 때 많은 여성이 상당히 의욕적으로 일한다는 사실에도 불구하고 이 같은 결과가 나왔다.

또 다른 연구진은 대학생 500명을 대상으로 다쳐서 결근하거나 아이나 가족을 돌봐야 해서 결근하는 것에 관해 어떻게 생각하는지 물었다. 그러고 나서 학생들에게 가상의 취업 지원자들의 고용 가능성, 자격, 책임감을 평가하게 했다. 학생들은 여성보다 남성의 고용 가능성을 더 높이 평가했고, 돌봐야 할 가족이 없는 남성보다 부양가족이 있는 아버지를 더 높이 평가했다. 여성들은 '모성 페널티'의 부담을 떠안게 되지만 아버지들은 정반대의 혜택을 얻고 있음을 보여준다. 이것을 가리켜 '부성 보너스(fatherhood bonus)'라 부른다.

우리는 특정한 나이에 이른 여성에게 일반적으로 자녀가 있을 것으로 추측하고, 엄마가 아닌 여성에 대해서도 엄마가 되고 싶어 할 것이라 가정한다. 한편 경제적 필요 때문에 일하는 게 아니라 경력 사다리를 올라가려고 고군분투하는 야심 있는 엄마들이 부정적으로 인식된다는 연구 결과도 있다. 이런 인식의 바탕에는 엄마들이 특정한 방식으로 행동할 거라는 사회적 기대가 있고, 그런 기대를 벗어난 것은 무엇이든 일반적이지 않다고 간주하기 때문이다.

사회학자들은 이런 기대를 양육에 관한 '규범적 믿음(normative beliefs)'이라 부른다. 규범적 믿음은 새로 엄마가 된 여성들에게 미묘하게 부정적 영향을 미칠 수 있다. 엄마들은 아이가 어릴 때 일보다 가정을 더 우선시할 것을 요구받으며, 그로 인해 직장으로 복귀하려는 결정 자체를 부정적으로 평가받는다. 한 연구에 따르면, 출산휴가 후 회사로 복귀했을 때 처음에 근무 시간을 줄였다가 다시 전일제 근무로 돌아간 여성들은 더 호의적인 평가를 받고 관리자 직급으로 승진하기 위해 더 열성적으로 일하는 직원으로 여겨지는 것으로 나타났다. 반면 근무 시간을 줄이지 않은 여성들은 덜 유능하고 승진 가능성이 낮다는 평가를 받았다. 관련 연구에서 전일제로 근무하는 여성들은 가족에게 '덜' 집중한다는 평가를 받고, 시간제로 일하는 여성들은 회사에 '덜' 헌신적이고 승진하려는 야망이 없다고 인식되었다. 이런 연구 결과는 결국 여성들이 어떤 선택을 하든 모순된 평가를 받는다는 것을 보여준다.

고용주들이 출산 후 직장에 복귀한 여성의 업무 충실성을 의심한다는 연구 보고도 있다. 이런 반응이 직장과 가정에서 엄마들의 정체성을 자극하는 것은 당연하다. 아주 조금이라도 업무 충실성을 의심받게 되면 승진 가능성에서 밀려날 가능성이 커질 것이다. 그렇게 되면 여성 스스로도 승진하려는 열망을 낮추거나 아예 포기하는 악순환이 일어난다. 여성들이 순전히 자신의 선택으로 승진 욕심을 버리는 게 아니다. 능력을 인정받는 일이 줄어들면서 열망을 유지하기가 어려워졌기 때문에 이런 결정을 내리는 것이다.

이 장의 대부분은 코로나바이러스가 우리의 삶을 바꿔놓기 전에 쓴 것이다. 범세계적인 유행병이 번져야 뿌리 깊이 박혀 있는 고정관념이나 습관이 바뀌기 시작한다는 사실은 직장 문화 역시 그동안 얼마나 유연하지 못했는지를 잘 보여준다. 코로나바이러스로 재택근무 제도가 어느 정도 자리 잡았지만, 이것도 원격으로 업무 처리를 할 수 있는 직종에서나 가능하다. 탄력적 근무제에 관한 편견은 지금까지도 여전히 바뀌지 않고 남아 있다.

〈데일리 메일Daily Mail〉에 실린 기사에서 저널리스트이자 사회운동가인 애나 화이트하우스Anna Whitehouse는 유연성의 부재가 얼마나 구시대적인 태도인지에 관해 논했다. 그녀 역시 직장에 더 유연한 근무 시간을 요청했지만 거절당했다고 했다. 화이트하우스의 기사에 수많은 댓글이 달렸는데, 그동안 숨겨져 있던 편견이 여실히 드러난 순간이었다.

'또 시작이다. 엄마라는 특권의식(sense of entitled)을 가진 여성들이 또 모든 것을 달라고 조른다' '감옥살이를 할 수 없다면 죄를 짓지 말던가. 당신은 아이를 갖겠다고 선택했고, 나는 그러지 않았다' '아이를 데리러 가야 한다고 말하면서 오후 4시 55분에 슬며시 퇴근하는 것은 불공평하다. 누구나 4시 55분에 퇴근하고 싶다'는 내용이었다.

'자녀가 있다는 이유로 스스로 특별하다고 생각하는 여성들에게 진저리가 난다. 그들은 수당도 너무 많이 받는다. 아이를 원한다면 집에서 육아를 해야 한다. 그게 그들의 일이다. 회사는 출산휴가 동안이나 아이가 아플 때 일하지 않았는데도 그들에게 급여를 지급해야 한다. 이것은 옳지도 정당하지도 않다'는 글도 있었다.

이런 댓글은 육아를 '개인적인 문제'로 보는 시각을 반영한다. 지금은 다음 세대를 키우는 사람들을 지원하는 것이 국가의 사회적, 경제적 성공에 필수적인 시대이다. 여성들이 불균형적으로 주어지는 육아 노동을 감당하려면 더 유연한 근무제가 반드시 필요하다. 하지만 유연 근무제를 도입해도 여성들은 그것을 신청했다는 사실만으로 불이익을 당할 수 있고, 업무 실적이 눈에 제대로 띄지 않을 수도 있다. 이는 이중으로 모성 페널티를 부과하는 또 다른 모순이다. 왜냐하면, 애초에 유연 근무제가 없다면 여성들이 완전히 노동시장 밖으로 밀려날 수 있고, 그렇다고 지나치게 허용하면 재택근무가 늘어나고 있는 업무 환경에서 여성들의 존재감을 떨어뜨릴 수 있기 때문이다.

저명한 법학자 조안 윌리엄스Joan C. Williams가 설명했듯이 이 시대의 직장은 가족 돌봄 부담이 없는 사람들(물론 남성들일 가능성이 크다)에게 가장 적합한 곳이며, 여성들이 직면하고 있는 많은 압박은 이러한 현상의 결과이다. 심지어 가족들의 전폭적인 지원을 받는 고위직 여성마저도 엄마라는 이유로 승진할 자격이 부족하다고 여겨지는 경우가 많다.

문제는 돌봄 부담이 없는 직원을 선호하는 기업 문화가 불평등을 더욱 심화시키고 있다는 것이다. 많은 기업이 겉으로는 엄마 직원을 지원하는 정책을 시행하고 있지만, 이것만으로는 충분하지 않다. 내 친구가 일하는 회사에는 모유 유축을 위한 착유실이 있긴 하지만, 실제로 일하는 곳과 10분이나 떨어져 있어 그녀는 주변 사람들의 눈치를 보느라 작은 사무실 책상에 앉아 조심스럽게 유축을 할 수밖에 없었다. 회사에 별도의 유축 공간이 없어 화장실을 이용하는 이들도 많다.

내 경우엔 착유실로 사용하는 공간이 평상시에는 문을 잠가놓는 양호실이어서 이곳을 사용하려면 매번 경비실에 가서 사정을 설명하고 문을 열어달라고 부탁해야 했다. 이곳은 안락하고 사적인 장소였고 유축한 모유를 보관할 수 있는 냉장고도 있었다. 하지만 이 냉장고에 보관해둔 모유를 가져가려면 양호실 문을 한 번 더 열어달라고 부탁해야 하는데, 그러기에는 너무 쑥스러워서 모유가 든 병을 키친타월로 싸서 직원 휴게실 냉장고 안쪽으로 눈에 띄지 않게 넣어두곤 했다. 당시에는 이런 상황을 중요하게 생각하지 않았고 불필요하게 누군가의 시선을 끌고 싶지도 않았다. 공공연히 엄마로서의 모습을 나타내는 것이 덜 유능하고 업무에 덜 충실한 직원처럼 보이게 할 거라 생각해서 그랬던 것 같다. 그래서 이렇게 숨기는 육아 문화가 이어지는 것이다. 이런 경험은 대체로 주의를 끌지 않는 선에서 계속 이어질 것이다.

한 대학교수는 유축과 관련된 자신의 일상적인 걱정을 자세히 기록했다. 그녀는 유축한 모유를 공동 냉장고의 동료들 점심 도시락 사이에 넣어둬야 했는데, "젖을 분비하는 내 몸이 공개적인 조사를 받는 느낌이 들었다."고 말했다. 엄마임을 드러내는 몸은 특히 전문직 세계에서 '금기'로 여겨지기 때문이다. 나 역시 직장에서 유축을 하기 위해 겪는 모든 일이 신체적, 정신적으로 매우 불편했고 사용 전후로 유축기를 세척하는 일 또한 꽤 시간이 걸려서 근무 시간을 맞추기도 어려웠다. 결국 둘째 아이를 낳고서는 직장에서 유축하는 것을 완전히 포기했다.

코로나바이러스로 인한 봉쇄 조치 기간 동안 몇몇 기업이 유급휴직을 제안했을 때 곳곳에서 반발이 일어났다. 물론 많은 직원이 이미 육아, 자녀의 재택학습 등에 시달리고 있지만, 회사가 부모가 아닌 직원들에게 불공평하게 부담을 가중하고 있다는 지적이 나왔다. 가정에서 아이를 돌보며 전일제로 일한다는 것은 사실상 불가능하다. 게다가 수면 부족, 정신건강 문제 등이 엄마들이 직면하고 있는 온갖 차별의 촉매제가 된다.

부모가 되는 일은 남성보다 여성에게 직장에서의 정체성 변화를 더 많이 가져온다. 결과적으로 모성 페널티, 임금 감소, 승진 기회 축소, 스트레스 증가 등이 일어난다. 이런 분위기에서 여성들이 종종 근무 시간 단축을 선택하는 것은 놀라운 일이 아니다.

전일제로 일하는 사람들도 일부 직장에서 요구하는 초과 근무를 항상 따를 수는 없다. 또한 모든 나라에 초과 근무 문화가 있는 것은 아니다. 나라마다 직장 내 관습이 다르고, 보통 기존의 사회정책에 영향을 받는다. 내 남동생은 네덜란드에 살고 있는데 네 살이 안 된 아들 두 명이 있다. 동생은 아이들을 데리러 가기 위해 어김없이 오후 4시가 지나면 퇴근을 한다(물론 출근도 일찍 한다). 네덜란드에서는 대부분의 회사가 직원들에게 초과 근무를 요구하지 않는다.

네덜란드는 덴마크, 노르웨이, 독일 다음으로 하루 근무 시간이 짧은 국가이다. 나는 남동생에게 '일찍' 퇴근하는 것에 대해 이상하게 느껴본 적은 없는지 물었고, 그는 절대 그런 적이 없으며 많은 사람이 일반적으로 그렇게 한다고 대답했다. 네덜란드의 시간제 근무자 비율은 2019년 37.3퍼센트로 OECD 회원국 가운데 가장 높다. 하지만 네덜란드에서도 여전히 시간제로 일하는 사람의 대다수가 여성, 즉 일하는 엄마들이다.

부모들 사이에서 가장 일반적인 가족 모델은 아빠가 전일제로 일하고 엄마가 시간제로 일하는 '1과 1/2 소득 모델'이다. 많은 가정에서 여성이 시간제로 일하는 경우가 많으므로 여성에게 가사노동 부담을 더 많이 지우게 되고, 이것은 다른 부정적인 결과로 이어진다. 예를 들어 사람들은 엄마가 기본적으로 일주일에 며칠은 자녀와 함께 집에 있어야 한다고 생각하므로 회사에서 전일제로 일하는 여성을 주시한다는 연구 보고가 있다. 특히 고위 전문직 종사자들 사이에서 이런 현상이 두드러졌다. 사람들이 여전히 '일과 육아를 병행하기 위해 근무 시간을 줄이는 엄마에게는 찬사를 보내고, 같은 조건의 아빠에게는 곱지 않은 시선을 보내고 있음'을 보여준다.

연구 결과를 보면 가족의 주된 생계 부양자로 전일제로 일하는 엄마들보다 시간제로 일하는 엄마들이 더 유능하고 성공적인 사람으로 인식되었다. 반면에 이른바 '대디 트랙daddy track'이라 불리는 유연 근무제를 선택해 일주일에 4일만 일하는 아빠들은 전일제로 일하는 주 생계 부양자보다 능력이 뛰어나고 성공적인 사람으로 여겨지지 않았다. 이것이 전하는 메시지는 분명하다. 엄마들은 시간제로 일하는 것이 이롭다는 생각이 일반적이며, 그에 따라 여성들이 무급 육아 노동을 더 많이 한다는 결론에 이르게 된다. 육아 노동 시간을 비교하면 여성은 대략 일주일에 22시간이고 남성은 9시간이다.

네덜란드가 시간제 근무와 유연 근무제를 채택하고 있어도 뿌리 깊이 박혀 있는 사회적 기대감과 규범이 여전히 여성들을 불리하게 만들고 있다. 자연스럽게 시간제 근무 문화가 승진에 영향을 미치고 결과적으로 임금에도 영향을 미칠 수 있다. 그래서 대략 14퍼센트에 이르는 남녀 임금 차이가 여전히 유지되고 있다.

남녀의 임금 격차가 존재하는 이유

전 세계적으로 남녀의 임금 차이가 존재하는 이유에는 여러 가지가 있다. 첫째, 임금 노동 시간을 따졌을 때 여성의 노동 시간이 남성보다 적다. 그러나 전체적으로 따지면 여성이 남성보다 더 많이 일한다고 볼 수 있다. 육아와 가사노동이 대부분 여성에게 부과되기 때문이다. 여성의 가사노동 편중은 매우 일반적인 현상이다. 그래서 일하는 여성의 가사

노동을 무급 '2차 출근'이라 부른다.

미국 노동통계청에 따르면 6세 미만 자녀의 목욕시키기, 먹이기, 옷 입히기 등을 의미하는 신체적 아이 돌봄에 여성은 하루 평균 66분을 쓰고 남성은 26분을 쓰는 것으로 나타났다. 평상시 청소나 빨래 같은 집안 일을 하는 남성은 22퍼센트인 데 반해 여성은 46퍼센트였다. 집안일을 할 때 쓰는 노동 시간을 비교하면 여성은 평균 2.5시간, 남성은 1.9시간 이었다. 미국에서는 여성이 전체 노동 인력의 거의 절반을 차지하고 있는데도 이런 현상이 일어나고 있다.

다른 곳에서도 비슷한 추세일 것이다. 호주에서 남녀 가사노동 시간을 분석한 결과를 보면 미혼일 때는 여성이 아주 조금 더 많기는 하지만 남녀의 가사노동 시간이 거의 비슷했다. 하지만 남녀가 같이 살면서 달라지고 자녀가 생기면 더 크게 달라졌다. 어떤 직업을 가지고 있든 상관없이 여성의 가사노동 부담은 증가하는 반면 남성은 감소하는 것으로 나타났다. 부모가 된다는 것은 임금 격차가 벌어지듯 가사노동에서도 격차가 벌어지기 시작한다는 것을 의미한다.

2016년 인구조사에서 남녀의 가사노동 시간이 얼마나 차이가 나는지 정확한 수치로 나타났다. 호주 여성은 평균적으로 일주일에 5~14시간, 남성은 5시간 미만의 가사노동을 했다. 국가마다 수치는 다르지만, OECD는 여성의 무급 돌봄 노동이 남성의 두 배에서 열 배에 이른다고 발표했다. 여성들은 가사노동에 쓰는 시간이 많은 탓에 자신의 경력에 집중할 시간과 에너지를 빼앗기고 있다.

주로 여성의 역할이 무엇인지에 관한 역사적, 사회적 해석과 여성이 노동시장에서 배제되었던 최근의 역사를 기반으로 생겨난 '여성이 해야 할 일'에 대한 기대가 이런 불평등한 가사 분담을 부채질하고 있다. 여성이 임금 노동시장에 진입하기 시작했지만, 가정에서는 그런 흐름을 따를 수 있을 정도로 바뀌지 않았다. 2020년 〈가디언〉지 기사에도 실렸듯이 여성에게 남성보다 낮은 임금을 지급하는 것은 두 가지 결과로 이어진다. 하나는 여성을 통해 값싼 노동력을 얻는 것이고, 다른 하나는 여성들을 더 소득이 높은 남편에게 묶이도록 하는 것이다.

여성들이 사회적으로 성공하더라도 비슷한 직위의 남성보다 여전히 낮은 임금을 받고 있다는 사실 또한 짚고 넘어갈 필요가 있다. 이는 결국 엄마가 되면 급여 수준이 더 낮아진다는 것을 의미한다. 2015년 경영대학원 졸업생 12,000여 명을 대상으로 한 조사에서 여성 졸업생들은 교육 수준이 같은 남성들과 비교했을 때 한 해가 지날 때마다 소득격차가 벌어지고 관리하는 팀의 규모도 작아지며 승진 과정에 대한 만족도도 낮아지는 것으로 나타났다.

성차별의 영향은 매우 광범위하게 나타난다. 2019년 호주에서 6,000여 가구를 조사한 결과 보고서에 따르면, 남녀 구분 없이 직장인들은 대부분 더 유연한 직장을 원했다. 남성들이 유연한 직장을 원하는 이유 중 하나는 '여성들이 그런 남성을 더 선호한다'라는 것이었다. 대부분의 응답자가 직장이 '만족감과 성취감을 준다'라고 말했지만, 그중 약 4분의 1이 일과 가정 양쪽에 충실하기가 어려워 직장을 완전히 그만둘 생각을 한다고 답했다.

영국에서 2,750가구를 조사한 또 다른 보고서는 자녀가 한 명씩 늘 때마다 엄마들의 노동시장 참여가 감소했다고 발표했다. 자녀가 한 명일 때는 부모 각각이 전체 시간의 76퍼센트를 직장 일에 썼다. 그러나 자녀가 셋인 가정의 엄마는 임금노동을 하지 않는 경우가 더 흔했다. 게다가 엄마들이 승진하는 데 걸리는 시간은 평균적으로 아빠들보다 2년 더 길었고, 시간제로 근무하는 엄마의 경우는 훨씬 더 오래 걸렸다. 고액 연봉을 받는 사람들은 시간제 근무를 선택할 수 있는 문이 좁다. 게다가 이미 여성들이 시간제 근로자의 대다수를 구성하고 있으므로 시간제 근무는 여성들을 고임금 인력 시장에서 계속 밀어낼 수 있다.

영국의 보육비는 다른 나라와 비교할 때 매우 높은 편에 속한다. 자녀 두 명의 보육비는 영국 평균 세후 연봉을 거뜬히 넘는다. 영국의 평균 연봉은 30,000파운드가 조금 넘고, 세금을 빼면 약 24,000파운드 정도이다. 런던에서도 물가가 가장 비싼 지역은 온종일 보육시설에 맡기려면 한 아이당 18,000파운드 이상 들 수 있다.[5]

엄마의 소득은 비교적 낮은데 보육비가 엄마의 소득보다 높다면(자녀가 두 명이면 그러기 쉽다) 수지타산이 맞지 않는다. 그러므로 저소득 부모들은 임금 격차가 벌어지는 것뿐만 아니라 미래의 잠재 수입에 영향을 미치더라도 일을 그만둘 수밖에 없을 것이다. 여성들이 일을 그만두고 집에 있는 시간이 길어질수록 비슷한 수준의 직장은 고사하고 일자리를 얻는 것조차 어려워질 것이다.

설상가상으로, 소득과 관련된 모성 페널티는 최저소득 노동자에게 매우 심한 타격을 입힌다. 불안정한 직장에 다니는 사람들은 애초에 승진할 가능성이 없는 데다 육아에 대한 걱정으로 직장 생활을 계속하기

---

5) 런던 북서지역 어린이집에 보내는 비용은 1년에 19,000파운드 이상이다. 영국 정부는 부모 모두 일한다면 한 아이에 대해 최대 10,000파운드까지 보육비의 20퍼센트를 지원해준다. 그러나 부모 중 어느 한쪽이라도 100,000파운드 이상 번다면 지원받을 수 없다.

어렵다. 게다가 이런 모성 페널티는 일을 완전히 그만둔 여성에 대해서는 측정할 수 없다. 이런 경우까지 포함한다면 여성들이 겪는 페널티는 훨씬 더 심각할 것이다. 반면 고소득자들은 이와 같은 영향을 피해간다. 양질의 시설 보육과 가정 보육을 할 수 있는 경제적 여유가 있고, 그래서 경력이 중단될 위험이 낮기 때문이다. 다른 각도에서 말하면 소득이 높은 여성들이 엄마로서 자기 삶을 더 잘 운영하기 위해 소득이 낮은 노동자들에게 돈을 내고 있다는 것이다. 결국 이런 현상은 성, 계급, 인종 불평등을 더욱 높이는 역할을 하는 셈이다.

우리가 지금까지 살펴본 내용을 종합해볼 때 남녀 임금 격차가 발생하는 것은 당연한 결과인 듯하다. 안타깝게도 이 격차는 고질병처럼 사라지지 않고 있다. 국가별로 보면 자녀가 없는 20대 젊은 전문직 여성 가운데 남성과 임금 차이가 가장 적은 나라는 미국이다. 영국에서의 남녀 임금 격차는 40여 국가 가운데 가장 높다. 덴마크에서 시행된 대규모 조사에 따르면 아이를 낳은 후 여성의 수입은 30퍼센트나 떨어졌고, 직장으로 복귀한 여성들도 결코 격차를 따라잡지 못했다. 그러나 경력단절은 남녀 소득 차이가 지속되는 이유 중 하나에 불과하다. 근무 시간 단축, 새로운 직무나 승진에서 배제되는 것, 회사에서 요구하는 만큼 초과 근무를 할 수 없는 상황 등 다른 이유도 있다.

실망스럽게도 엄마들은 새로운 직책을 맡을 직원으로 선호되지 않는다. 가상 구직자에 대한 평가 실험에서 실험 참가자들에게 구직자가 자녀를 둔 부모임을 암시하는 이력서를 보여줬다. 참가자들은 엄마인 지원자가 엄마가 아닌 지원자보다 능력도 떨어지고 직장에 덜 헌신적이라고 평가하고 더 낮은 봉급을 제시했다. 게다가 엄마 지원자들은 자주 지각할 것이고 아빠 지원자들은 그러지 않을 것이라 평가했다. 또한 자녀가 없는 남성보다 아빠 지원자들에게 더 높은 봉급을 제안했다. 이런 면에서 아빠가 된다는 것은 금전적 보너스를 어느 정도는 수반한다고 볼 수 있다.

연구진은 이번에는 비슷한 이력서를 실제 채용 공고를 낸 회사에 보냈다. 그런데 많은 경우, 엄마 지원자들이 서류심사를 통과해서 면접 심사를 볼 가능성은 낮은 것으로 나타났다. 자신이 부모라는 것을 공개적으로 나타내지 않았고, 자녀가 있는 지원자와 없는 지원자의 이력은 거의 비슷했다. 단지 지원서에 학부모 단체 회원임을 표시했을 뿐이었다. 이런 작은 신호로도 차이가 발생했다.

이 연구 결과는 엄마들이 덜 유능하고 신뢰가 떨어지며 자녀에게 전념하기 때문에 일에 충분히 집중할 수 없다는 가정이 암묵적으로 존재함을 암시한다. 여성들은 자녀의 유무를 언급하기도 전에 이미 남성보다 유능하지 않다고 인식되고 있으며, 엄마라는 것을 드러내면 그런 편견이 더욱 심해진다.

어떤 부부라도 소득이 많은 쪽(이성 커플의 경우 통계적으로 남성)의 경력이 우선시된다는 점에서 '피드백 루프'가 발생할 수 있다. 아이가 아프면 대체로 부모 중 소득이 적은 쪽이 집에 남을 것이다. 이것이 바로 코로나바이러스로 학교가 문을 닫았을 때 일어난 현상이라고 연구자들은 말한다. 코로나바이러스 이후에도 아빠들은 어찌어찌 일주일에 40시간 또는 그 이상을 일했지만, 엄마들이 일하는 시간은 20~50퍼센트까지 감소했다. 또한 수천 명의 엄마들이 아예 일을 그만둬야 했다.

모성 페널티는 남녀 불평등을 심화한다. 여성들이 더 낮은 급여를 받고 시간제로 일하기 때문에 가정에서 무급 가사노동을 더 많이 담당할 수밖에 없고, 그래서 승진 등의 성공에 관심을 기울일 만한 시간이 거의 없다. 좋든 나쁘든 부모는 아이들의 사고방식에도 영향을 미치므로 결국 이 문제는 다음 세대에까지 이어질 수 있다.

또한 우리가 지금까지 살펴본 모성 페널티의 상당 부분은 주로 백인 중산층 기혼 여성에게 나타난 현상이라는 것을 상기할 필요가 있다. 통계적으로 노동자 계급 여성과 유색인종 여성은 승진 기회가 아주 적은 비탄력적이고 불안정한 저임금 직종에 있을 가능성이 크다. 정확한 통계 자료는 없지만 이들이 겪는 모성 페널티는 훨씬 더 심각할 것이다. 이미 저임금으로 일하고 있는데 육아 문제까지 겹친다면 더 쉽게, 더 빨리 직장 밖으로 내몰릴 수밖에 없다.

모성 페널티를 줄일 수 있는 방법

모성 페널티를 줄일 수 있는 길은 분명히 있다. 우선 남성에게도 동등한 유급 육아휴직을 보장해주는 정책적 개입이 필요하다. 그다음으로 남성의 육아휴직을 지원하고 장려하는 고용주의 적극적 지지가 필요하다. 탄력적 근무를 하는 여성들은 자신이 일과 가정의 균형을 맞출 수 있어서 '운이 좋다'라고 자주 말한다. 그러나 운이 좋은 것으로는 충분하지 않다. 평등은 보편적인 인권일 뿐 아니라 더 좋은 노동력 창출에도 도움이 된다는 인식, 사회 전체와 다음 세대에까지 이익이 될 것이라는 인식이 필요하다. 다시 말해, '직장인 엄마'라는 용어가 '직장인 아빠'라는 말만큼이나 낯설게 느껴질 정도의 사회적 인식 개선이 필요하다.

문제는 엄마들이 시간제 근무를 원하더라도 그렇게 했을 때 직장에서 실적이 눈에 덜 띄게 되고 야망이 적은 사람으로 여겨질 수 있다는 것이다. 최상위 고소득직의 경우는 업무적 특성상 시간제 근무에 적합하지 않은 경우가 많다는 점을 고려할 때 야망과 유연 근무제는 분명 어울리지 않는다. 그러므로 다시 한번 사회적 정책이 중요하다는 점을 강조할 수밖에 없다.

유연 근무제를 바라보는 시각은 나라마다 그리고 문화적 규범에 따라 다르다. 독일과 네덜란드에서는 시간제로 일하는 사무직이 비교적 흔하지만, 미국에서의 시간제 일자리는 대부분 고용 보장률이 낮은 저임금 육체노동이다. 이 모든 것이 조금 뒤죽박죽처럼 들릴 수 있는데, 현실이 그렇다. 스웨덴처럼 아빠의 육아휴직이 흔한 국가와 여성의 시간제 노동이 표준처럼 여겨지는 네덜란드 같은 국가에서도 여전히 남녀 임금 격차와 불공평한 육아 분담 문제가 존재한다.

분명 손쉬운 해결책이 있는 것 같은데도 많은 문제가 해결되지 않은 채 남아 있다. 무엇보다 이상과 현실을 혼동하게 하는 문제들이 존재한다. 유럽의 여러 국가에서는 아빠가 유급 육아휴직을 사용하거나 엄마의 육아휴직을 나눠서 쓸 수 있다. 아버지의 육아휴직 정책은 얼핏 보면 성 불평등을 해결하려는 조치로 보일 수 있다. 그러나 조금만 더 자세히 들여다보면 이런 제도로 인한 실질적인 변화가 거의 없다는 사실을 알 수 있다.

특히 유급휴가가 아닌 육아휴직 제도는 더욱 실효성이 없는 정책일 뿐이다. 선택할 수는 있지만 실제로 선택하지 않는다면 결국 성별화된 구조의 존속을 제도의 문제가 아닌 개인의 잘못으로 생각하기 쉽다. 내가 선택할 수 있다는 착각을 일으키는 지금의 정책들은 변화를 장려한다기보다 실제 일어나야 할 변화를 숨기고 있다. 실효성이 충분한 새로운 정책이 시행되기 위해서는 우선 사회 전반적으로 이런 장애물이 있음을 인정해야 한다. 비교적 평등한 사회로 알려진 국가에서도 남녀 임금 격차를 줄이는 것이 매우 어려운 이유다.

금융이나 법률회사 같은 일부 업계에서 관례처럼 이뤄지는 초과 근무는 이제 대부분 회사에서 직원에게 기대하는 행동 표준으로 자리 잡았다. 여성이 엄마가 되는 순간부터 남녀 임금 격차가 더 벌어진다는 것은 전혀 놀라운 일이 아니다. 이에 대한 문제 인식이 생겨나고 있지만, 실질적인 변화가 일어나려면 수십 년이 걸릴 것이다. 2019년 후반 세계경제포럼은 남녀 임금 격차가 사라지려면 99년이 걸릴 것이라 계산했다. 2018년에 108년으로 추정한 것에서 조금 줄어든 것이다.

일과 가정생활에 대한 상충하는 기대는 이상적인 노동자와 이상적인 엄마 사이에서의 충돌을 극명하게 드러낸다. 이상적인 노동자는 미국 기업 문화에서 비교적 전형적으로 나타나는 다소 경직된 직원상으로, 고용주에게 충실하고 헌신적이며 가족 등의 사적인 방해를 거의 받지 않고 전일제로 근무할 수 있는 사람이다. 여성이 가정에서 돌봄 노동을 더 많이 한다는 사실로 미루어보면 이런 기대감은 절대적으로 여성들에게 불리하다. 앞에서 언급했듯이 최적의 근무 시간과 스트레스에 관해 생각해볼 때 가족이 있는 사람들은 분명 가정생활과 행복을 희생하지 않고는 이런 '이상주의'를 실현할 수 없다. 문화적으로는 가족의 가치를 긍정하면서도 정책과 직장 문화가 그것에 부합하지 않는다는 것은 또 하나의 모순이다. 2020년 여름, 코로나바이러스로 인한 봉쇄 조치로 학교가 문을 닫고 있는 상황에서 미국 정부가 아동 돌봄 문제를 해결하기 위해 들인 돈보다 한 항공사를 긴급 구제하는 데 더 많은 돈을 썼다는 사실이 단적인 예다.

기업이 바라는 이상적인 노동자 이미지는 페이스북, 구글, 아마존 등의 기업들이 여성 직원의 난자 냉동 비용을 지원하는 이유와 연결된다. 이 정책은 여성들이 가임에 대한 걱정 없이 일에 집중하도록 고안된 것이다. 기업들의 이런 정책은 엄마가 되기를 미루는 것이 이익이라고 보는 문화를 조성하고 있다. 어떻게 받아들일지는 각자에게 달려 있다. 이 정책을 비판하는 사람들은 기업들이 가정보다 일이 더 중요하다는 메시지를 암암리에 보내고 있고, 최악의 경우 설사 일에 최선을 다한다 해도 임신을 하면서부터 경력이 제한될 수 있다는 생각을 부추기고 있다고 말한다.

이상적인 노동자와 이상적인 엄마라는 두 가지 부담 사이에 갇힌 엄마들이 많다. 미국 세인트루이스 워싱턴 대학교 사회학과 교수인 케이틀린 콜린스Caitlyn Collins는 여성들이 일과 가정생활의 균형을 유지하도록 돕는 요소가 무엇인지 이해하기 위해 여러 해에 걸쳐 스웨덴, 이탈리아, 독일, 미국 출신의 중산층 직장인 엄마 135여 명을 조사했다. 연구 분석 결과, 일과 가정 둘 다 성취하려는 여성들이 오히려 '어느 쪽 기대에도 명확하게 부응할 수 없어서' 실패하는 경향이 있는 것으로 밝혀졌다. 이것 역시 모성 죄책감, 즉 엄마가 됨으로써 느끼는 죄책감이 중요하게 작용한다는 것이다.

미국 엄마들이 가장 스트레스를 많이 받고, 가장 많이 초과 근무를 하며, 죄책감을 가장 많이 느끼는 것으로 조사되었다. 반면 스웨덴 엄마들은 일과 생활의 균형을 유지하는 데 큰 문제가 없었다. 콜린스가 면담했던 엄마들은 자신의 생활에 비교적 만족하고 있었는데 스웨덴의 정책도 이에 한몫하고 있었다. 스웨덴에서는 일보다 자녀가 훨씬 더 중요하고 아이의 요구를 수용하기 위해 일을 탄력적으로 해야 한다는 것을 기정사실로 받아들인다. 스웨덴 엄마들은 '직장인 엄마'라는 용어에 고개를 갸우뚱하며 재미있어 했다. 스웨덴에서는 이미 모든 엄마가 일하는 사회적 분위기가 조성되어 있기 때문이다.

일에 대한 야망과 모성이 병행될 수 없다면 그것은 개인의 생활보다 초과 근무를 더 중시하는 기업 문화에 어느 정도 책임이 있다. 이런 압박은 특히 어린 자녀를 둔 엄마들을 회사 밖으로 몰아내는 주된 원인이다. 육아를 위해 직장을 그만두는 엄마들을 '퇴직 선택자(opt-outer)'라고 부르는데, 이런 사례는 매우 흔하다. 저널리스트 하나 쉥크Hana Schank와 엘리자베스 월레스Elizabeth Wallace는 〈애틀랜틱The Atalntic〉지 심층 기획 연재 기사에서 이 문제를 집중적으로 다뤘다.

두 사람은 1993년 자신들과 함께 열정적인 여성 사교 클럽 회원으로 활동한 37명의 여성을 찾아가 대학 졸업 후 어떻게 생활했는지 조사했다. 그들 모두 우수한 인재였지만, 자녀가 생기면서 명확하게 세 가지 패턴으로 구분되었다. 앞서 언급한 퇴직 선택자, 성공한 직장인 그리고 중간 그룹(근무 시간을 줄여 일과 가정생활을 병행하는 사람들)으로 나뉘었다. 이 조사는 소규모 여성 집단을 살펴본 것이지만 심도 있는 통찰임은 분명하다. 이와 같은 정성적 연구는 더 큰 데이터 집합이 보여줄 수 있는 것을 보다 상세히 이해할 수 있게 돕는다.

퇴직 선택자들은 단지 자녀와 함께 시간을 보내기 위해 또는 일에 대한 환멸을 느껴서 직장을 떠난 게 아니었다. 오르지 않는 임금과 근무 유연성의 부재 등 여러 가지 이유가 결합하여 나타난 결과였다. 자발적 퇴직은 비슷한 수준의 직장을 다시 구하기 어렵게 만드는 도미노 효과를 일으킨다. 육아에 의한 경력 공백은 다른 이유로 실직해서 생긴 경력 공백보다 더 부정적으로 비친다는 연구 결과가 있다. 이는 실직 상태의 지원자와 전업주부 지원자 모두 18개월 경력 공백이 표시된 가상의 이력서 3,000여 장을 실제 채용 공고를 낸 회사에 보냈을 때 나온 결과다. 전업주부는 5퍼센트만 서류심사에 통과한 반면, 실직 상태의 지원자는 9퍼센트가 서류심사에 통과했다. 조사에 응한 인사 담당자들은 전업주부가 실직 상태의 지원자보다 믿음직스럽지 못하고 헌신적이지 않다고 인식하고 있었다.

쉽게 예상할 수 있듯이 고용 공백은 소득에 지속적인 영향을 미친다. 2020년 직장인 6,000명을 대상으로 시행한 연구에서 여러 차례 경력 공백이 있었던 사람들은 계속 직장 생활을 한 사람들과 비교했을 때 대략 40퍼센트 정도 임금 차이가 나는 것으로 나타났다.

근무 시간을 줄여 일하는 직장인은 계속 직장에 다니기는 하지만 이전에 가졌던 야망을 포기하는 대가를 치르고 자신에게 필요한 탄력적 근무 시간을 보장받는 업무를 맡고 있었다. 가정을 꾸리면 확실히 여성의 경력은 멈출 수밖에 없다. 26~67세까지 하버드 경영대학원 졸업생 25,000명을 대상으로 벌인 설문 조사 결과를 보면, 응답자들은 성공적인 경력을 방해하는 가장 큰 걸림돌로 가정생활을 먼저 꼽았다. 또한 실제로 약 11퍼센트가 육아를 위해 마지못해서 직장을 그만뒀다고 응답했다. 특히 자신이 맡은 업무가 불만족스럽거나 부당한 대우를 받는다고 느꼈을 때 퇴직을 선택했다.

한 응답자는 "출산 휴가를 끝내고 복귀했을 때 '마미 트랙'(자녀가 있는 여성이 육아를 위해 근무 시간을 단축하거나 비교적 단순한 업무를 맡는 것-옮긴이)을 따르게 되면서 첫 직장을 그만뒀다."라고 말했다. 다른 응답자는 "내가 더 도전적인 업무를 하려고 했을 때 시간제로 일하는 여성은 일상적인 업무를 원하고 직장에서 성공할 가능성이 없다고 보는 선입견이 있는 듯했다."라고 말했다. 게다가 자녀의 유무와 상관없이 고위직까지 올라간 여성은 남성보다 적었다.

'자발적 퇴직 혁명'이라고 할 수 있는 이 현상은 여성의 노동 참여가 늘기 시작한 이래로 학자들이 꾸준히 언급해왔다. 법률대학원 졸업생의 남녀 수가 비슷한데도 여성 졸업생이 파트너 변호사까지 올라가는 비율은 저조한 경향도 이 현상으로 설명된다. 자발적 퇴직 혁명은 많은 분야에서 목격된다. 여성들은 퇴직을 선택할 때 대부분 고용주가 아닌 자신을 탓한다. 하지만 퇴직 선택 역시 오직 소득이 높은 여성들에게나 가능한 특권임을 지적할 필요가 있다. 보통 소외 계층을 구성하는 저소득직 여성이나 교육 수준이 낮은 여성들의 사정은 훨씬 열악하다.

경제학자들은 안타깝게도 자본주의 사회가 다음 세대 아이들을 기르기 위해 여성의 무임금 노동을 이용하는 이른바 '무임승차'를 하고 있다고 지적한다. 국가의 개입 없이 시장의 힘(market forces)만으로는 이런 불평등을 바로잡지 못할 것이다. 이탈리아에는 3세 미만의 아동이 쉽게 이용할 수 있는 보육시설이 없다. 그 결과 여성들의 노동 참여가 줄어든다. 이탈리아 여성 중 취업 여성의 비율은 고작 55퍼센트에 불과하다.

민간 보육에 대한 수요도 어느 때보다 더 높아졌는데, 이는 다음 세대를 돌보는 일이 개인의 문제가 되었다는 방증이다. 그러나 민간 보육에서도 질 좋은 보육을 기대할 수 있는 가정은 보육 비용을 감당할 수 있는 특권층 가정이다. 부는 부를 낳고 저소득층은 더욱 취약해지고 있다. 많은 지역에서 가난한 가정과 모자가정(미국 아동 5명 중 1명은 엄마와 단둘이 살고 있다)은 대체로 사회의 충분한 도움을 받지 못하고 있다.

이런 상황에 비추어보면 엄마들이 모든 생활 영역에서 스트레스를 점점 많이 받는 것은 당연한 일이다. '두 마리 토끼를 잡는 것'이 완전히 불가능한 이야기는 아니지만 '두 마리 토끼'의 의미를 어떻게 해석하느냐에 따라 달라진다. 만족감을 주는 시간제 일이라도 괜찮다면 두 마리 토끼를 잡을 수 있다. 물론 봉급 인상이 제한된다는 대가가 뒤따른다. 하지만 이것이 책임이 막중한 일을 의미하는 것이라면 오랜 시간 가족과 떨어져 생활하고 개인적인 시간을 갖지 못하는 대가가 뒤따를 것이다. 지금의 제도에서는 엄마가 반드시 무엇인가를 희생해야 한다. 내 경우, 어린 두 아이의 엄마이자 정규직 직장인으로 책을 쓴다는 것은 육아휴직 기간에 사교 모임에 일절 나가지 않고 1년 동안 저녁과 주말에 거의 쉬지 않았다는 것을 의미한다. 그러나 그런 '희생'을 감수할 수밖에 없다고 느꼈다. 특히 내가 쓰는 글의 상당 부분을 현실에서 직접 겪고 있었기 때문이었다. 현실을 더 많이 아는 것은 나 자신과 사회 전반을 더 잘 이해하는 놀랄 만한 방법이었다.

엄마들이 직면하는 수많은 편견은 대부분 암묵적 편견이다. 의미 있는 변화가 일어나려면 사회적 차원에서의 변화가 필요하다. 만일 앞으로도 계속 남성의 요구에 맞춰 직장 문화를 이끌어간다면 여성들은 항상 집단 밖으로 밀려나게 될 것이다. 일단 편견과 차별이 존재한다는 사실을 인식하는 것이 첫 단추다. 이 책에서 자세히 다루고 있는 여성의 분리된 정체성이 부분적으로는 엄마의 역할에 대한 사회적 기대감의 결과임을 인식해야 한다. 그런 기대감은 여성의 권리와 남녀 임금 차이에 관한 논의가 매우 절박하게 이뤄지고 있는 순간에도 만연해 있다.

우리는 '일과 자녀, 두 마리 토끼'를 잡고 싶은 마음이 간절하지만, 사회와 직장에서의 현실은 아직 그 수준에 미치지 못했다. 그런데도 여성들은 그토록 소망하던 엄마로서의 역할과 자기가 원하는 일을 병행할 수 없을 때 대부분 스스로를 탓한다. 심지어 평등에 높은 가치를 두는 네덜란드에서도 문화적 편견이 엄마의 세계에 발을 들여놓은 여성들을 방해하는 강력한 힘으로 작용한다.

다행히 네덜란드의 기업들은 일본과 미국 같은 국가의 기업들과 달리 초과 근무에 큰 가치를 두지 않는다. 그런 점에서 네덜란드 엄마들은 가족 돌봄 노동을 위한 '2차 출근' 부담에서 비교적 자유롭다. 여성에 대한 직장이나 사회의 기대, 금전적 제약, 한정적인 육아휴직 정책이 자신이 누구인지 또는 어떤 역할을 맡을 수 있는 사람으로 성장할 수 있는지에 대한 자아감을 압도해버린다면 엄마들은 쉽게 좌절할 수밖에 없다. 결국 해결 방법은 위로부터 나와야 한다. 리더나 롤모델의 실천이 서서히 아래로 퍼져나가 더 많은 일하는 여성들에게 긍정적인 본보기가 될 수 있다.

엄마의 경력 유지는 엄마에게만 도움이 되는 게 아니라 아이에게도 이익이 될 것이다. 연구에 따르면 직장인 엄마의 딸은 전업주부의 딸에 비해 커서 일하는 엄마가 될 확률이 높고, 관리자급 역할을 더 많이 맡고, 더 높은 급여를 받으며, 더 오랜 시간 일할 가능성이 큰 것으로 나타났다. 게다가 직장인 엄마의 딸들이 가사노동 시간도 더 적었다. 이런 결과는 광범위한 지역에서 발견되었다. 연구팀은 11년 동안 29개국을 조사해서 이 같은 결과를 얻었고, 그 이유를 우리가 주변 환경으로부터 배우는 사회적 학습(social learning) 덕분이라고 보고 있다.

일하는 엄마는 결과적으로 자녀가 모방하는 성역할 태도의 형성을 돕는 셈이다. 직장인 엄마의 아들은 전업주부의 아들보다 가족을 돌보는 일에 더 많은 시간을 들이는 것으로 나타났다. 맞벌이 부부 가정에서 자란 아들은 나중에 자기 아내도 일하는 여성일 것이라 기대할 가능성이 더 컸다. 우리가 표현하는 성역할 기대가 명백하게 우리 아이들에게도 스며들고 있는 셈이다.

7장

육아 분담 문제

성역할에 관한 고정관념과
육아 분담이 힘든 현실적 이유

2019년 어느 쌀쌀한 저녁, 당시 7개월이던 아기에게 서둘러 수유를 마친 후 정기적으로 열리는 달리기 모임에 오랜만에 나갔다. 앞자리에 앉은 사람이 내가 책을 쓰고 있다는 소식을 들었다면서 주제가 무엇인지 물었고, 나는 '정체성 변화에 관련된 책'이라고 조금 모호하게 대답했다. 그러고 나서 썩 내키지는 않았지만, 구체적으로는 엄마가 되었을 때의 정체성 변화에 관한 내용이라고 조금 더 자세히 설명했다.

"아, 당신도 그중 한 명이군요. 엄마가 된다는 것에 관한 책을 쓰는 또 한 명의 엄마!" 그가 웃으며 말했다. 아마 반쯤은 농담으로 한 말이었을 것이다. 나도 함께 웃었지만, 한편으로는 씁쓸한 마음을 감출 수 없었다. 이 주제로 책을 쓴다고 누군가에게 이야기할 때 가장 즉각적으로 돌아올 수 있는 편견과 우려를 잘 표현했기 때문이다.

모성과 육아에 관한 글 중 〈로스앤젤레스 타임스〉의 인상적인 기사에 공감이 가는 대목이 있다. "사람들은 왜 모성에 관한 글을 좋아하지도, 진지하게 받아들이지도 않는가? 왜냐하면, 여성들부터 그러하기 때문이다." 모성의 위기에 관한 다양한 저서를 집필한 작가인 새라 멘케딕 _{Sarah Menkedick}의 말이다.

우리가 모성을 주제로 논의하고 글을 쓰고 토론해야 하는 이유는 엄밀히 말해서 여성들도 엄마가 된다는 것을 '단순하고 평범하게' 생각하기 때문이다. 엄마가 된다는 것은 흔한 일일지는 모르지만 절대 평범한 일은 아니다. 엄마가 되면서 겪는 정체성의 변화가 경우에 따라 심각한 감정적 소모를 일으키는 이유이기도 하다.

멘케딕은 "이 글은 모성에 관한 글이지만 꼭 그렇지만은 않다. 오랫동안 이어져 온 가부장적인 문화는 엄마라는 정체성을 단순하게 단정 짓고 엄마들을 하찮은 존재로 느끼도록 만든다. 우리 사회는 출산의 순간, 육아의 어려움, 엄마가 된 후 다시 일할 때의 복잡한 상황, 아이를 낳음으로써 여성의 삶과 심신이 변화하는 방식 등을 진지하게 논의하고 고민할 거리로 여기지 않는다."고 말한다.

엄마가 된다는 것은 삶이 완전히 바뀌는 여정의 시작이다. 엄마가 되는 과정에는 반갑지 않은 일들이 수없이 뒤따른다. 언제, 어떻게, 어떤 어머니가 될지에 관한 선택권이 여성에게 있는 것처럼 보이지만, 사실 이 과정에서 사회가 여성에게 기대하는 성역할을 완전히 배제하기는 어렵다. 앞 장에서 투자은행 경영진이었던 모린 세리가 경험했던 것들처럼 사회가 기대하는 성역할은 우리의 선택에도 큰 영향을 미친다. 우리에게는 분명 선택의 자유가 있지만, 엄밀히 따져보면 결국 가족 구성원의 영향부터 사회적 규범 같은 외부의 영향에 이르기까지 우리가 속한 사회가 정해놓은 모성의 개념 안에서 선택할 수 있는 '제한된 자유'에 가깝다.

성역할에 대한 고정관념은 언제부터 시작될까

'엄마에 대한 인식'이나 '성역할에 대한 고정관념'은 우리가 잘 기억하지도 못하는 어릴 때부터 시작된다. 노골적으로 드러내든 의도치 않았든 간에 부모들은 아이들에게 기대하는 역할에 따라 자녀를 다르게 대한다. 또한 한 연구 결과에 따르면, 엄마들은 평균적으로 딸과 시간을 더 많이 보내고 아빠들은 아들과 더 많은 시간을 보낸다고 한다.

부모들은 자기도 모르게 남성성과 여성성의 의미에 관한 자녀의 생각에 영향을 준다. 부모가 되면 성역할에 대한 고정관념이 더 분명해진다. 성별화된 생각은 아이와의 상호작용에도 그대로 나타난다. 분홍색 카드 대 파란색 카드, 공주님 인형 대 장난감 트럭처럼 드러내놓고 하는 개입도 있지만, 성별화된 행동은 대부분 암묵적으로 더 많이 이뤄진다.

2015년 어린 자녀가 있는 300여 가정을 대상으로 한 연구에서 부모들은 성 중립적인 얼굴의 성별을 정할 때 그 얼굴이 어떤 감정을 표현하느냐에 따라 분류하는 경향을 보였다. 화난 얼굴에는 남자라고 표시하는 딱지를 붙이고, 슬픈 얼굴에는 여자 딱지를 붙이는 사람들이 많았다. 행복한 얼굴에도 여자 딱지가 압도적으로 많이 붙었다. 남자는 울지 말아야 하고 여자는 화내지 말아야 한다는 메시지가 어릴 때부터 시작되는 것이다. 이런 종류의 암묵적인 편견은 다른 영역까지 스며든다.

예를 들어 아이가 기어 다니거나 일어서는 등의 신체 발달에 관련해서 남자아이 엄마들은 그 능력을 과대평가하고 여자아이 엄마들은 과소평가하는 것으로 나타났다. 더 우려스럽게는 자유롭게 놀고 있는 유아들을 관찰했을 때, 남자아이들이 고집을 부리면 보육자들이 강하고 엄하게 반응하고, 여자아이들의 고집에 대해서는 비교적 관대하게 반응하는 것을 확인할 수 있었다.

유아는 채 두 살이 되기 전에 성별을 구분할 수 있다. 2009년 82명의 유아를 대상으로 한 실험에서 여자아이들은 평균적으로 17개월에, 남자아이들은 19개월에 남성과 여성을 확실히 구별할 수 있었다. 아이들이 성 라벨링(gender labelling)을 이해하면, 즉 그 사람의 성을 구분하면 곧바로 '성 유형화된 놀이'를 시작하는 경향이 있다. 남자아이들이 트럭을 선호하는 것은 장난감 자체가 좋아서라기보다는 아주 어릴 때부터 트럭이 남자다움과 관련 있다고 학습하기 때문이다. 또한 여자아이들은 반짝이는 분홍색 물건들이 더 여자답다고 학습한다. 그래서 어른들의 시선에서 아이들이 좋아하리라 기대하는 물건에 실제로 아이들이 더 끌리는 것이다.

딸아이가 두 살 정도 되었을 때 아이는 내가 구입한 외투를 남자아이 옷이라며 입지 않으려고 했다. 그 옷은 남녀 공용으로 나온 것이었다. 아이의 말은 소녀답게 보이지 않는 옷이라는 뜻이었다. 우리가 아이들에게 보내는 성별화된 신호는 아주 미묘해서 우리 자신도 그것을 인지하지 못하고 사용할 때가 많다. 딸아이에게 원피스를 입으면 예뻐 보일 것이라고 말하는 것처럼 아주 간단한 행위일 수도 있다.

여자아이가 바지를 입고 있으면 아마 어른들은 예쁘다는 말을 많이 하지 않을 것이다. 그러나 예쁜 원피스를 입으면 많은 사람이 아이에게 칭찬을 건넬 것이다. 내가 의도적으로 '여자다운' 옷을 입히는 것이 아닌데도 매일 딸아이가 요구하는 옷을 보면 성 유형화에 딱 들어맞았다.

아이가 12개월쯤 되었을 때 성에 대한 편견이 없는 아이가 되게 하려고 공룡 그림이 그려진 외투를 입힌 적이 있다. 그런데 지금 생각해보면 이 또한 부질없는 시도였다. 단순히 덜 소녀답고 그래서 더 소년다운 것이 '중립적'인 것이라고 규정할 수 없기 때문이다. 게다가 자칫 여자아이들에게 잘못된 것을 가르칠 수도 있다. 만일 우리가 공공연하게 매우 소녀다운 옷을 입지 못하게 막는다면 여자아이들은 여성성을 밖으로 표현하는 것이 나쁘다고 배울지도 모른다.

성에 관한 고정관념은 우리 사회에 아주 단단히 뿌리 박혀 있으므로, 때로는 성 중립적인 태도를 취하려는 시도가 의도치 않게 남성성을 선호하는 이중 잣대를 만들기도 한다. 내 경우를 예로 들면, 나는 가끔 딸아이에게 남자아이처럼 보이는 옷을 입히면서도 아들에게는 분홍색 옷 입히기를 망설였다. 남성적이라는 것에 더 높은 지위가 수반되므로 남성성이 여성성보다 유연하지 않다는 생각에 뿌리를 둔 행동이었다. 여성처럼 행동하는 남성은 남성처럼 행동하는 여성보다 더 많은 편견에 시달리기 쉽다.

나는 어릴 때 남자아이처럼 행동하는 말괄량이였는데 그런 내 모습은 또래 친구들 사이에서 꽤 긍정적으로 비쳤다. 그러나 여자아이처럼 행동하는 남자아이들의 경우, 이야기가 달랐다. 말괄량이로 불리는 것이 일종의 칭찬이었던 반면, 같은 반의 무용하는 남자아이는 친구들 사이에서 늘 놀림의 대상이었다. 비슷한 이유로 같은 행동을 하더라도 남성 리더는 자기주장이 뚜렷하다는 평가를 받고 여성 리더에게는 위세를 부린다는 꼬리표가 붙는 것을 볼 수 있다. 화를 냈을 때도 여성 리더가 남성 리더보다 더 부정적으로 비친다. 특정 행동에 대해 남성이 하면 긍정적으로 보고 여성이 하면 바람직하지 않은 것으로 보는 경향도 있다.

딸아이가 세 살 때였다. 잠자리에 들기 전에 책을 읽어줬는데, 아이는 등장하는 모든 캐릭터에 대해 매번 "이 아이의 엄마는 어디 있어요?" 하고 물었다. 심지어 거리에서 내 또래의 여자 어른을 보면 손가락으로 가리키면서 '엄마'라고 말했다. 아이에게 모든 여자 어른은 누군가의 엄마였던 것이다. 부모와 아이가 함께 나가는 놀이 모임에서 아빠보다 엄마를 더 많이 본다는 사실에 비추어보면 아이의 세상에서는 상당히 논리적인 추정이었다. 딸아이는 자기가 나이가 들었을 때를 가리켜 '내가 엄마가 되었을 때'라는 표현을 썼고, 동물과 무생물도 남성과 여성으로 분류하기 시작했다.

공원에서 개 네 마리가 함께 있는 것을 보자 몸집이 가장 큰 개는 아빠 개, 그보다 작은 개는 엄마 개, 가장 작은 개는 아기 개라고 불렀다. 알맹이가 큰 포도알은 아빠 포도, 작은 포도는 엄마 포도였다. 엄마 개, 아빠 개가 아니라 종이 다른 것이라고 아직은 설명할 수 없었지만, 적어도 이 경우 성별 분류가 사회적으로 형성된 성의 구분이라기보다 생물학적인 몸집 차이에 기반한 것이었다. 딸아이가 좀 더 자라면 평균의 법칙을 설명해주고, 점박이 하이에나처럼 엄마가 아빠보다 몸집이 큰 동물도 있고 보노보처럼 엄마가 아빠를 지배하는 동물도 있다는 사실을 즐겁게 말해줄 수 있을 것이다.

성별 규범은 사회가 만들어낸 것이다. 그래서 여자아이들이 여성적인 것을 공개적으로 지지할 때 자신이 속한 집단과 동일시하며 안전감을 느낄 수 있다. 그러므로 어린 여자아이에게 공주처럼 옷을 입지 말라고 하는 것은 무익한 일이다. 그보다는 아이들 마음속에 공주가 누군가의 도움을 받아야만 하는 연약한 존재가 아닌 강인하고 독립심 있고 멋진 존재가 되도록 가르쳐야 한다.

결국 성별 규범이 존재하지 않는 것처럼 행동할 게 아니라 그것이 얼마나 강력한 영향력을 가졌는지 인지하는 것이 먼저다. 어떤 여자아이들은 자라서 엄마가 될 것이고, 성별 규범에 직접적인 영향을 받을 것이다. 성역할에 대한 기대감이 얼마나 뿌리 깊게 박혀 있는지 고려해 볼 때 그것을 회피할 수 있는 방법은 어디에도 없다. 따라서 우리가 먼저 성역할에 대한 가정과 편견을 인지하고 그것에 관해 아이들과 대화를 나누는 것이 중요하다.

이것이야말로 다음 세대가 일률적이고 경직된 성역할을 갖는 것을 막을 수 있는 유용하고 중요한 방법이다. 이 과정에서 우리는 모든 소방관이나 경찰관이 남성은 아니라고 말해줄 수 있다. 그리고 모든 간호사가 여성은 아니라고 설명해줄 수 있다. 우리 주변에는 아빠가 둘인 가정도 있고, 엄마가 둘인 가정도 있으며, 한부모 가정도 있다고 말해줄 수 있다. 아이들에게 남성 캐릭터가 훨씬 많이 등장하는 책을 읽어줄 때 나는 캐릭터의 성을 바꿔서 읽었지만, 앞으로는 굳이 그렇게 할 필요가 없는 아동 도서가 더 많이 나오기를 기대한다.

온정적 성차별주의의 함정

오늘날 서구 사회에서 엄마가 된다는 것에 대해 잘 이해하기 위해서는 생계 부양자가 남성 한 명인 가정에서 부모 맞벌이 가정이 더 흔한 사회로 어떻게 변해왔는지 아는 것이 중요하다. 나의 외할머니는 전형적인 가정주부였다. 할머니는 할아버지를 만나기 전에 실험실에서 화학 분석을 담당하던 유능한 연구원이었다. 그러나 할머니 세대에는 여성이 결혼 후에 집 밖에서 일하는 것이 일반적이지 않았다.

할머니는 자식을 다섯 낳았고 할아버지는 벌이가 좋은 직장에 다녔기 때문에 할머니가 일할 필요가 없었다. 더 중요한 것은 주변 사람 중 누구도 할머니가 일하리라 기대하지 않았다는 점이다. 육아와 가사를 도와주는 도우미도 있었지만, 할머니는 늘 집안일을 처리하느라 바빴다.

열한 명의 자녀를 둔 나의 친할머니는 늘 일하고 싶어 했지만, 공식적인 보육 제도의 부재와 보육 비용의 부담 때문에 그렇게 할 수 없었다. 할머니는 이른바 가사 학교라는 곳을 다니며 가사에 관한 전반적인 교육을 받았는데, 재봉 기술이 매우 뛰어났다. 그래서 시간이 되면 늘 가족의 옷을 직접 만들었고, 그 방면의 직장을 가져도 충분한 실력이었지만 그럴 수 없었다. 비록 경제 스펙트럼의 정반대 편에 있었지만 두 할머니 모두 강인한 여성들이었다. 그러나 결혼하게 되자 두 분 모두 당연히 집에서 아내와 엄마의 역할을 해낼 것이라는 기대를 받았고 실제로도 그런 기대에 맞게 살아왔다.

1950년대 미국의 전형적인 가정주부들에게 집 안을 늘 깨끗이 정돈하고 다른 집 아이들보다 자녀를 잘 먹이고, 잘 기르고, 잘 가르치는 건 무엇보다 중요한 일이었다. 이것은 마치 아무도 참가 신청을 하지 않는 소리 없는 경쟁을 치르는 것이나 다름없었다. 이 시대에는 엄마들이 일하러 가면 아이들이 불이익과 고통을 받으리라는 고정관념이 존재했다. 또한 아이가 어떤 모습으로 성장하느냐는 엄마가 어떻게 양육하는지와 직접적인 관련이 있다고 여겼다. 이 시대에 좋은 엄마가 된다는 것은 아이들의 요구를 엄마 자신의 요구보다 우선시한다는 것을 의미했다. 《네덜란드 소확행 육아(The Happiest Kids in the World)》의 공동 저자 리나 메이 아코스타 Rina Mae Acosta는 자신이 어릴 때 어떻게 길러졌는지 되돌아보면서 당시의 상황을 다음과 같이 묘사한다.

어머니들은 부엌, 일, 자녀, 남편에게 고용계약이 되어 있는 하녀였다. 그들은 누구의 도움도 없이 혼자 모든 것을 해냈다. 이들에게는 슈퍼맘이 된다는 자부심이 있었다. 자신을 돌보거나 자신을 위한 시간을 갖는 것은 생각할 수 없었으며 자녀와 남편을 위해 더 많이 희생할수록 더 훌륭한 엄마라고 칭찬받았다.

성역할은 분명 생물학에 기원을 두고 있을 것이다. 그러나 출산이라는 초기의 생물학적 요구가 모두 끝난 후에도 성 역할 개념이 사회적 영역으로 깊이 스며들면서 더 많은 여성이 주 양육자로 확고하게 굳어졌다. '일하는 엄마'가 표준이 된 시대지만, 여성들은 여전히 시간제 노동력의 다수를 구성하고 있다. 바꿔 말하면 일하는 엄마라는 범주에 다양한 엄마가 포함된다는 말이다. 시간제 근로자, 성공한 직장 여성, 가계 형편상 일할 수밖에 없는 사람들 모두를 포함한다.

일을 전혀 하지 않는 여성들과 육아를 위해 일을 그만둔 엄마들에게는 전업주부라는 다소 무거운 꼬리표가 붙는다. 그러나 이런 꼬리표가 항상 엄마 자신의 선택으로 생기는 것은 아니다. 직장 만족도, 보육 비용 그리고 유연 근무제에 대한 환상이 엄마들을 직장 밖으로 내모는 요인이 될 수 있다. 모성 페널티를 조장하는 무수히 많은 미묘하거나 노골적인 편견은 여성에게 직장에서의 영향력을 상실했다는 박탈감을 줄 수 있다. 만일 좋아하지 않는 일을 하고 있다면 이런 박탈감은 더 심해질 것이다.

여성들이 집에 매여 있게 되면 모성이 '훌륭한 가정을 위한 힘의 원천'이라는 생각이 굳어진다. 그도 그럴 것이 가정에서 일어나는 대부분의 일을 처리하는 사람이 엄마이므로 가정은 여성들이 통제력을 가지고 있는 핵심 영역이 된다. 수년 동안 엄마들은 집안 살림을 꾸리고 훌륭한 주부가 되는 것에 자부심을 느껴야 한다는 관념에 사로잡혀왔다. 이것이 적대적이고 노골적인 성차별주의만 있는 게 아니라, 그보다 교묘하면서 긍정적인 환상을 일으키는 '온정적 성차별주의(benevolent sexism)'가 존재하는 이유이다.

온정적 성차별주의는 여성에게 어떤 약점이 있거나 더 좋은 양육자가 될 수 있는 특성이 있다는 생각을 포함한다. 동시에 직장에서의 영향력과 권한이 있는 자리에서도 여성들이 하위에 있다고 규정한다. 온정적 성차별주의는 여성과 남성이 할 수 있는 일을 성 유형화된 특성으로 나눔으로써 양성평등을 저해한다. 앞에서 말한 자기주장이 뚜렷한 남성과 위세 부리는 여성을 기억하는가? 그것이 좋은 예다.

어떤 유형의 엄마이든 간에 우리는 자신의 결정이 훨씬 더 가시적으로 드러나고, 종종 SNS상에서 확대되고, 그 결과 다른 엄마들의 평가 대상이 되는 시대를 살고 있다. 자녀를 위해 내리는 결정에 대해 다른 이들의 심판과 공격이 흔히 일어난다. 모유 수유를 할지 분유 수유를 할지, 어떻게 훈육하는 것이 좋은지, 스크린 타임을 얼마나 허용해야 하는지 등의 문제로 아이가 어릴 때부터 엄마들의 전쟁이 시작된다.

475명의 엄마를 대상으로 한 조사에서 3분의 2가 주변 사람들이 육아 방식에 대해 개입하거나 평가한 적이 있다고 응답했다. 엄마들은 다른 사람의 의견이나 조언으로 도움을 받기보다 오히려 심한 스트레스를 받는다고 말했다. 가장 많이 공격하는 주제는 자녀의 훈육과 식단 문제였다. 응답자의 4분의 1이 여러 집단으로부터 중복해서 비난을 받았다고 응답했으며, 대체로 가까운 친구나 가족들이 공격을 더 많이 하는 것으로 나타났다.

불평등한 육아 분담에 대한 인식이 점점 높아지고는 있지만 동시에 엄마들이 느끼는 좌절감도 커지고 있다. 과거보다 아빠의 육아 참여가 늘어났는데도 여전히 엄마가 육아의 가장 큰 몫을 담당하고 있다. 아빠보다 소득이 더 높고 전일제로 근무하는 엄마 중에서도 과반수가(영국에서는 70퍼센트, 미국에서는 75퍼센트) 육아를 더 많이 담당하고 있다. 1960년대에 비하면 오늘날 남성들의 육아 참여 시간이 늘어난 것이 사실이다. 그런데 아이러니하게도 여성들이 육아에 들이는 시간도 함께 증가했다(물론 남성의 증가 폭이 훨씬 크긴 하다). 과거에는 지금처럼 남성에게 육아를 기대하지 않았고, 살림하면서 집에 머무르는 여성이 더 많았기 때문이기도 하다.

2016년 한 연구진은 서구권 11개 국가에서 육아에 들이는 시간을 수치로 나타내기 위해 시간 사용 자료를 분석했다. 응답자에게 매일 주어진 일에 시간을 얼마나 썼는지 기록하는 방식의 연구였다. 1965년 남성들이 육아에 쓴 시간은 평균적으로 하루 16분이었고, 2012년에는 59분으로 증가했다. 여성들은 여전히 육아에 더 많은 시간을 쓰고 있었다. 전일제로 근무하는 여성도 마찬가지였다. 여성들은 1965년에 하루 평균 54분을 육아에 썼고, 2012년에는 104분을 썼다. 다음 장에서 살펴보겠지만 전체적인 육아 참여 시간이 증가한 데 따른 결과이다.

육아 분담을 평등하게 할 수 없는 이유

성차별과 관련해 생각해봐야 할 문제가 하나 더 있다. 바로 직장에 모성 페널티가 있고, 또 그것과 관련된 2차 페널티도 있다는 점이다. 육아라는 추가로 해야 하는 무급 노동의 부담이 승진을 제한할 뿐 아니라 남녀 불평등을 악화시킬 수도 있다. '이상적인 노동자'에 대한 높은 기준과 모성에 대한 높은 기대감이 정면으로 충돌하는 것이다. 많은 여성이 이상적인 노동자인 동시에 이상적인 엄마가 되는 것, 이 두 가지 이상에 대한 기대감에 갇혀버린다.

여성들은 자녀를 위해 늘 최선을 추구하지만 그들 자신에 대해서는 최선에 못 미치는 것에도 만족해야 한다고 생각한다. 다시 말해 엄마들이 자기 시간을 희생하는 것을 당연하게 생각한다는 의미다. 이 대목에서 찾을 수 있는 가장 큰 모순은 자녀가 같은 상황에 있을 때 최고에 못 미치는 것에도 만족하기를 바라는 엄마는 없다는 것이다.

아이들은 부모로부터 배운다. 경력과 성취라는 측면에서 엄마들이 작은 것에도 만족하는 모습을 보인다면 우리의 딸들도 나중에 그렇게 해야 한다는 암묵적 메시지를 의도와 상관없이 전할 수 있다. 물론 우리는 본능적으로 자녀가 인생을 시작할 때 가장 좋은 출발을 할 수 있도록 모든 것을 주고 싶어 한다. 그러나 여기에도 균형이 필요하다. 엄마의 행복을 희생한다면 아이들 또한 행복한 환경에서 성장하지 못할 것이다.

이처럼 엄마가 겪는 정체성 충돌은 불가피함에도 불구하고, 우리 사회가 매우 평범하고 예측 가능한 일로 여긴다면 대부분의 여성들이 이제까지 하던 대로 살아갈 것이다. 엄마가 되면 온통 마음을 빼앗기거나 신경을 써야 할 일이 너무 많아서 정체성 상실에 대해서까지 고민하기가 힘들지도 모른다. 이것이 바로 지금 내가 이 책을 쓰고 있는 이유다. 다시 말해 왜 우리가 엄마들의 정체성 상실에 관해 깊이 생각해야 하는지 이해를 돕기 위함이다. 사회가 점점 발전하여 때로는 남녀평등이 우리 가까이 있는 것처럼 보일 수도 있지만, 이때 예기치 못한 불이익을 겪으며 더 큰 좌절감에 빠질 수 있다.

성역할에 관한 언론의 표현도 짚어봐야 할 문제다. 오늘날의 남성들, 특히 진보적인 남성의 경우 전보다 육아에 더 많이 참여하고 있지만, 남성들이 주 양육자라기보다 생계 부양자의 역할에 치중되어 있는 게 현실이다. 2017년 영국의 유명 정치가 제이콥 리스모그 Jacob Rees-Mogg는 여섯 번째 아이가 태어난 후로 한 번도 기저귀를 갈아준 적 없다고 말해서 논란이 일었다. 그는 그 이유를 자신이 '현대 남성'이 아니기 때문이라고 설명했다. 기저귀를 가는 일이 반드시 아내가 맡아야 할 일이라는 의미가 아니라 보모가 더 잘할 수 있는 일인데 왜 군이 자신이 해야 하느냐는 의미였다. 도널드 트럼프 미국 전 대통령이나 영국 코미디언 러셀 브랜드Russell Brand도 기저귀를 갈아본 적이 없다고 한다. 2019년 러셀은 "아내가 워낙 아이들을 잘 돌보기 때문에 육아에 관련된 일은 모두 아내가 한다."고 말하면서 이 사실을 시인했다.

이 남성들은 극단적인 사례일지도 모른다. 하지만 이는 양육 본질주의가 존재함을 분명히 시사하고 있다. 양육 본질주의는 여성들이 육아를 더 잘한다고 여겨지므로 육아의 많은 부분을 여성에게 맡기는 것이 가장 좋다고 보는 관점이다. 남성과 비교해서 여성들이 무임금으로 하는 노동의 양을 미루어볼 때 이런 인식이 여전히 남아 있음을 알 수 있다. 여성들이 육아를 더 많이 하므로 그만큼 더 빨리 더 능숙하게 잘하게 되는 것은 어쩌면 당연하다.

더 심각한 것은 무급 추가 노동에 엄마들의 정신적 부담은 포함되어 있지 않다는 것이다. 자녀 양육에 필요한 시간과 집안일에 쓰는 시간은 비교적 분명하게 드러나지 않으며 쉽게 수치로 나타낼 수도 없다. 이것을 가리켜 '인지 노동'이라 한다. 인지 노동은 실재하는 것이다. 그리고 가정에서 필요한 인지 노동의 대부분을 여성들이 담당한다. 인지 노동은 끊임없는 멀티태스킹의 결과가 아니다(여성들이 멀티태스킹에 능하다는 것은 근거 없는 말이다. 누구나 멀티태스킹을 잘하지 못한다). 우리는 그저 '2차 출근'을 더 많이 하고 있을 뿐이다. 어떤 사람에게는 우리가 여러 일을 한꺼번에 하는 것처럼 보일 수 있지만 사실은 끊임없이 여러 일을 재빨리 바꿔가며 하는 것이다.

생각해보면 인지 노동으로 인한 정신적 부담이 무엇인지 쉽게 이해할 수 있다. 가정생활이 제대로 기능하는 데 필요한 눈에 보이지 않는 일이다. 예를 들어, 가족 모임 약속을 기억하거나, 아이들의 신발이나 옷이너무 작아지기 전에 언제 사야 할지 정하거나, 저녁 식사 메뉴의 식재료를 생각하는 것이다. 휴가를 갈 때 옷을 충분히 챙기고, 간식을 챙기고, 방과 후 활동 계획표를 짜고, 어린이집과 학교를 조사하는 것도 포함된다. 이제 정신적 부담이 무엇인지 감을 잡았을 것이다. 이런 일들을 생각하고 계획하는 것은 대부분 엄마의 일이다. 대체로 이런 일을 남편과 분담하지 않는다.

가사나 물리적인 육아 노동 시간은 계산에 넣을 수 있지만, 일상생활이 제대로 기능하도록 계획을 세우는 일은 가시적이지 않다. 만일 육아휴직을 받았다면 아기와 더 많은 시간을 보낼 것이고, 따라서 육아와관련해서 필요한 행정적 문제를 일찍부터 처리할 것이다. 그러다 보니나중에 직장에 복귀했을 때도 그런 일은 엄마의 일로 남아 있게 된다. 아기를 낳고 처음에 시작된 패턴이 계속 유지되는 셈이다.

나는 회사로 복귀할 때 딸아이가 좋아하는 옷과 음식에 관해 남편에게 자세히 설명하려고 하지 않았다. 그것은 6개월이 넘는 기간 동안주중에 하루 10시간 이상 혼자 딸아이와 함께 보내면서 습득한 정보였다. 휴가 갈 때 짐을 챙기거나 식사를 준비하는 일 또한 남편에게 위임하는 것보다 내가 하는 것이 더 편했다. 내가 정신적 노동을 더 많이 하고있다는 것을 처음에는 인지하지 못했다. 나 역시 아무 생각 없이 그렇게한 것이었다. 정신적 부담에 관한 연구를 보면 나와 같은 경우가 흔하다는 사실을 알 수 있다.

2019년 연구에서 하버드 대학교의 앨리슨 다밍거Allison Daminger는

35쌍의 부부 70명을 대상으로 면담 조사를 시행했다. 다밍거는 조사 참가자들에게 수첩에 해야 할 일을 적으라고 한 다음, 일을 처리할 때의 사고 과정에 관해 질문했다. 여성이 가정생활에서 느끼는 정신적 부담이 크다는 기존에 알려진 사실에 미루어 인지 노동에 실제로 성 구분이 있는지 증거를 찾기 위해서였다. 그 결과 가정에서 처리해야 하는 일에는 다음의 네 가지 주요 단계가 있음을 발견했다.

- 요구 예상하기
- 예상한 요구를 충족시키는 옵션 확인하기
- 옵션 중에서 선택하고 결정하기
- 결과 모니터링하기

이 과정은 대체로 눈에 보이지 않게 진행되며, 가구 구성원들이 특정한 일에 어떻게 시간을 쓰는지 평가하기 위해 경제학자들이 사용하는 시간 유형 조사에서도 드러나지 않을 것이다. 놀이 약속을 잡거나 방과 후 활동을 알아보는 데 쓰는 시간은 요리나 놀이터에 데려가는 일 등의 육체적 노동을 할 때처럼 쉽게 수량화할 수 없다. 다밍거는 이 네 단계가 미묘하게 성별화되어 있음을 알아냈다. 여성들이 네 가지 과정 모두에서 인지 노동을 더 많이 하고 있고, 특히 요구 예상하기와 결과 모니터링하기 단계에서 이 현상이 두드러졌다.

　그러나 셋째 단계에서, 예를 들어 학교 위치를 정하는 문제처럼 선택이나 결정을 해야 할 때는 부부가 거의 비슷한 시간을 투자하고 있고, 옵션을 조사하거나 방문 일정을 잡는 등 발품을 팔아야 하는 일은 여성들이 하고 있었다. 성별화가 가장 많이 일어난 과정은 가장 눈에 보이지 않는 일이었다. 워낙 눈에 보이지 않다 보니 인터뷰한 부부들도 조사에서 지적하기 전까지는 성별에 따라 인지 노동이 구분되어 있음을 인지하지 못했다.

흥미롭게도 다밍거가 조사 참가자들에게 성별에 따라 인지 노동이 구분되는 이유를 물었을 때 교육 수준이 높은 참가자들은 처음에는 성별의 차이에서 기인한다고 보지 않았고, 사회경제적으로 낮은 계층의 참가자는 특정한 일을 '여성의 일'이라고 대놓고 말하는 사람이 더 많았다. 이런 인식 차이가 발생하는 이유는 고등교육을 받은 부모들이 인지 노동의 분담에 관해서 이상주의적이고 페미니즘적인 생각을 더 강하게 가지고 있었기 때문이다. 불평등을 인정한다는 것은 그들의 가치관에 어긋나는 일이었다. 그래서 그들은 성별화된 노동으로 보면 더 쉽게 설명될 수 있다는 사실을 감추면서 업무량의 차이 같은 다른 이유를 들어 설명하려고 했다.

조사에 응한 부부 중 구체적인 분업을 통해 인지 노동을 하는 부부는 거의 없었고, 대부분 '그냥' 하고 있었다. 요리 및 육아 대 가정용품 수리 및 제작과 같이 집안일이 전형적인 여성과 남성의 일로 분리된 것은 신중하게 고민해서 선택하지 않았기 때문이었다. 이것은 우리가 일을 어떻게 분담할지 확실히 결정하지 못할 때 보통 성역할 규범이 대신 결정해주고 있음을 보여준다.

영국 서해안을 왕복하는 기차의 남녀 구분 없는 화장실에 '기저귀를 가는 여성'을 상징하는 도안이 그려져 있다는 사실은 또 어떤가? 누가 되었든 그 도안을 설계하고 승인하고 주문한 사람의 생각이 드러난 사례다. 학교에서 아이가 아플 때 왜 꼭 엄마에게 전화하는지도 생각해보자. 심지어 아빠가 우선 연락처로 기재되어 있는데도 엄마에게 전화한다는 이야기도 있다. 이것은 최근에야 나타난 몇 안 되는 사례이지만, 우연히 발생한 것이 아니라 태어날 때부터 시작된 강력한 문화적 영향이 만들어낸 결과일 것이다.

엄마들이 하는 많은 일이 눈에 보이지 않는 노동이라는 점을 고려할 때 가사 분담은 생각만큼 쉽지 않다. 만일 여성들의 무급 육아 노동을 인정하고 소중하게 여긴다면 가사 분담이 조금 더 쉬워질 것이고, 남녀 임금 격차를 줄이는 데도 도움이 될 것이다. 가시적인 육체노동뿐만 아니라 인지 노동에 대해서도 실제로 성별의 격차가 있음을 인정함으로써 부부들은 더 협력적인 관계로 나아갈 수 있을 것이다. 다밍거의 연구에 참여한 많은 부부가 인지 노동을 성별화의 결과라고 보지 않았다는 점을 감안하면 이는 결코 쉬운 일이 아니다. 평등에 대한 착각, "그런 일은 그냥 아내가 더 잘한다."는 말처럼 인지 노동을 성격이나 다른 요인의 결과라고 보는 시각, 한 가족 구성원(대개 남성)의 근무 시간이 더 길다는 점, 이런 것들이 성별화된 패턴을 숨기고 있다.

'엄마의 걱정'에 관해서도 생각해보자. 엄마들은 매일 자녀와 관련된 엄청난 근심과 걱정을 안고 산다. 이는 아이가 요즘 어떻게 생활하고 있는지에 관한 정서적 염려와 관련이 있다. 새로 부모가 된 엄마 아빠들을 면담했을 때 수전 월저는 엄마들이 아빠들보다 더 많이 걱정한다는 점을 발견했다. 이유는 엄마들에 대한 기대감 때문이기도 하지만, 더 놀라운 것은 '좋은 엄마'가 되어야 한다는 부담감과 관련되어 있었다. 한 응답자는 자신이 직장에서 오랜 시간 근무하기 때문에 '모든 것을 보살피고 항상 아이에게 집중하고 옆에 있어 주는 좋은 엄마 이미지'에 부합할 수 없어서 걱정이라고 말했다.

엄마들이 걱정하는 또 다른 이유는 자녀를 자신의 연장이라고 느끼기 때문이다. 동시에 아이의 행동 방식이 엄마로서 우리가 어떻게 양육하는지를 반영한다고 생각하기 때문이다. 그래서 아이가 생떼를 쓸 때, 부모의 잘못인 경우는 드물지만 우리가 잘못한 것처럼 당혹스러워 한다. 게다가 그 순간 아이를 제어할 수 없다는 느낌에 불안할 수도 있다.

엄마의 걱정은 어떻게 보면 아이가 특정 방식으로 행동하리라는 끊임없는 기대감에서도 생긴다. 엄마의 걱정이 문제가 되는 것은 대부분 눈에 보이지 않는 걱정인 데다 엄마로서의 정체성과도 연관되어 있기 때문이다. 게다가 '아이에 대한 걱정'마저도 엄마에게 기대되는 행동이기 때문에 엄마들만 감당해야 하는 추가적인 부담으로 작용하지만 우리는 그 사실을 인지하지 못한다. 심지어 다른 면에서는 꽤 평등해 보이는 가정에서도 상황은 비슷하다. 이 모든 것이 여성은 '자신을 희생하고 가족을 위해 봉사하는 양육자'라는 생각을 확장시킨다.

1960년대부터 성별에 관해 연구한 임상 심리학자 다이앤 에렌사프트Diane Ehrensaft가 언급했듯이 남성들은 부성을 '자신이 해야 할 일'이라고 생각하는 반면, 여성들은 모성을 '자신의 성질'이라고 생각하기 때문에 어느 정도 성별화된 역할이 형성되었을 것이다. 첫아이가 태어난 후 처음 1년 동안 나의 삶은 모든 면에서 완전히 달라졌는데 남편의 삶은 적어도 직장에서만큼은 크게 달라진 게 없었다. 이 점이 불공평하게 느껴졌다.

모성은 처음부터 우리의 정체성에 자리 잡고 있으며, 우리 몸으로 직접 겪은 생생한 경험이다. 그러므로 '자녀에 대한 걱정'은 모성의 뚜렷한 결과라고 볼 수 있다. 많은 여성이 본능적으로 이 점을 어느 정도 알고 있다. 최근에 한 친구가 나를 찾아와서 엄마가 되는 것을 두려워하게 된 이유를 털어놓았다. 엄마가 된다는 것에 매우 강경한 고정관념이 존재하기에 '사람들이 항상 엄마들을 심판한다'는 것이다. 월저 교수의 연구에 참여한 한 응답자도 비슷한 말을 했다. "사람들은 우리를 보면서 '좋은 엄마네요'라고 말하지 않을 것입니다. 그러나 '나쁜 엄마'로 보일 만한 실수를 하면 기다렸다는 듯이 우리를 평가하고 심판할 겁니다."

엄마의 부담을 가중시키는 '문지기 행동'

우리의 행동이 '엄마가 된 나 자신'에 대한 기대감에 의해 형성된 것이라면 의도치 않은 또 다른 문제를 낳을 수도 있다. '어머니의 문지기 행동 (maternal gatekeeping)'이라 알려진 현상을 살펴보자. 이 현상은 엄마들이 의식하든 못하든 아빠의 육아 참여를 제한하는 행동을 말한다. 문지기 행동은 아빠가 한 일에 대해 불평하거나 아빠가 한 일을 처음부터 다시 하는 것으로 나타날 수 있다. 예를 들어, 내가 남편보다 일찍 출근하고 일찍 퇴근하는 날에는 남편이 아이들을 어린이집에 데려가고 내가 퇴근하면서 아이들을 데려온다. 가끔은 일을 바꿔서 해야 할 때가 있다. 그럴 때마다 남편이 제대로 기억하고 있는지 확인해야 할 것 같은 기분이 든다. 사실 그럴 필요가 없는데도 말이다(남편이 깜박하는 일은 좀처럼 드물다).

그런데도 남편에게 인지시키는 것이 나의 '당연한 역할'처럼 느껴진다. 남편이 딸아이한테 입힌 옷을 내가 다른 옷으로 갈아입히는 비교적 사소한 행동도 있고(이제는 그렇게 하지 않는다), 내가 주말에 멀리 외출할 경우 남편이 알아서 하게 놔두지 않고 상세한 설명을 적은 쪽지를 남길 때도 있었다.

문지기 행동이 추상적인 용어처럼 들릴지 모르지만, 실제로 매우 흔한 현상이다. 분명 부모, 친구 또는 직장 동료들이 어떤 일에 관해 불평하면서 "차라리 혼자 하는 게 낫다."라고 말하는 것을 들어봤을 것이다. 만일 육아와 관련된 일을 할 때 아내가 지속적인 문지기 행동으로 남편을 방해한다면 남편들은 혼란스러움을 느끼고 육아에 참여할 의욕이 꺾일 것이다.

2015년 맞벌이 부부 182명을 대상으로 엄마의 문지기 행동을 조사한 연구에서 아빠가 해야 하는 일에 대해 지나친 이상주의나 완벽주의 기준을 가지고 있는 엄마들은 '육아에 대해서도 문을 닫아버릴' 확률이 높다는 결과가 나왔다. 심리적 문제나 대인관계에 문제가 있는 엄마들에게서 문지기 행동이 더 많이 나타났는데, 문제가 있던 관계가 완전히 끝나고 나서 이런 행동이 특히 더 심하게 나타났다. 반면 엄마와 아빠가 모두 일과 생활의 균형을 맞추려고 노력할 때 평등에 관해 진보적인 시각을 보이는 경향이 있었다. 성역할에 관해 전통적인 시각을 지닌 전업주부들은 이미 육아를 더 많이 담당하고 있으므로 당연히 문지기 행동을 할 확률이 더 높다고 연구자들은 언급했다.

흥미롭게도 연구자들은 성역할 태도가 반드시 문지기 행동의 원인은 아니며 오히려 문지기 행동의 결과일 수 있다는 의견을 내놓았다. 그 이유는 심리학에서 말하는 '인지부조화' 때문일 수 있다. 매일 하는 행동(더 많은 육아 노동)과 신념(평등한 육아 분담에 대한 바람)이 일치하지 않는다면 자신이 경험하고 있는 행동과 일치시키기 위해 신념을 바꿀 수도 있다는 의미다.

엄마와 아빠 모두 인지부조화의 영향을 받을 수 있다. 자신의 역할에 관해 평등주의적 관점을 지닌 엄마가 있다고 하자. 자신의 사고방식과 일치하지 않는 성별화된 세상을 경험한다면 그녀는 모순된 감정을 없애기 위해 보다 전통적인 관점으로 생각을 바꾸게 될 것이다. 그래야 더는 정체성과 이상이 충돌하지 않을 것이기 때문이다. 만일 평소 문지기 행동을 보이는 엄마라면 더더욱 이런 상황이 발생할 가능성이 크다.

문지기 행동에는 당연히 부정적인 측면이 있다. 우선 육아에 참여하려는 아빠의 의지에 영향을 미칠 수 있다. 그러면 엄마에게 육아 부담이 가중되고, 그로 인해 엄마의 문지기 행동이 더욱 심해질 것이다. 결과적으로 성역할에 관한 고정관념은 더 강해질 것이다. 아빠들에게도 같은 현상이 벌어질 수 있다. 아빠가 기대했던 것보다 육아에 덜 참여하게 되면 불편한 마음을 피하고자 기대를 바꿀 수 있다. 인간은 누구나 가능한 한 불편함을 피하려는 경향이 있고, 그 결과 태도도 변할 수 있다. 그러므로 처음에는 성역할에 관한 평등한 시각을 가지고 출발했을지 몰라도 이유를 불문하고 원하는 만큼 육아에 참여하지 못하면 아빠의 시각도 더 전통적인 방향으로 바뀔 수 있다.

성역할에 대한 전통적인 기대감이 매우 깊게 몸에 배어 있다면 엄마들이 육아를 더 많이 하게 되는 결과를 낳을 수 있다. 일반적으로 남성들이 일하는 시간이 긴 반면 여성의 임금이 상대적으로 낮고 임금노동

시간이 짧다는 사실이 악순환이 계속되도록 만든다. 맞벌이 가정의 여성 600여 명을 조사한 결과, 문지기로 분류된 21퍼센트의 여성들은 문지기 행동을 보이지 않는 여성들에 비해 가사노동과 육아에 들이는 시간이 일주일에 5시간 정도 더 많은 것으로 나타났다.

문지기 행동은 부부 사이에 문제가 있을 때 나타날 가능성이 높다. 아빠가 일상적인 육아 참여에서 교묘하게 배제된다면 훨씬 더 많은 갈등과 고립감을 초래할 수도 있다. 성역할 태도를 정확히 규정하기 어렵다는 점을 고려할 때 이런 현상의 인과관계를 밝히기는 어렵다. 문지기 행동의 결과는 완벽주의를 추구하는 엄마로서 그리고 여성으로서 자아감에 문제가 될 뿐만 아니라 그 기준을 아빠의 역할에까지 확대 적용한다면 결국에는 엄마의 부담을 가중시킬 뿐이다.

다행히 문이 쉽게 닫힐 수 있는 만큼 쉽게 열릴 수도 있다. 육아와 관련된 결정이나 활동에 관해 배우자의 의견을 묻고 더 많이 협력하고자 한다면 도움이 될 것이다. 더 좋은 방법은 각자 책임지고 할 수 있는 일을 서로 확인하는 것이다. 시작부터 끝까지, 즉 기획부터 실행까지 모든 것을 함께 확인한다면 엄마에게 치우친 인지적 부담도 덜 수 있다.

엄마가 통제권을 포기했을 때 생기는 긍정적인 혜택이 있다. 만일 엄마가 아이와 더 많이 집에서 시간을 보내고 있다면 아이들에 관한 모든 것을 속속들이 알 것이다(그렇다고 항상 모든 일정에 관여해야 한다는 의미는 아니다). 마찬가지로 엄마의 개입 없이 아빠가 집에서 더 많은 일을 할수록 문지기 행동을 줄일 수 있고, 아빠와 자녀와의 관계를 개선하는 데도 도움이 될 것이다.

이제 나는 문지기 행동에 관해 더 자세히 이해하고 있으므로 외출할 때 아이들에게 무엇을 먹여야 할지 남편에게 쪽지를 남기지 않는다. 우리는 경험과 실패를 통해 배우면서 부모로서 자신감을 찾아갈 수 있다. 실패를 허용하는 유연함, 즉 완벽함에 못 미치는 양육을 허용하는 유연함이 있어야 오래 버틸 수 있다.

나는 아빠들의 기여를 축소하거나 비난하기 위해 이 책을 쓰는 것이 아니다. 많은 아빠가 자녀와 더 많은 시간을 보내고 싶어 하지만 현실적인 여건 때문에 그러지 못한다는 것을 잘 알고 있다. 나는 이 책을 통해 성역할에 관한 인식이 우리가 하는 일과 그에 대한 평가에 영향을 미친다는 점을 강조하고 싶었다. 명시적인 일은 50 대 50으로 분업할 수 있더라도 정신적 부담의 불균형 문제는 해결하지 못한다. 이를 개선하기 위해 우리는 육아 부담의 결과로 생길 수 있는 스트레스와 걱정을 표현하는 방식뿐만 아니라 엄마들을 바라보는 인식을 먼저 바꿀 필요가 있다.

남성과 여성으로 이루어진 부모 모델이 여전히 대다수 가정의 모습이지만, 가족 규범이 바뀌고 있고 그에 따른 사회적 인식도 변화하고 있다. 모자가정의 남자아이들은 엄마의 역할에 대해 부모가 모두 있는 가정의 남자아이들과는 다르게 인식한다. 모자가정의 남자아이에게는 집안일을 더 많이 도울 것이란 기대가 있고 실제로도 집안일을 기꺼이 돕는다. 이 아이들은 나중에 성장해서도 평등한 태도를 보이는 경향이 있다. 성소수자 부모나 한부모 가정에서 경험하는 모성과 부성도 전통적인 가족 모델과는 다르다. 이처럼 새로운 가족 모델이 늘어나고 있지만, 부모 자식 관계와 관련해서 사용되는 언어는 여전히 전통적인 사회규범에 제한되는 경우가 많다. 따라서 좀 더 확장된 사회적 시각이 필요할 것이다.

성별화에 대한 연구가 주로 남성과 여성으로 이루어진 부부에 초점을 두고 있지만, 가족이 형성되는 다양한 방식도 그에 못지않게 중요하다. 내 친구의 경우, 그녀는 동성애 파트너의 생물학적 아이를 낳았다. 그 일로 주변 사람들로부터 매우 사적인 질문을 받기 시작했다. 사람들은 왜 생물학적으로 그녀의 아기를 임신하지 않았는지, 어떻게 임신할 사람을 선택했는지 궁금해 했다. 그녀는 모성에 관한 전통적인 규범에서 벗어난 선택을 했고 지극히 사적인 일이었지만 사람들의 조사 대상이 되었다.

이런 인식은 바뀌기 어렵다. 특히 엄마가 된다는 것은 어느 여성에게나 기대되는 것이기 때문이다. 아이가 없는 친구들이 자녀가 없는 것에 관해 남들이 하는 말을 들었을 때 어떤 기분이 드는지 이야기해준 적이 있다. 자녀를 가지지 않는 것은 매우 개인적인 선택임에도 불구하고 사람들에게 어떤 변명이라도 해야 할 것처럼 느낀다고 했다. 또한 엄마가 아닌 여성들은 특정 나이가 지나면 자신이 남과 다르거나 이상하다고 느끼게 된다고 말했다. 연구에 따르면 엄마가 아닌 여성들은 본인이 스스로를 어떻게 생각하든 상관없이 불쌍하게 여겨지고 절망적이라는 평가를 받는 것으로 나타났다.

미국과 영국에서는 자녀가 없는 40대 여성의 수가 1970년대와 비교해서 두 배로 늘었다. 1946년 가임연령 상한선으로 여겨지는 45세에 자녀가 없는 영국 여성은 고작 9퍼센트였다. 한 세대가 지나 1973년에 태어난 여성 중 2018년을 기준으로 자녀가 없는 사람은 19퍼센트였다 (독일에서는 22퍼센트였다). 자녀가 있는 여성들도 평균적으로 엄마가 되는 나이가 31세이고, 이것은 한 세대 전에 24세였던 것과 비교된다. 아기를 낳지 않는 현상이 심화되고 있지만, 이를 단순히 생활방식의 선택으로만 생각한다면 흐름을 잘 따라가지 못하는 것이다.

자녀를 원하지 않는다고 단호하게 선언한 친구가 있는데, 그 친구는 자기가 그런 말을 하면 거의 모든 사람이 나중에 생각이 바뀔 것이라고 말한다고 했다. 요약하자면, 여성들은 엄마가 되면 불이익을 당하고 엄마가 되지 않으면 낙인이 찍히는 셈이다. 우리가 앞에서 살펴본 모성 페널티는 사실 엄마들뿐만 아니라 모든 여성에게 적용되는 페널티인 것이다.

아빠가 가정을 돌보고 엄마가 밖에서 일하는 가정에 관해서도 생각해보자. 이 같은 역할의 전환은 현실에서는 여전히 드문 편이다. 미국에서는 대략 5퍼센트 정도인데, 물론 이것은 한 세대 전과 비교하면 훨씬 높은 비율이긴 하다. 위스콘신 밀워키 대학교의 노엘 체슬리Noelle Chesley 교수가 아빠가 전업주부로 있고 엄마가 밖에서 일하는 부부들을 대상으로 가족 역동성(가족 구성원 간에 발생하는 상호작용-옮긴이)을 분석했다. 예상했던 대로 생계 부양자인 엄마들은 출근하는 날에는 가사와 육아 노동을 줄였다.

이것은 반가운 소식이지만 전반적으로 여전히 여성들이 더 많은 가사와 육아 부담을 떠안고 있었다. 출근하는 날은 남성들처럼 집안일을 덜했지만, 남성 생계 부양자들에 비하면 여전히 많은 일을 하고 있었다. 게다가 주말에는 성역할이 재개되었다. 생계 부양자 여성들이 남성들보다 가사노동을 많이 했고, 육아 분담 측면에서 주말 동안 하는 노동량은 전업주부 엄마들과 크게 다르지 않은 듯했다. 하지만 흥미로운 패턴이 하나 나타났다. 주말에 전업주부 아빠들이 하는 집안일은 직장에 다니는 아빠들과는 완전히 달랐다. 전업주부 아빠들은 아이를 돌보는 일과 대부분 여성에게 특정했던 다른 유형의 일에 더 많이 참여했다. 아마도 평일에 아이들의 일과와 요구에 더 잘 맞추게 되었기 때문일 것이다.

한 조사 참여자는 그런 변화에 관해 이렇게 말했다. "이것은 남녀나 부부가 아닌 팀 환경에 더 가깝습니다. 원래 그랬어야 했는데, 이제야 그렇게 되었습니다." 다른 참여자는 남편의 태도에 관해 다음과 같이 말했다. "남편이 우리 꼬맹이가 무엇을 하고 있는지 알고 싶어서 미치겠다고 말하더군요. 그게 바로 내가 6개월 동안 집에서 육아를 전담하다가 아이를 어린이집에 맡겨야 했을 때 느꼈던 감정입니다."

남성이 일하지 않는 것은 대개 선택에 의해서가 아니라 실직이나 이직 때문이라는 사실에도 불구하고 이런 긍정적인 변화가 발생했다. 그저 일상적인 가족 활동에 더 많은 시간을 할애함으로써 아빠들은 가정생활 참여를 소중하게 생각했고, 일하는 아내에 대해 새롭게 공감하게 되었다. 아빠들이 직접 가사에 많이 참여함으로써 여성의 역할에 관해 이전에 가졌던 생각이 바뀌었다. 게다가 장기적인 변화도 불러일으켰다. 전업주부로 있다가 다시 직장으로 복귀한 남성 중 일부는 일과 가정의 균형이 엄마들에게 정말 어려운 도전이라는 점을 잘 이해하게 되었다고 대답했다. 특히 고위 관리직에 있는 남성들은 자녀를 둔 직원들에게 지지와 응원을 보내주는 경우가 더 많아졌다고 말했다. 또한 아빠들끼리 육아에 관한 대화도 더 많이 나누는 것으로 나타났다.

성역할이 바뀔 수 있다는 것은 다행스러운 일이지만, 여전히 맞벌이 가정 모델이 표준으로 남아 있다. 그러므로 사고방식의 변화는 쉽게 일어나지 않을 것이다. 일하는 엄마들은 자신이 주 소득원일 때도 여전히 죄책감을 느낀다. 여성 생계 부양자의 52퍼센트가 전일제로 일할 때 완벽한 부모의 기준에 부응할 수 없다고 느끼면서 죄책감을 보였다. 체슬리 교수는 여성들이 대거 노동시장에 진출하던 시기에 맞춰 집중 돌봄 문화(이것에 관해서는 다음 장에서 더 알아볼 것이다)가 확대된 것은 우연이 아니라고 주장한다. 정형화된 '좋은 엄마'의 기준은 엄마들이 커리어를 개척하면서 그 기준을 따라갈 수 없다고 느낄 때 더욱 높아진다.

부부 사이에 조금씩 변화가 일어나고 있지만, 사회 전체적으로는 변화가 더딘 편이다. 사회학자들은 이 현상을 '구조적 지체(structural lag)'라고 부른다. 이는 개인이 사회제도나 문화보다 더 빨리 변하는 경향이 있음을 의미한다. 종종 남성들도 집안일에 더 참여하고 싶다고 말하지만 사회적으로 그렇게 하기 어려운 구조이고, 그래서 성역할 기대감이 더욱 강화된다. 변화가 없다는 말이 아니다. 안타깝게도 변화가 사회제도까지 제대로 침투하려면 꽤 오랜 시간이 걸린다. 특히 가족에 관한 뿌리 깊이 박힌 정서적 시각이 바뀌려면 더 오랜 시간이 필요할 것이다.

최근에 나는 우연히 전업주부 아빠와 이야기를 나눌 기회가 있었다. 그는 아이들을 돌보려고 직장을 그만뒀다고 설명했을 때, 다른 남성들이 보인 반응에 관해 이야기했다. 대부분의 남자들이 자신의 말을 농담으로 받아들이고 웃었다고 했다. 그들로서는 상상도 할 수 없는 일이었을 것이다.

제도적 변화에는 오랜 시간이 걸리겠지만 일과 생활의 균형에 관해 더욱 목소리를 높이든 서로에게 육아 책임을 묻든 작은 변화를 통해 서서히 변화가 이어질 것이다. 먼저 개인적인 실천을 통한 행동 변화가 일어난다면 여성들이 집안일을 덜하는 날이 점점 늘어날 것이다. 결국에는 여성들이 완벽해야 한다는 압박과 그것과 관련된 죄책감을 줄이는 데도 도움이 될 것이다.

8장

육아 번아웃

완벽한 엄마가 되려는 노력의 함정

두 아이의 엄마인 베네딕트는 매일 아기들에게 먹일 신선한 채소를 준비했다. 나들이라도 가는 날이면 평소보다 2시간 일찍 일어나 모든 걸 준비하곤 했다. 이유식 전문업체에서 만든 간편 이유식은 처음부터 그녀의 선택지에 없었다. 그녀는 아이와 관련한 모든 일에서 하나부터 열까지 완벽해야 한다는 강한 압박감을 느끼고 있었다. 동시에 자기 회의와 죄책감에도 시달리고 있었는데, 이것이 그녀를 계속 몰아붙였다. 아이의 행복은 엄마가 어떻게 하느냐에 달려 있다는 생각이 그녀의 머릿속을 떠나지 않았다.

베네딕트는 아이들이 자라서 엄마가 '충분한 돌봄'을 제공하지 않았다고 원망하지 않을까 걱정했고 최선을 다할 때도 늘 뭔가 부족하다고 느꼈다. 이럴 때 이상적인 엄마라면 어떻게 할까라는 생각이 그녀의 마음을 무겁게 짓눌렀다. 그녀는 아이들을 위해서라면 이렇게 지치고 힘든 것이 정상이라고, 자신의 어머니도 그녀를 위해 이렇게 했을 거라며 마음을 다잡곤 했다.

베네딕트의 완벽주의는 감정적 소진의 직접적 원인이 되었다. 처음에는 지나치다 싶을 정도로 열심히 했지만, 나중에는 아무것도 하고 싶지 않았고, 결국 심리상담가의 도움을 받아야 했다.

"스스로 완벽주의를 인정하고 싶지 않았던 것 같아요. 나중에는 제가 제대로 해내지 못할까 두려워서 아이들을 돌보는 것조차 싫었어요. 그러면서도 한편으로는 아이들과 놀아주지 못한다는 생각에 죄책감을 느꼈습니다. 엄마는 아이들이 텔레비전 앞에 앉아 있도록 그냥 두면 안 된다는 인식이 우리 사회에 널리 퍼져 있으니까요."

베네딕트의 사례에서도 알 수 있듯이 완벽한 육아에 대한 강박은 예기치 않은 결과를 불러올 수 있다. 육아에서 중요한 것은 조금 모자란 듯이 하고, 덜 걱정하고, 부족함 없이 사랑을 주는 것이다. 물론 쉬운 일은 아니다. 하지만 아이들뿐만 아니라 부모의 자아감을 위해서도 이것은 매우 중요한 일이다.

완벽한 육아에 대한 강박을 느끼는 엄마들

'충분히 좋은 엄마'라는 개념은 1950년대에 처음 주목받았다. 영향력 있는 정신분석학자인 도널드 위니캇Donald Winnicott이 만든 용어로 엄마가 아이의 요구를 항상 해결해줄 수 없으므로 적어도 몇 번은 실패할 수 있고 또 실패를 경험해야 한다는 개념이다. 위니캇은 실패하는 것이 회복력을 기르는 데 도움이 되고 세상이 완벽하지 않다는 것을 이해하게 하며, 그래서 장기적으로도 아이들에게 더 도움이 된다고 믿었다. 다만 여기서 말하는 실패는 소소한 실패임을 명심하자. 예를 들면, 아이가 다른 아이를 밀치거나 머리채를 잡아당기기 전에 방지하지 못한 것, 공원에 갈 때 깜박하고 물이나 간식을 챙겨가지 않은 것, 아이가 생떼 부리는 게 싫어서 요구를 들어주는 것 등이다.

우리는 삶에서 항상 완벽을 추구할 수 없을뿐 아니라 무의미하다는 사실을 본능적으로 잘 알고 있다. 그러나 아이가 생기면 아이에 대해서만은 완벽을 추구하고자 노력한다. 우리가 무엇을 해야 하는지를 두고 그야말로 강력한 내적, 외적 압박이 쏟아진다. 여기에는 신선한 유기농 재료로 영양가 높은 음식 만들기, 적절한 사회화, 가족이 함께 보내는 즐거운 시간, 조화로운 문화 활동 등이 포함될 것이다. 정서적으로 도움이 되는 음악 듣기, 흥미를 돋우는 책 읽기, 독립적이고 창의적인 놀이로 자극하기도 있다. 다시 말해 해야 할 게 너무 많다.

완벽한 육아에 대한 강박은 엄마의 정신건강뿐만 아니라 아이에게도 해롭다. 완벽을 추구하려는 노력은 피로와 죄책감의 원인이 될 수 있다. 정확하게 말하면 부모들은 때때로 자기 자신에게 거는 비현실적으로 높은 기대 때문에 피로와 죄책감을 느낀다. 만일 우리의 정체성이 완벽한 엄마가 되려는 이상과 관련 있다면 결국 현실에 부응할 수 없을 것이다. 여기에 많은 엄마가 일도 한다는 사실까지 덧붙인다면 이상적인 엄마의 기준까지 추구하기에는 시간이 충분하지 않다. 성취할 수 없는 것을 좇는 것은 금방 역효과를 낼 수 있고, '육아 번아웃'으로 연결된다. 육아 번아웃은 부모들 사이에서 매우 빈번하게 진단되는 만성적 스트레스 장애로, 일반적인 피로감보다 더 심각하고 부정적인 결과를 불러올 수 있다. 육아로 인한 피로는 쉬고 나면 줄어들지만, 번아웃은 휴식을 취해도 나아지지 않는다.

육아 번아웃의 증상으로는 신체적, 정신적으로 에너지가 고갈되는 느낌과 아이들과 거리감을 느끼는 것 등이 있다. 부모들은 육아에 대한 만족감을 상실하고, 최악의 경우 방임에 이를 수도 있다. 우울증보다 육아 번아웃에 시달릴 때 자살 충동을 더 많이 느낀다는 연구 결과도 있다. 그 이유는 육아 부담에서 벗어나는 일이 불가능하다는 좌절감 때문이다. 업무로 탈진한 사람들은 휴직하거나 퇴직하거나 이직이라도 할 수 있지만, 부모들은 날이면 날마다 아침 일찍부터 시작되는 육아 노동에 시달린다. 아무리 지치고 힘들어도 병가를 낼 수 없다.

2018년 육아 번아웃의 사례를 분석한 보고서에서 한 여성은 완벽한 육아를 위해 노력할 때 경험한 '실패'의 느낌을 다음과 같이 묘사했다. "모든 것이 완벽하기를 바랄 게 아니라 차라리 그냥 다 내려놓을 수 있었다면 그렇게 미칠 것 같지는 않았을 겁니다."

육아 번아웃은 부모들을 위험한 상황으로 몰아갈 수 있다. 가장 극단적인 경우는 가족을 떠나거나 자살하는 두 가지 선택지만 있다고 믿게 되는 것이다. 사실 자살은 새로 엄마가 된 여성들의 주요 사망 원인 중 하나이다. 육아 번아웃의 사례를 분석한 보고서에서 한 여성은 육아 번아웃을 경험한 순간을 다음과 같이 회상한다.

"그 당시 나는 자살하거나 딸아이들을 떠나야 한다고 느꼈습니다. 둘 중 하나밖에 답이 없다고 생각했어요. 그 생각에 너무 깊이 빠져 있어서 한발 물러나서 생각할 여유가 없었어요. 위기가 최고조에 이르렀을 때는 모든 것이 감당할 수 없는 어려운 일처럼 보이기 마련입니다."

벨기에 루뱅 가톨릭 대학교의 이자벨 로스캄Isabelle Roskam과 모이라 미코와이차크Moira Mikolajczak는 육아 번아웃에 관한 여러 대규모 연구를 주도하고 있다. 이 연구는 벨기에서 처음 시작되어 40개가 넘는 국가에서 15,000명이 참가하는 규모로 확대되었다. 연구진은 여러 국가에서 최대 10퍼센트의 부모들이 육아 번아웃을 겪는다는 것을 알아냈다. 미국에서는 최소 어림잡아도 5퍼센트, 즉 300만 명이 넘는 부모들이 번아웃을 겪고 있다.

2020년 한 연구진은 육아 번아웃이 다른 유형의 스트레스보다 훨씬 더 심각할 수 있음을 경고했다. 육아 번아웃에 관한 최초의 생물학적 연구에서 연구자들은 육아 번아웃 진단을 받은 환자 100여 명의 코르티솔 수치를 조사했다. 환자 머리카락 샘플에서 스트레스 호르몬인 코르티솔을 추출해서 측정했는데, 이는 스트레스가 오랜 시간 축적되었다는 것을 나타낸다.

번아웃 환자들에게서 발견된 코르티솔 수치는 다른 질환을 겪은 환자들의 두 배였고, 만성질환을 겪고 있는 사람들보다도 높았다. 육아 번아웃 환자들이 장기적으로 극도의 스트레스를 느끼고 있음을 나타내는 결과였다. 이 장의 시작 부분에서 언급했던 베네딕트의 사례를 떠올려 보자. 그녀 역시 결국은 심리상담가에게 도움을 구할 수밖에 없었다. 딸에게 옷을 입으라고 화내며 소리 지르고, 그것도 모자라 아이가 골라 입은 옷에 대해 끊임없이 지적하고 있는 자신을 발견한 이후였다.

육아 번아웃은 왜 일어날까

번아웃을 일으키는 요인은 다양한데, 그중 하나는 부모의 개인주의적 행복 추구 성향이다. 여러 세대가 함께 살았던 과거에 비해 최근 세대들은 어릴 때부터 개인주의적인 행복을 추구하는 성향이 강한 편이다. 현재 검토 단계에 있는 한 대규모 연구는 40개국 총 16,685명의 부모를 대상으로 육아 번아웃의 원인을 조사했다. 번아웃의 유병률은 국가마다 상당한 차이를 보였고, 미국과 영국에서는 개인주의적 가치 추구가 육아 번아웃의 강한 예측 변인으로 나타났다. 이것은 또 다른 번아웃의 위험 요인인 재정적 스트레스보다 훨씬 더 큰 수치였다.

　부모 개인의 행복이나 성공 추구가 자녀의 요구와 직접 상충할 때 문제는 더 커진다. 직장 생활과 육아가 이미 우리의 모든 시간을 차지하고 있다면 취미 생활을 추구하거나 관심사나 기분에 초점을 맞추기 어려울 것이다. 시간을 쪼개서 귀한 시간을 마련했더라도 아이가 아닌 자신을 우선시하는 것에 대해 죄책감을 느낄 수도 있다. 스스로를 돌보는 것과 육아라는 상충하는 목표를 가지고 있고 그중 어떤 것도 제대로 추구할 수 없을 때가 바로 정체성 충돌이 가장 극명하게 느껴지는 때다. 자신만의 시간이나 취미 활동을 우선시하면 엄마라는 정체성에 타격을 입을 것이고, 모든 걸 희생하고 모성을 우선시한다면 엄마가 되기 전에 가졌던 모든 정체성이 희미해지거나 완전히 사라질 위험이 있다.

　아이가 있으면 우리의 삶이 더 행복하고 완벽해진다는 사회의 암묵적 메시지도 번아웃을 유발하는 원인이다. 이런 메시지는 부모들에게 전혀 도움이 되지 않는다. 오히려 처음 부모가 된 이들이 느끼는 행복감은 일시적으로 떨어지기도 한다. 하지만 아이와 보내는 시간을 행복하게 여겨야 한다는 압박감을 느끼는 엄마들이 많다. 또한 아이가 나의 '자유시간'을 앗아가고 있다고 생각하는 것만으로도 죄책감을 느낀다. 그러다 보니 대부분 자녀의 요구를 우선시하고, 자신의 욕구를 희생하는 경우가 많다. 자신을 희생함으로써 죄책감을 다소 해결할 수 있을지는 모른다. 그러나 실현되지 않은 잠재적 불만의 씨앗은 더 크게 자랄 것이다. 결과적으로 번아웃의 위험이 더 커질 수 있다.

부모로서의 정체성이 직업적인 정체성이나 개인적인 정체성을 방해할 때 상황은 더욱 악화된다. 늦게까지 야근하는 것과 아이를 재우기 위해 일찍 퇴근하는 것 사이에서 매일 갈등하는 엄마를 떠올려보자. 만일 주기적으로 정체성의 갈등을 겪는다면 하나를 선택하는 순간 다른 하나를 희생한다는 의미이기 때문에 더욱 힘들어진다. 상충하는 다양한 요구들 사이에서 균형을 잡기 위해 끝없이 저글링을 해야 한다는 의미다. 게다가 육아를 외부의 도움 없이 혼자 감당해야 하는 개인적인 일로 인식한다면 균형 잡기는 훨씬 더 어려워진다.

이런 갈등을 생각해보면 완벽한 육아에 대한 기대감 때문에 서구 사회에서 육아 번아웃이 자주 발생한다는 것은 어쩌면 당연한 결과이다. 문화적 압박이 개인에게 영향을 미치는 방식은 시사하는 바가 크다. 놀랍게도 육아에 대해 매우 평등주의적 시각을 가지고 있는 엄마들이 번아웃에 더 취약하다는 연구 결과가 있다. 남녀평등과 남녀 임금 차이가 개선되고 있다고 알려진 국가에서 오히려 번아웃에 더 취약하다는 말이다.

'긍정 양육(positive parenting, 자녀를 독립된 인격체로 보고 존중과 소통을 기반으로 지속적으로 돌봄과 교육, 애정을 제공하고 일관되게 자녀의 요구를 수용하는 양육-옮긴이)'을 강조하는 국가의 부모들은 그런 부담이 덜한 사회에 사는 부모보다 번아웃을 겪을 확률이 10배가량 높다. 반면 자녀의 수가 반드시 스트레스를 높이지는 않는다. 여덟 명 이상의 자녀를 둔 아프리카 엄마들이 자녀를 한두 명 둔 벨기에나 미국 엄마보다 번아웃 증상을 보일 확률이 더 낮은 것으로 나타났다.

선진화된 국가의 엄마들은 양육을 누군가와 분담할 수 있을 것이라 믿지만 현실은 그렇지 못하기 때문에 이런 현상이 나타난다. 아프리카의 토고나 카메룬 같은 국가에서는 엄마들에게 육아의 90퍼센트 이상을 기대한다. 이곳의 엄마들은 10퍼센트도 안 되는 도움이지만 작은 도움이라도 받을 수 있는 것에 만족하는 것으로 나타났다. 하지만 서구 사회의 엄마들은 육아의 평등한 분담을 기대하지만 현실에서는 불가피하게 자신이 더 많은 부분을 담당해야 할 때 좌절감을 크게 느낀다.

한편 전업주부들은 일하는 엄마들보다 번아웃의 위험이 훨씬 큰 것으로 나타났다. 일과 가정 두 마리 토끼를 잡아야 하는 엄마들이 더 스트레스를 많이 받을 것이라 예상하는 우리의 직관과 정반대의 결과처럼 보인다. 하지만 전업주부들은 온종일 자녀와 보내기 때문에 이런 현상이 일어난다. 육아에 전념하는 엄마들이 완벽해지려는 압박감을 더 크게 느끼기 때문에 번아웃에 취약하다는 의미일 것이다. 모성이 주된 정체성인 엄마들은 가정을 경영하는 동시에 아이를 즐겁게 해주는 연예인, 보육자, 요리사, 운전기사, 교육자, 청소부 등이 되어야 한다는 생각으로 번아웃을 겪는다.

게다가 부모들은 자녀와 집에 머물 때보다 직장에서 근무할 때 스트레스를 덜 받는 것으로 조사되었다. 저명한 경제학자 에밀리 오스터 Emily Oster는 자녀와 보내는 시간이 매우 힘든 이유를 한계 가치(재화를 추가로 얻을 때 개인이 느끼는 최대 가치로, 대부분 재화의 양이 증가할수록 한계 가치가 감소한다 ─ 옮긴이)라는 경제 용어를 빌려 설명했다. 자녀와 함께 보내는 데 쓰는 시간의 한계 가치가 매우 빨리 감소한다는 것이다. 에밀리 오스터가 제시하는 자녀와 보내는 최적의 시간은 하루 3시간이다.

밤에 잠을 잘 잤다고 가정했을 때 아이들과 보내는 처음 몇 시간은 사무실에서 보내는 시간보다 기본 행복 지수가 높을 것이다. 우리는 아이를 사랑하고 아이와 함께 보내는 시간은 우리를 행복하게 한다. 적어도 잠깐은 그렇다. 하지만 8시간이 지나 피로감이 몰려오고 회복력이 떨어지면서 처음의 열정이 급격히 사라진다. 아이들은 간식을 달라고 조르고, 바닥에 파스타를 던지고, 서로 싸우고, 옷을 안 입겠다고 버틴다. 특히 아이가 껌딱지처럼 달라붙어 떨어지지 않으려는 시기에는 엄마가 아주 잠깐만 눈에서 멀어져도 울음이 터진다. 이런 사소한 사건들로 하루가 훨씬 더 길게 느껴진다. 아이들의 울음소리는 우리의 뇌를 점점 더 무겁게 짓누르고 스트레스를 촉발하고 인내심을 한순간에 무너트릴 수 있다.

전업주부의 경우와 대조하기 위해 이제 자신의 일을 좋아하는 직장인 엄마의 하루를 상상해보자. 사무실에서 보내는 처음 1시간은 자녀와 보내는 시간만큼 보람되지 않을 것이다. 그러나 7시간 후에도 집에서만큼 열정이 급격히 식지는 않는다. 하루 업무가 끝날 즈음이면 아침보다는 피곤할 것이다. 그러나 전업주부처럼 모든 에너지를 소진하지는 않았을 것이다. 적어도 8시간 동안은 아기의 울음소리로부터 멀어질 수 있고, 동료들과 함께 차를 마시는 조용한 시간도 잠시 즐길 수 있다. 게다가 아이들을 돌보느라 싸늘하게 식어버린 차가 아닌, 뜨거운 차를 마실 수 있다.

오스터는 온종일 육아가 온종일 근무보다 몇 배는 더 피곤하다고 이야기한다. 출근 전과 퇴근 후에 아이와 함께 시간을 보내는 것이 부모의 행복을 위해서도, 자녀와 더 의미 있는 시간을 보내기 위해서도 최적이라는 의미다. 그렇다고 아이들보다 일을 우선시하라는 말은 아니다. 중요한 것은 일과 육아, 이 두 영역에서 보내는 '최적의 시간'이다.

나 역시 오스터의 이론에 공감한다. 나는 보통 퇴근 후 수면 의식을 시작하기 전 1시간 정도를 아이들과 함께 보내는데 그 순간이 정말 행복하다. 간식 협상을 하려고 하거나 하루를 보낸 이야기를 조잘대며 늘어놓는 아이들이 사랑스럽기 그지없다. 하지만 두 아이를 온종일 혼자서 돌본 날 저녁이면 아이들이 평소와 똑같은 행동을 해도 그것을 즐겁게 받아줄 인내심이 고갈된 느낌이다. 대신 아이가 눈에 보이지 않는 막대기로 나를 툭툭 찔러보는 것처럼 느껴진다.

출근 전이나 퇴근 후 2시간으로는 아이들과 보내는 시간이 충분하지 않고, 그렇다고 온종일은 너무 많다는 게 문제다. 안타깝지만 일하는 시간은 우리가 결정할 수 없다. 그래서 결과적으로 발생하는 '일과 생활의 갈등'은 답답하지만 피할 수 없다. 그런 까닭에 틈틈이 우리 자신을 위한 시간을 갖는 것이 중요하다. 그러나 아직도 우리 사회는 엄마가 항상 아이들과 더 많은 시간을 보내고 싶어 해야 한다는 생각에 사로잡혀 있는 듯하다. 정말로 중요한 것은 시간의 양이 아니라 질이다. 양질의 시간은 엄마와 아이 모두에게 이롭다.

엄마의 죄책감을 부추기는 '집중 육아'

많은 여성이 완벽한 엄마가 돼야 한다는 압박을 느끼는 또 다른 이유가 있다. 중산층 사이에서 유행하는 집중 육아(intensive mothering)라고 불리는 양육 스타일이다. 집중 육아는 엄마가 아이 곁에 머무는 시간은 신성하고 대체 불가능하다고 믿는 사상에 뿌리를 둔다. 엄마들이 특유의 섬세함으로 아이들의 요구에 세심하게 반응하고 요구를 잘 채워준다는 생각 때문이다. 집중 육아는 미국에서 흔히 볼 수 있는 양육 스타일이다. 축구 교실이나 발레 교실에 매니저처럼 따라다니고, 어디에서도 구할 수 없는 특별한 핼러윈 의상을 만들고, 학교 바자회에서 판매할 빵을 굽는 엄마를 상상해보라. 거기에 전일제로 일하는 직장 생활까지 더한다면 엄마에게 남는 시간은 많지 않을 것이다.

집중 육아 개념이 1990년대 미국 전역을 휩쓸면서 자녀와 시간을 많이 보내는 엄마가 더 좋은 엄마이고 출근하는 엄마는 어떤 식으로든 자식을 방임하는 엄마라는 인식이 더욱 강해졌다. 직장인 엄마에 대한 가장 일반적인 비판은 아이들이 엄마와 떨어져 있으면 건강에 좋지 않고, 어떤 면에서는 고통을 겪는다는 것이다. 하지만 실제로 이 주장을 뒷받침하는 연구 결과는 어디에도 없다.

생활 시간 조사 자료뿐만 아니라 육아의 영향에 초점을 둔 연구에서도 일하는 엄마의 부정적인 문제는 거의 나타나지 않았다. 오히려 정반대의 결과가 나타났다. 돌봄이 제대로 이루어지기만 한다면 아이가 부모와 떨어져서 시간을 보낼 때 긍정적인 결과가 나올 수 있다. 1960년부터 2010년까지 발표된 직장인 엄마에 관한 논문 69편을 분석한 결과,

'몇 가지 예외적인 사례'를 제외하면 아이들이 성장했을 때 학업 성취나 문제 행동에 미치는 부정적인 영향이 거의 없었다. 아이들의 학업 수행 능력을 평가했을 때 일하는 엄마의 자녀들이 더 높은 학업 성취도를 보이기도 했다.

엄마의 직장 생활이 부정적인 영향을 미친 경우는 아이가 돌이 되기 전에 전일제로 일했을 때였다. 그런 엄마의 자녀들은 전업주부 자녀들에 비해서 학업 성취도가 조금 낮은 편이었다. 그러나 돌이 지난 후에 엄마가 일을 시작한 경우, 아이들의 성취도는 오히려 더 높게 나타났다. 아이가 너무 어릴 때 복직하는 것이 아이에게 영향을 줄 수도 있지만, 돌이 지나서 일하는 것은 오히려 긍정적인 효과를 가져온 것이다.

이 분석 결과는 아이의 학업 성취나 문제 행동이 어렸을 때 엄마가 일했기 때문에 생긴 결과로 볼 수 없다는 것을 시사한다. 아이가 어렸을 때 엄마가 일한 것과 아이가 성장했을 때 생기는 문제의 연관성은 크지 않았고, 문제가 발생하더라도 주로 보육 환경과 비교적 세심하지 못한 양육 방식이 원인이었다. 이 연구 결과를 통해 보육의 질이 높아져야 한다는 것만은 명백해졌다.

다른 연구에서는 어린이집에서 30시간 이상 생활하는 것이 공격성 같은 문제행동과 관련 있는 것으로 입증되었다. 또한 이 연구 자료가 미국에서 수집된 것이라는 점에 주목할 필요가 있다. 미국에는 보편적 육아휴직 제도가 없으므로 위탁 보육이 아주 어릴 때 시작되고, 이용할 수 있는 보육의 방법과 종류도 다양하다.

아이들이 부모와 더 많은 시간을 보낸다고 반드시 이로운 것은 아니다. 2015년 생활시간 조사 자료를 분석한 결과에 따르면, 부모가 영유

아기에 아이들과 보낸 총 시간은 청소년기와 비교하면 별다른 영향이 없었다. 부모가 함께 있어주는 시간 자체가 반드시 양질의 돌봄 시간과 일치하는 것은 아니기 때문이다. 연구자들은 생활시간 조사 자료를 함께 활동하는 '참여 시간'과 아이들이 즐기는 동안 옆에 있는 '접근 가능 시간'으로 분류했다. 참여 시간의 질을 보다 세분화할 수도 있지만, 이 연구에서는 세분화하지 않았다. 예를 들어, 책을 읽어주는 것이 소파에 앉아 텔레비전을 보는 것보다 더 좋은 참여 시간이지만, 둘 다 엄밀하게 따지면 자녀와 함께 보내는 시간이다.

연구진은 엄마들이 3~11세의 자녀와 함께 보내는 참여 시간은 12~18세의 청소년 자녀와 보내는 참여 시간보다 실제로 덜 중요하고, 청소년기 아이들은 엄마와 보내는 시간이 많을수록 문제행동을 보일 가능성이 감소한다는 것을 발견했다. 엄마와 보내는 시간이 왜 저연령층 아이들보다 고연령층 아이들에게 더 도움이 되는지 이해하기 어려울 수 있다. 하지만 더 자세히 살펴보면 그 이유가 분명해진다. 고연령층 아이들은 일반적으로 집에서 생활하는 시간이 적다. 따라서 이들은 집에서 부모와 함께 시간을 보내며 자신이 가정에서 중요한 존재라고 느낀다. 2020년 후반에 발표된 시간 일지 연구에 따르면, 부모와 청소년 자녀 모두 서로 떨어져 있을 때보다 함께 있을 때 좋은 감정을 경험했고 스트레스를 덜 받았다.

스크린 타임처럼 수동적인 활동으로 체계 없이 보내는 시간은 '참여 시간'이라 할 수 없고 유익하지도 않다. 유치원에서 경험하는 체계적인 집단 활동을 가정에서 대체하기는 어려우므로 어린아이들은 보육시설에 맡기는 것이 더 나을 수도 있다는 의미다. 따라서 직장인 엄마의 자너들이 전업주부 자녀들보다 체계 없는 수동적 활동을 하며 보내는 시간이 적다고 할 수 있다. 전업주부라고 해도 일상적인 업무를 처리해야 하므로 아이 중심으로 모든 시간을 계획할 수는 없기 때문이다. 각 가정마다 다른 소득 수준도 영향을 미친다. 게다가 우리가 쓰는 시간의 '한계 가치'가 하루 동안 감소한다는 것, 즉 엄마가 아침의 에너지 수준을 종일 유지할 수 없다는 것도 한몫한다.

직장인 엄마들은 좋은 쪽이든 나쁜 쪽이든 집에 있을 때 아이들과 함께하는 활동의 강도를 높임으로써 함께하지 못한 시간을 보충하는 것으로 보인다. 다시 말하자면 직장인 엄마들은 아이와 의미 없이 보내는 체계 없는 시간을 줄이는 셈이다. 종일 진이 다 빠지는 하루를 보내기보다 짧고 굵게 자녀와 함께 시간을 보냄으로써 보람을 느낄 수 있다. 또한 일부 직장인 엄마들은 직장에 출근해서 아이들과 함께하지 못한다는 죄책감을 느끼기 때문에 아이와 보내는 시간의 참여 강도를 높이기도 한다.

따라서 단순히 함께 보낸 시간의 양만으로는 어떤 유형의 시간이 의미 있고 소중한지 정확히 포착하지 못한다는 것이다. 단순히 함께하는 시간만으로는 우리가 생각하는 것만큼 아이들에게 큰 영향을 미치지 않는다. 오히려 시간은 짧더라도 아이들을 세심하게 배려하는 돌봄이 필요하다. 그러나 이 모든 것을 엄마가 해야 할 필요는 없다. 엄마 외에 아이를 돌보는 사람들도 중요하다.

아이가 아주 어릴 때 계속 아이 옆에 있어야 한다는 압박은 완벽한 엄마를 기대하는 불행한 결과를 낳는다. 일하는 엄마들에게는 집중 육아의 높은 기준을 따를 수 있는 시간이 충분하지 않다. 그러므로 집중 육아는 엄마의 정신건강 문제로 이어질 가능성이 크다. 2012년 집중 육아 기준을 따르는 엄마들이 스트레스와 우울증에 시달리기 쉬운 것으로 조사되었다. 엄마의 스트레스와 우울증은 당연히 자녀에게도 영향을 미칠 수 있고, 그 결과 육아의 질과 온전성이 떨어질 수 있다. 그러므로 아이가 어릴 때는 오히려 힘을 좀 덜어내고 육아에 대한 압박감을 내려놓는 것이 부모와 아이 모두에게 유익할 것이다.

그런데도 집중 육아라는 이상에 사로잡혀 오늘날의 엄마와 아빠는 50년 전보다 실제로 보육 활동에 더 많은 시간을 쓰고 있다. 1960년대 엄마들은 아이들과 함께 활동하는 데 하루 54분을 썼고, 2012년 엄마들은 하루에 104분을 썼다. 보육 활동에 가장 많은 시간을 쓴 부모는 대학 교육을 받은 부모들로 엄마는 123분, 아빠는 74분이었다. 그보다 교육 수준이 낮은 부모의 경우 엄마가 94분, 아빠는 50분이었다. 평균적으로 오늘날의 가족 규모가 훨씬 축소된 것으로 미루어 시간적 압박이 줄어들었다고 예상할지도 모르겠다. 하지만 과거에 누리던 자유가 감소했기 때문에 시간적 압박은 줄어들지 않은 셈이다.

사람들끼리 모두 알고 지내는 작은 마을에서 열한 명의 형제와 함께 자란 아버지는 어린 시절 거리에서 친구들과 함께 마음껏 뛰어놀 수 있었다. 다른 작은 마을에서 태어난 어머니는 채 다섯 살도 되지 않았을 때부터 혼자 학교까지 걸어갔다. 내가 현재 살고 있는 런던 북서 지역도 옛날에는 그랬다. 같은 동네에 사는 할머니의 이야기를 들어보면 할머니는 자녀들이 어렸을 때 공원에 가서 놀라고 몇 시간씩 밖으로 내보냈다고 한다. 하지만 오늘날 대부분의 부모는 어린 자녀를 혼자 밖에 내보낼 생각은 꿈에도 하지 않을 것이다. 물론 개인마다 그리고 문화마다 차이가 크겠지만 요즘 부모들은 심지어 아이들이 실내에서 노는 것도 감독하는 경향이 있다.

네덜란드에서는 아기가 있는 가정의 거실에 베이비 박스라는 나무로 만든 놀이 울타리를 두는 것이 일반적이다. 부모가 계속 지켜볼 필요 없이 아기는 그 안에서 자유롭게 놀 수 있다. 놀이 울타리를 설치하면 엄마는 여기저기 기어다니는 아기를 쫓아다닐 필요 없이 일을 할 수 있고, 아기는 그 안에서 창의성과 독립심을 기르는 데 필수적인 자유 놀이를 할 수 있다. 하지만 영국에서는 비슷한 장치를 거의 보지 못했다. 미국과 마찬가지로 영국에서도 집중 육아 방식이 여전히 인기를 끌고 있다는 점을 고려하면 이유를 알 수 있다.

부모가 자녀와 보내는 시간이 예전보다 증가한 것이 우리가 생각하는 것처럼 부모나 자녀에게 반드시 이롭지만은 않다. 아이와 함께하는 활동의 질도 중요하지만, 관계의 온전성이 무엇보다 중요하다. 자녀가 부모와 함께 있어야 한다는 생각은 전일제로 일하면서 여전히 육아를 더 많이 담당하는 엄마들에게 부담으로 다가올 것이다. 육아 번아웃에 관해 연구하는 많은 전문가들은 집중 육아로 커진 부담감이 번아웃을 일으키는 한 요인이라고 믿는다. 하지만 연구를 통해 밝히기는 어려웠다. 과거에는 번아웃이 드물었고 심각한 질환으로 인정되지 않아서 과거 세대의 자료가 없기 때문이다.

50여 년 전 번아웃 유병률을 연구하기 위해 모이라 미코와이차크의 연구진은 노인들의 집을 방문해서 육아 번아웃 증상 리스트를 보여주고 비슷한 증상을 겪은 기억이 있는지 물었다. 이 연구를 통해 과거에는 번아웃이 드물었다는 것을 재확인할 수 있었다. 연구에 참여한 노인들이 최대 열한 명의 자녀를 뒀는데도 번아웃 증상을 보인 사람들은 고작 1퍼센트 정도로 오늘날 일부 아프리카 국가의 번아웃 유병률과 같았다.

2020년 세계 행복 지수 보고서에서 네덜란드의 행복 지수는 핀란드, 덴마크, 스위스, 노르웨이, 아이슬란드에 이어 6위를 기록했다. 집중 육아를 하려는 생각이나 사회적 비교를 충족하려는 걱정 없이 가정을 꾸린다면 모두에게 유익하다는 것을 드러내는 사례라고 볼 수 있다. 완벽을 목표로 하지 않는다면 우리 마음에서 자라나고 있는 독버섯 같은 '엄마의 죄책감'을 어느 정도 덜어낼 수 있을 것이다.

9장

좋은 엄마 증후군

엄마는 왜 늘 죄책감에 시달릴까

2019년 10월 초였다. 남편이 출장을 가서 주말 내내 혼자 아이들을 돌봤다. 작은아이가 5개월, 큰아이는 두 살이 되었을 때였다. 남편이 출장을 간 동안 나는 남편에게 이른바 스트레스 문자를 보내지 않겠다고 약속했다. 아이들을 돌보는 것이 너무 힘들 때 순간적으로 다듬어지지 않은 생각을 마구 쏟아내는 문자를 가리켜 우리는 스트레스 문자라고 불렀는데, 처음에는 그런 문자를 보내는 일이 종종 있었다. 큰아이가 갓 태어난 동생의 손가락과 얼굴 그리고 가끔은 발을 깨무는 사건이 벌어질 때도 그랬다. 큰아이의 행동은 처음에는 뽀뽀로 시작했다가 순식간에 깨물기로 바뀌곤 했다. 내가 옆에 있어도 멈추지 않았다. 아기를 보호하지 못했다는 죄책감과 큰아이의 행동을 막지 못한 나의 무능함에 대한 절망감을 동시에 느꼈다.

큰아이는 동생을 질투했고, 그래서 부정적인 관심이라 할지라도 엄마의 관심을 끌기 위한 행동을 하는 것이었다. 동생을 아프게 한 후에는 이제 타임아웃을 해야 하냐고 먼저 묻기도 했다. 아이는 자기가 하는 행동이 잘못된 것임을 이미 잘 알고 있었고, 그래서 다루기가 더 어려웠다.

남편이 출장을 떠난 날 아침, 아직 오전 8시 30분밖에 되지 않았는데 첫째 산느는 벌써 동생의 이마를 깨물어 익숙한 이빨 자국을 남겼다. 처음에는 흰색이었던 이빨 자국이 서서히 붉게 변했다. 잠시 후 산느는 머리빗으로 동생을 때렸다. 나는 아이들 바로 옆에 있었지만, 이런 행동을 막을 수 있을 만큼 가까운 거리가 아니었다. 언제 갑자기 거칠게 변할지 모르는 행동을 일일이 감시할 수도 없었다. 몇 시간 후 나는 아젠을 흔들 요람에 앉혀두고 점심을 준비하기 위해 돌아서 있었다.

순간 너무 조용해서 뒤돌아보니 산느가 자기 몸으로 아젠을 짓누르고 있었다. 산느의 몸이 아젠의 머리와 목 위에 얹혀 있었고, 몸을 동그랗게 구부려서 위험해 보이는 자세가 되었다. 금방이라도 나쁜 일이 일어날 것만 같아 나는 겁에 질렸다. 아이들 점심을 바닥에 내팽개치고 얼른 달려가서 산느를 잡아 아기에게서 떼어냈다. 그리고 화가 나서라기보다 겁에 질려서 소리쳤다. 아젠은 큰 소리로 울기 시작했다. 산느가 동생에게 해를 가할 수도 있었다는 충격에 나도 갑자기 울음이 터져나왔다.

그러자 산느가 걱정스러운 표정을 지은 채 조용히 다가와서 나를 쓰다듬어주면서 괜찮은지 물었다. 마치 아무 일도 일어나지 않았다는 듯이 부드럽게 나를 다독였다. 산느가 동생에게 일부러 그러는 거라 생각하고 더 심하게 화를 냈던 걸 떠올리니 부끄럽고 미안한 마음이 들었다. 한순간 못되게 굴다가도 또 다음 순간 이렇게 나를 위로하는 존재가 바로 아이들이다.

더없이 귀엽고 천사 같은 얼굴로 능글맞게 웃으면서 점심을 먹는 딸아이를 보면서 그날 내가 받은 스트레스에 관해 생각했다. 어떻게 이렇게 누군가를 깊이 사랑하면서도 함께 있는 시간을 좋아하거나 즐길 수 없는지 잠시 의문이 들었다. 나는 얼른 이런 생각을 머릿속에서 떨쳐 냈다. 산느가 원하는 것은 오직 충분한 애정과 관심인데, 내가 어떻게 아이를 나무랄 수 있을까? 산느는 자기가 하는 행동이 잘못된 것임을 알았지만, 아직 다른 사람의 감정을 헤아릴 줄 아는 '마음 이론(발달심리학 이론 중 하나로, 욕구·신념·의도·지각·정서·생각과 같은 자신과 타인의 마음 그리고 정신적 상태를 이해하는 선천적인 능력에 관한 이론 – 옮긴이)'이 발달하지 않았을 뿐이다.

그런데도 나는 나 자신의 엄마로서의 능력을 의심하기 시작했다. 엄마가 되어서 어떻게 큰아이가 동생을 다치게 하는 것을 내버려 둘 수 있었을까? 설령 산느가 자신의 행동으로 동생이 고통스러워 한다는 것을 몰랐더라도 말이다. 하지만 산느가 그러는 것도 한때였다.[6] 아젠이 더 많은 반응을 보이고 기어다니고 걸을 수 있게 되자 산느는 동생을 경쟁자라기보다 자기 편으로 생각하기 시작했다. 물론 예외적으로 나에게 동생을 내려놓으라고 말하거나, 동생 유모차에 올라탔을 때 내리게 하면 울부짖거나, "이 아기는 울기만 하니까 새로운 아기가 필요해."라고

---

6) 이 책을 편집할 즈음, 그러니까 그 사건이 일어난 지 1년이 지나자 다행히 큰아이가 더는 동생에게 위험한 행동을 하지 않았다. 부쩍 자란 18개월 남동생이 누나와 대등하게 싸울 수 있게 된 것도 이유였다. 내가 얌전히 있으라고 자꾸 말해야 하는 쪽은 동생이었다. 산느는 동생이 잘못한 일에 대해서는 당당하게 사과를 요구하고, 동생이 그렇게 하면 꼭 안아주면서 괜찮다고 말해준다.

말하면서 폭발할 때도 있었다.

산느 때문에 걱정하는 내게 어머니는 내가 태어났을 때 오빠가 어떻게 행동했는지 이야기해 주셨다. 어머니의 이야기를 들으면서 나는 이런 종류의 질투가 흔한 일이고, 아이들은 가끔 부정적인 관심이라도 부모의 관심을 끌기 위해 무엇이든 할 수 있다는 것을 깨달았다.

엄마들이 늘 죄책감에 시달리는 이유

아이들을 바라볼 때의 기쁨은 이루 다 말할 수 없다. 아기의 미소를 바라보거나 잠든 아이를 바라볼 때면 뇌에서 옥시토신이 분비되는 것처럼 느껴졌다. 그러나 전혀 예상하지 못한 나쁜 일이 늘 벌어졌고, 내가 마음대로 제어할 수 없는 일이기에 더 절망적으로 느껴졌다.

육아의 치열한 순간을 겪을 때면 가끔은 빨리 회사로 돌아가고 싶다는 마음이 들었다. 그런 생각을 수첩에 적으면서도 죄책감이 들었다. 그런데 지금 이런 이야기를 책에 쓸 용기는 대체 어디에서 나오는 것일까? 아이들이 나중에 이 책을 읽고 엄마가 자기들과 함께 있는 시간을 즐겁게 보내지 않았고 스트레스를 많이 받았다는 것을 알면 어떻게 될까?

지금 생각해보니 항상 완벽을 갈망하고 완벽을 추구하게 한 것은 내 마음 안의 비이성적인 목소리였다. 다시 말하자면 나는 끊임없이 죄책감 같은 것을 겪고 있었다. 내가 고민할 때마다 어머니는 내가 떼를 쓰면 어떻게 대처했는지, 오빠와 내가 서로에게 얼마나 못되게 굴었는지 이야기해 주셨다. 그렇게 나의 어린 시절 일화를 듣는 것만으로도 위안을 얻었다. 나는 딸아이가 얼마나 엄마의 관심을 원하는지, 어째서 즉각적인 욕구를 그냥 넘길 수 없는지 공부하고 이해하는 과정에 흥미를 느꼈다. 아이를 키우며 느끼는 감정들에 관한 정신과 의사의 견해를 찾아 읽는 것도 큰 도움이 되었다.

《나의 부모님이 이 책을 읽었더라면(The Book You Wish Your Parents Had Read)》에서 저자 필리파 페리Philippa Perry는 우리 모두 자신의 좋고 나쁜 감정을 솔직히 인정해야 한다고 말한다. 내가 딸아이에게 동생을 사랑하고 다정하게 대해야 한다고 말하는 것은 소용없었다. 이 아이는 분명 동생을 사랑한다. 그러나 질투 또는 호기심이라는 감정 때문에 동생을 공격하게 된 것이다. 만일 아이들에게 지금 실제로 느끼는 것과 정반대의 감정을 느끼라고 말한다면 아이들은 어릴 때부터 자신의 감정이 부적절하다고 배울 것이고, 자신의 감정에 따라 반응하는 능력을 키울 수 없을지 모른다. 그렇다고 늘 이런 생각을 하며 마음을 다잡는 게 쉬운 일은 아니다.

엄마들의 공통점 중 하나가 늘 아이에게 충분히 해주지 못한다는 죄책감을 느끼는 것이다. 집중 육아에 대한 압박부터 완벽한 육아 추구, 자잘한 걱정에 이르기까지 죄책감을 좀처럼 피할 수가 없다. 육아 번아웃을 일으키는 요인이기도 한 죄책감은 사회적 비교와 더불어 우리 자신에게 거는 높은 기대감에서 생겨나는 감정이다. 엄마의 죄책감은 좋은 엄마가 된다는 것과 거의 동의어처럼 취급된다. 그 이유는 쉽게 상상할 수 있을 것이다. 오늘날의 엄마들은 본업 외에도 잡다한 해야 할 일에 시달리고, 퇴근이 너무 늦어지거나 가족에게 신선한 요리를 해주지 못하는 것에 죄책감을 느낀다. 엄마들을 무겁게 짓누르는 것은 마음 한편에 자리 잡은 인지적, 감정적 부담감이다.

나는 과학 전문 저널리스트이고 과학적 사실에 기반한 양육법을 시도하려고 애쓴다. 그러나 죄책감을 다루는 문제에 대해서는 그렇게 접근하기가 어렵다고 느낀다. 죄책감은 감정적 차원의 문제이기 때문이다. 나 역시 엄마의 죄책감을 자주 느꼈다. 예를 들면 정해진 시간에 산뜻하게 낮잠 재우기 위해 백색소음을 사용했을 때였다. 아이를 재우는 데 실제로 큰 도움이 되었고, 그렇게 해서 얻은 예측 가능성이 아기와 함께 질서 있는 삶을 살기 위한 열쇠라고 느꼈기 때문에 백색 소음을 사용했지만, 마음 한편엔 늘 불안함이 자리 잡고 있었다.

몇 달 후 한 학술대회에서 청각신경 과학자인 니나 크라우스Nina Kraus 노스웨스턴 대학교 교수와 '일상생활 속 리듬과 소리의 중요성'에 관해 인터뷰할 기회를 얻었다. 인터뷰는 아기용 백색소음 앱의 등장에 대한 질문으로 이어졌다. 크라우스 교수는 백색소음은 무의미한 소리이고, 뇌의 신경세포가 새롭게 연결되고 있을 때 아기에게 무의미한 소리를 제공하는 것은 뇌가 의미 있는 소리를 찾을 때 청각령을 무뎌지게 만들 가능성이 있다고 말했다. 크라우스 교수의 말에 나는 조용히 죄책감 목록을 추가했다.

내가 죄책감을 느꼈던 또 다른 경우는 매일 새벽 5시 반만 되면 깨는 딸아이를 달랠 수 있는 유일한 방법이 어린이 동요 동영상을 보여주는 것뿐일 때였다. 남편과 나는 네덜란드어로 된 영상이므로 보여줘도 괜찮다고 생각했다. 그러나 이번에도 몇 달 후 끔찍한 일이 벌어졌다. 아이가 계속해서 핸드폰을 달라고 했는데 우리가 요구를 들어주지 않으면 아이는 그야말로 가공할 만한 떼쓰기 포탄을 퍼부었다. 우리는 결국 아이가 떼쓰는 것을 막기 위해 스크린 타임 전면 금지를 시도했다.

눈에서 멀어지면 마음에서도 멀어지는 것일까? 스크린 타임 금지는 때때로 효과가 있었고, 우리는 죄책감을 조금 덜 수 있었다. 우리 집에서 스크린 타임을 거의 허용하지 않는다는 것을 친구들에게 말할 때면 나는 이 문제에 대해 비판적이거나 독선적인 사람처럼 보이지 않으려고 최대한 조심한다. 나의 말과 행동이 누군가에게 죄책감을 일으키는 계기가 되는 것은 절대 원하지 않기 때문이다(게다가 코로나바이러스로 외출이 제한된 이후 우리 집의 스크린 타임 규칙은 무용지물이 되어버렸다).

두 아이의 엄마로서 나는 지금까지도 아이들에게 충분히 잘해주지 못한다는 생각을 반복적으로 한다. 이 장의 도입부에서 이야기했듯이 혼자 아이들을 돌봐야 하는 날은 시간과 마음을 둘로 나눠야 했고, 그러다 보면 사랑과 좌절감이 동시에, 가끔은 대등하게 마음속에 가득찼다. 두 아이 중 더 힘 있는 아이가 성질을 부리거나 힘없는 아이가 속수무책으로 당할 때면 더 큰 좌절감을 느꼈다.

어떤 일이든 초기에는 극도로 스트레스를 받기도 하지만, 그런 시간은 곧 지나가고 다른 도전이 나타난다는 것을 알고 있다. 아이들과 함께 보내는 시간을 온전히 즐겨야 한다고 생각했지만 항상 그럴 수 있었던 건 아니다. 그런 면에서 아이들을 어린이집에 보낸 건 참 현명한 결정이었다. 그러나 아이가 어린이집에서 보내는 시간이 우리와 함께 보내는 시간보다 훨씬 길다는 사실을 깨달았을 때는 비수에 나의 심장을 깊이 찔린 기분이었다.

아이가 기기 시작한 순간, 처음으로 발을 뗀 순간, 처음 내뱉은 말 같은 것들을 놓칠까 봐 애가 탔다. 그래서 아젠을 낳고 출산휴가를 받았을 때 큰아이의 어린이집 등원일을 일주일에 4일로 줄였다. 혼자서 두 아이를 돌봐야 하는 날은 일주일에 단 하루였지만 그날이 너무 두렵게 느껴지곤 했다. 남편은 자신이 나보다 더 편한 하루를 보내리라는 것을 알고 있었기에 나를 남겨두고 출근하는 것을 늘 미안하게 생각했다.

어마어마하게 성질을 부리는 딸아이와 실랑이를 벌이고 출근한 날이면 나는 복직을 해서 오히려 다행이라고 생각했다. 그러곤 이런 생각을 했다는 죄책감이 가슴을 또다시 찔렀다. 둘째가 더 자유롭게 움직일 수 있게 되고 큰아이가 말을 더 잘하게 되면서 떼쓰는 것도 서서히 잦아들고 생활이 편안해지는 시기도 있었다. 그러나 큰아이의 어린이집을 바꿨을 때는 맹렬하게 예전으로 되돌아가는 것만 같았다. 짧은 시간 동안 경험한 많은 변화 때문에 아이는 엄마에게 더욱 집착하게 되었고, 심지어 가끔은 내가 눈앞에서 사라지기만 해도 비명을 지르며 울기 시작했다.

강렬한 사랑, 회피, 죄책감 이런 상충하는 감정으로 나는 늘 혼란스러웠다. 내가 엄마의 죄책감을 몇 번 언급했는지 셀 수 없을 정도였다. 전날 밤 무엇을 먹었는지 말하는 것처럼 습관적으로 내가 느낀 죄책감에 관해 이야기했다. 주변의 다른 엄마들이 나와 똑같이 말하는 것도 종종 듣곤 했다. 그만큼 죄책감은 엄마들 사이에 만연해 있다. 그것은 우리의 마음을 헤집어놓고 우리를 기진맥진하게 만든다.

앞 장에서 직장을 다니는 엄마가 자녀들에게 미치는 긍정적 영향에 대해서도 이야기했지만, 우리는 여전히 직장에서 일할 때 죄책감을 느끼고 가정에 돌아왔을 때는 힘에 부치고 시간이 부족하다고 느낀다. 그러므로 주말이 되면 그동안 함께하지 못한 시간에 대해 과도한 보상을 하며 보내거나, 일요일 오후를 집에서 지내는 것은 불충분하다고 걱정하곤 한다. 가끔 동네 공원보다 먼 곳으로 나들이를 가려고 하면 낮잠 시간이나 새로 시작한 배변 훈련을 망칠 수도 있다는 생각에 스트레스를 받기도 한다. 코로나바이러스로 활동에 제약을 받아 장기간 집에 있을 수밖에 없게 되면서 죄책감은 더 심해졌다. 친구들과의 놀이 약속도 없고, 친척이나 할머니 할아버지도 못 만나고, 몇 날 며칠이고 같은 공원만 돌 뿐이었기 때문이다.

엄마의 죄책감을 부추기는 여러 문제들

다른 사람에게 받는 지적도 엄마의 죄책감에 영향을 미친다. 우리 어머니는 아이들이 어릴 때는 정말 잠깐이라고 자주 말한다. 그러면서 당신이 사는 네덜란드에서는 시간제 근무가 아주 흔하다면서 내게도 시간제 근무를 진지하게 고민해보라고 권한다. 주변의 많은 사람이 나에게 출산휴가가 끝나면 전일제로 근무할 것인지 물어봤을 때는 그 말이 시간제 근무에 대한 암묵적 강요처럼 느껴졌다. 선의로 한 질문이었지만 그것은 아주 교묘하고 습관처럼 깊이 배어 있어서 본모습을 파악하기 어려운 온정적 차별주의의 한 예처럼 느껴졌다.

　우리의 모든 결정이 주변의 주목을 받는다는 사실도 간과할 수 없다. 그래서 다른 사람들이 어떻게 하는지 자꾸만 비교하게 되고, 또 그러는 것만으로도 죄책감을 느끼곤 한다. "우리 아이는 아직 설탕을 먹지 않아요."라는 말이 아이에게 가끔 달콤한 간식을 주는 다른 부모의 마음을 불편하게 할 수 있다. 아이를 데리고 자는 엄마에게 아기를 부모 곁에 재우는 것이 위험한 이유를 설명하거나, 제왕절개로 아이를 낳은 엄마 앞에서 자연분만의 이점을 옹호하는 것도 마찬가지다.

모성 죄책감을 심도 있게 연구한 사회학자 케이틀린 콜린스는 엄마들의 기대가 도저히 성취할 수 없는 수준으로 너무 높다고 지적한다. 그녀의 주장은 내가 경험을 통해 깨달은 것을 한 번 더 상기시켜 준다. 우리에게 부과된 높은 기대에 부응하지 못할 때 우리는 필연적으로 죄책감을 느끼게 된다는 것이다. 흔히 모성은 매우 보람되고 긍정적인 경험으로 여겨진다. 이 기준과 다르게 느낀다면 우리는 죄책감을 느낀다. 그러므로 죄책감은 아이에게 신경을 더 많이 쓰는 엄마가 '좋은 엄마'라는 사고방식과 연결된다.

하지만 이것을 꼭 양자택일의 문제로 볼 필요는 없다. 아이를 사랑하면서 삶의 다른 부분도 즐길 수 있다(물론 그러려면 대가를 치러야 한다). 자기 자신을 우선시하는 엄마들은 남들로부터 냉정하고 엄마답지 않다고 평가받는다. 여성이 주도하는 비영리법인 투게더 라이징Together Rising의 설립자이자 베스트셀러 작가인 글레넌 도일Glennon Doyle이 쓴 책《언테임드Untamed》에서 "우리는 오랜 시간 동안 아이를 가장 사랑하는 존재인 양 살아왔다. 우리는 서서히 존재하기를 멈춤으로써 우리의 사랑을 증명하도록 길들어졌다."라고 말하듯, 엄마들이 자신을 희생해야 한다는 기대는 사라지지 않았다.

이런 의무감은 공평하지 않은 가사 분담의 수레바퀴에 기름을 칠하는 것과 같다. 남성들은 대체로 이런 죄책감을 느끼지 않지만, 여성들이 느끼는 죄책감의 밑바탕에는 좋은 엄마, 제대로 된 엄마라는 개념이 깔려 있다. 정신적 부담과 마찬가지로 죄책감은 우리에게 부과된 기대를 처리하는 내면화된 방식이다. 따라서 좋은 엄마라는 이상을 반영하기 위한 행동 변화를 초래한다. 그러므로 죄책감은 엄마들이 어떻게 육아를 할 것인가에 대한 내적 감정 그 이상의 것이며, 남녀 불평등과도 광범위하게 관련되어 있다.

엄마의 죄책감이 유익하다는 주장을 내놓는 사람들도 있다. 엄마들이 죄책감을 피하기 위해 무엇이든 할 수 있는 것을 하고 죄책감을 일으키는 행동을 바꾸려고 하므로 진화론적으로 좋은 동기 요인이 된다는 것이다. 콜린스를 비롯한 여러 사회학자들은 이런 주장에 강력히 반박한다. 죄책감은 '성 중립적인' 개념이 아니라 오직 엄마들에게만 부과되는 육아의 측면이며, 모성의 의미에 관한 고정관념과도 밀접한 관계가 있기 때문이다.

콜린스는 독일, 스웨덴, 이탈리아, 미국의 여성들과 심층 인터뷰를 진행하면서 많은 여성이 좋은 엄마가 된다는 것을 자신의 요구가 자녀의 요구보다 중요하지 않다는 의미로 받아들이고 있음을 발견했다. 게다가 죄책감을 느끼는 것 자체를 좋은 엄마가 되는 신호로 여긴다는 점에도 주목했다. 엄마의 죄책감이 '비난하는 문화를 지지하고, 더 큰 구조적 불평등에서 다른 곳으로 주의를 돌리는 내적 억압의 한 형태'라는 것이다. 완벽한 양육이 불가능함을 알고 이를 충분히 받아들인 엄마들도 여전히 죄책감을 표현했다. 그러나 다행히 죄책감을 느끼는 정도가 비교적 심각하지는 않았다.

나도 이제 아이들을 어린이집에 보내는 것에 죄책감을 느끼지 않는다. 아이들은 어린이집을 좋아한다. 아이들을 사랑하지만, 직장에서 목적의식을 갖고 생활하는 삶도 내게는 중요하다. 그래야만 퇴근 후 집에서 아이들을 만났을 때 더 나은 엄마의 모습을 보여줄 수 있을 것이다. 문제는 전일제 근무와 집중 육아라는 두 가지 이상을 조합하는 게 불가능하다는 것을 고려해볼 때 엄마들의 죄책감이 거의 불가피하다는 것이다. 죄책감으로 엄마들이 아예 직장을 그만두면 남녀 임금 격차 등 온갖 종류의 낙수 효과를 일으킨다는 사실을 우리는 잘 알고 있다. 게다가 엄마의 월급이 가계에 중요한 보탬이 된다면 가계 경제에도 영향을 미칠 것이다.

나처럼 항상 일하고 싶어 하는 사람도 있는 반면, 어떤 엄마들은 아이들과 많은 시간을 보낼 수 없다면 직장을 그만두는 것이 차라리 낫다고 생각하는데, 이것 역시 타당하다. 물론 이런 생각조차 사치인 여성들도 많을 것이다. 이것은 재정 상태가 허락할 때 가능한 선택이다. 그런데 전업주부를 선택했더라도 혼자만의 시간이 거의 없다면 그 또한 스트레스와 불만족을 일으킬 수 있다. 그러므로 우리가 어떻게 할 수 없는 시간의 양을 두고 죄책감을 느끼기보다 아이와 보내는 시간의 질을 높이는 것이 가장 중요하다는 결론에 다시 이르게 된다.

우리 자신의 행복을 위해 무엇이 중요하고 어떻게 해야 본연의 자아로 돌아갈 수 있는지도 고려해야 한다. 완벽한 양육의 기준에 부합하지 못해서 죄책감을 느끼는 엄마들은 스트레스와 불안감을 더 많이 보이고 자기 확신감도 낮다. 가족에게 무엇이 가장 중요한지에 집중하고 외부적인 영향에 흔들리는 시간과 에너지를 줄인다면 엄마들도 부담감을 덜 느끼고 스트레스도 덜 받을 것이다. 또한 아이들도 분명 엄마의 변화를 알아차릴 것이다.

사회적으로도 육아의 책임과 육아에 대한 기대를 전적으로 엄마에게 떠맡기지 않는다면 엄마가 느끼는 부담을 덜어낼 수 있고, 결과적으로 엄마가 느낄 죄책감도 줄어들 것이다.

10장

엄마의 행복 지수

아이가 있다고 반드시 행복하지 않은 이유

나는 여섯 살 때까지 네덜란드의 북쪽 섬인 텍셀에서 살았다. 텍셀은 아주 작아서 섬 한 바퀴를 도는 데 자전거로 하루도 채 걸리지 않았다. 우리 집에서 출발해서 아름다운 해변, 그림 같은 모래언덕, 수많은 블랙베리 나무가 펼쳐진 길까지 어디든 걸어갈 수 있었다. 섬 어디를 가든 차를 타야 할 일은 거의 없었다. 네덜란드 부모들은 대부분 자전거 뒤나 앞에 아이를 태우고 다니는데, 가끔은 앞뒤로 아이를 한 명씩 태우기도 한다. 자전거 타는 법을 배울 수 있는 나이가 되자마자 아이들은 부모와 나란히 자전거를 타고 달린다. 안전을 위해 주로 도로에서 떨어진 자전거전용도로를 이용한다. 영국에 거주한 지 꽤 오랜 시간이 흘렀지만 텍셀에서 보낸 나의 어린 시절은 여전히 아름다운 추억으로 기억 한편에 자리하고 있다.

네덜란드의 아이들은 상당히 자유롭고 협력적인 양육을 경험한다.

학교 제도 또한 아이들이 어떤 수준의 등급을 성취했는지 강조하기보다 이수 여부에 초점을 맞추는 경향이 있다. 또한 대학교를 포함해 학교 간의 순위 차이도 거의 없다. 네덜란드에서는 영국에서 볼 수 있는 학교의 질적 차이나 어느 학교 또는 어느 대학에 가야 하는지에 대한 입시 부담을 거의 찾아볼 수 없다. 그 덕분에 네덜란드의 어린이들은 세계에서 가장 행복한 어린이로 불린다.

네덜란드 엄마들의 행복 지수가 높은 이유

네덜란드에도 여전히 상당한 남녀 임금 격차가 있지만, 일단 초과 근무 문화가 없고 대부분의 사회 구성원이 행복한 가정생활에 가장 큰 가치를 둔다는 점에서 엄마에게 부과되는 육아 부담이 적어 결과적으로 엄마들이 느끼는 행복 지수가 높다. 전반적으로 네덜란드의 엄마들은 미국이나 영국에 비해 완벽한 육아에 대한 강박감을 덜 느낀다. 그 이유는 네덜란드의 문화 규범을 이해하는 데서 찾을 수 있다. 네덜란드에는 '평범하게 행동하라. 그래도 이미 충분히 미친 거니까(doe maar gewoon dan ben je al gek genoeg)'라는 유명한 말이 있다. 이 말이 내포한 메시지는 우리는 결코 완벽할 수 없으므로 평범한 정도면 이미 충분하고, 일어날 일은 언제든 일어나므로 자신의 생각을 남에게 강요하는 것은 아무 소용이 없다는 것이다.

한 과학자 친구가 자신의 네덜란드인 지도교수에 관해 이야기해준 적이 있는데, 이 교수는 내 친구에게 "자네가 네덜란드에 있었다면 이 분야에서 '최고'가 되기는 어려웠을 거야."라며 네덜란드의 특징을 간략히 설명했다고 한다. 네덜란드에서는 일반적으로 개인의 성취나 성공에 큰 가치를 부여하지 않는다. 이런 사고방식은 10점 만점에 6점만 받아도 더 할 나위 없이 만족스럽게 생각하는 '제스예스컬투어 _zesjescultuur_' 성적 제도 에도 잘 반영되어 있다. 네덜란드의 아이들은 꼭 최고가 되어야 한다는 중압감에 시달리지 않는다.

그러나 미국의 집중 양육 방식이 유럽의 여러 국가에 도입되면서 비교적 느긋했던 유럽식 양육 방법도 최근 변화하고 있다. 미국식 양육 방식의 영향을 받은 이 새로운 육아 동향의 특징은 체계적인 교육 활동 에 시간과 돈, 자원을 아낌없이 투입하는 것이다. 2017년의 한 보고서는 네덜란드 아이들이 전반적으로 행복 지수가 높은 것은 맞지만 학교에서 느끼는 학업 부담감이 점차 늘어나는 추세이고, 2001년에 비하면 이런 부담감이 두 배로 늘었다고 발표했다. 그러나 다행히도 네덜란드 아이 들은 학업 부담이 증가하는 것에 비해 여전히 뛰어난 회복력을 보였다.

학업 부담과 관련된 정신건강 문제가 거의 증가하지 않았는데, 연 구진은 그 답을 '부모와의 긍정적인 관계'에서 찾았다. 네덜란드 부모들 역시 아이들과 마찬가지로 행복 지수가 높다. 이것은 태어날 때부터 예 견되는 현상이다. 미국 아기들과 비교했을 때 네덜란드 아기들이 더 많 이 미소 짓고, 더 많이 웃고, 달래기도 더 쉬운 것으로 나타났다. 다른 건 몰라도 개인의 행복에 관해서라면 네덜란드 부모들의 육아 방식에서 배 울 점이 많다는 걸 알 수 있다.

6개월 된 네덜란드 유아들은 미국 유아들보다 대략 하루에 2시간 을 더 잔다. 네덜란드 어른들도 대부분 다른 나라보다 수면 시간이 긴 편이다. 네덜란드 부모의 평균 수면 시간은 8시간 12분으로, 수면 시간이 가장 짧은 일본과 싱가포르의 부모들보다 1시간 가까이 더 길다. 우리는 수면이 신체 및 정신건강 그리고 행복감과도 복잡하게 관련되어 있음을 잘 알고 있다. 네덜란드 부모들의 양육 방식은 그들이 충분한 휴식을 누리는 이유에 대한 실마리를 제공한다. 그들은 이른바 3R의 휴식(rust), 규칙적인 생활(regelmaat), 청결(reinheid)을 개인이 추구해야 할 가장 중요한 가치로 여기며 이것을 아이들에게도 일찍부터 가르친다.

부모가 자녀에 관해 말하는 방식은 많은 것을 의미한다. 특히 우리가 자녀를 바라보는 시각에 문화가 얼마나 많은 영향을 미치는지는 말을 통해 잘 알 수 있다. 코네티컷 대학교의 사라 하크네스Sara Harkness와 찰스 수퍼Charles Super가 이끄는 국제 연구팀은 부모들이 자신의 자녀를 어떻게 묘사하는지 고찰하는 일련의 문화비교 연구를 진행했다. 연구 결과, 네덜란드의 부모들은 자녀가 상냥하다거나 삶을 즐긴다고 말하는 등 자녀의 사회성이나 삶의 태도를 묘사하는 경우가 많았다. 반면 미국의 부모들은 자녀가 얼마나 지적이고 똑똑한지에 더 초점을 두며, 학업 발달과 관련된 특성을 설명하는 경우가 많았다.

이탈리아 부모들은 자녀의 정서적인 부분을 언급하는 경향이 두드러졌다. 그들은 자녀에 관해 성격이 모나지 않고 정서적으로 균형이 잘 잡혀 있으며 친화력이 있다고 묘사했다. 호주, 네덜란드, 스웨덴의 부모들은 행복이라는 단어를 자주 사용했지만, 미국 부모들은 이 단어를 거의 사용하지 않았다. 스웨덴 부모들이 끈기를 언급했다는 점에서는 네덜란드의 부모와 비슷했다. 또한 그들은 정서적 균형, 쾌활함, 심리적 안정 같은 특성을 강조했다. 한편 스페인 부모들은 사교적이고 성공적인 사회 구성원이 되는 법을 배우고 적절한 예의를 지니는 것에 역점을 두고 자녀의 성격을 묘사했다.

흥미롭게도 미국 부모들과 대조적으로 네덜란드 부모들은 아이의 지능에 초점을 두는 것에 부정적인 면이 있다고 생각한다. 네덜란드인들은 "궁극적인 목표는 아이들이 자라서 자기 직업에서 행복을 얻는 것이다. 그것이면 충분하다."고 말한다. 사람들이 직장에서 초과 근무를 감내하는 이유는 성공이 자신의 경력과 관련 있다고 생각하기 때문이다. 하지만 네덜란드 사람들에게는 개인의 행복이 곧 성공을 의미한다.

각 국가의 문화적 특징에 따라 아이를 양육하는 방법도 달라진다. 사라 하크네스의 연구는 모성 경험이 나라마다 매우 큰 차이를 보이는 이유를 밝혀냈다. 미국인 엄마는 "아이 몸을 따뜻하게 해주고 좋은 음식을 먹이고 씻기고 말리는 일도 물론 중요합니다. 그러나 아이의 호기심과 흥미를 유발할 수 있는 인지적 자극도 꼭 필요하다고 생각합니다."라고 말하며 자신의 3개월 된 아기에게 충분한 자극을 제공하고 있는지 걱정했다. 반면 네덜란드 엄마들은 그런 걱정을 좀처럼 하지 않으며 오히려 아이가 지나친 자극에 노출될까 봐 우려했다.

수십 년 전과 비교하면 오늘날의 부모들은 자녀와 더 많은 시간을 함께 보낸다. 과거에 비해 일하는 시간이 줄어들지 않았으므로 이것이 반드시 긍정적인 현상이라고만은 할 수 없다. 실제로 한 세대 전보다 지금이 임금노동을 하는 엄마들이 많아졌고, 가구당 자녀의 수는 줄어들었다. 이것은 가족 규모의 축소와 함께 자녀에게 집중할 시간이 더 많아졌다는 의미다.

이 시대의 많은 부모가 주말마다 매력적이고 값비싼 활동을 찾아다니며 아이들과 시간을 보내기 위해 노력한다. 부모들이 이렇게 하는 이유는 우리가 지난 장에서 살펴본 집중 육아 방식과 관련이 있다. 집중 육아는 본질적으로 부모 희생적인 양육법이다. 또한 부모의 경제적인 능력에 크게 영향을 받는다는 점에서 연구자들이 지적하듯 사회계급을 구분하는 지위 상징물과도 같은 역할을 한다. 집중 육아에 대한 압박은 엄마의 행복도 감소시킨다. 왜냐하면, 사회학자 샤론 헤이즈Sharon Hays가 말했듯이 '아이 중심적이고, 전문가의 조언이 필요하고, 감정을 소모해야 하고, 노동집약적이고, 비용이 많이 드는 육아 방법'이기 때문이다.

반면 네덜란드 부모들은 아이들이 놀이 울타리 안이나 마당에 앉아 재미있게 놀도록 자유롭게 두는 경향이 강하다. 그들은 아이들에게 적절한 인지적 자극을 제공하는 것에 대해서도 크게 걱정하지 않는다. 그보다는 '아이가 침착하고 긍정적인 흥분 상태를 유지하는 것'에 더 주의를 기울인다. 자녀와 자신에 대한 높은 기대 때문에 너무 많은 것을 하려고 애쓰는 부모들은 시간에 쪼들리기 쉽고 번아웃 증상을 보일 확률도 높다.

하크네스와 수퍼 교수는 네덜란드에서 지낼 때 엄마와 아이들의 코르티솔 샘플을 얻었다. 미국에서도 똑같이 샘플을 얻었다. 샘플 분석 결과는 기존 조사 자료가 암시했던 것을 다시 한번 확인시켜줬다. 물론 이 연구의 참가자들이 저소득층 가정이 직면하고 있는 빈곤과 관련된 추가적인 스트레스가 없는 중산층이라는 한계점이 있지만, 네덜란드 엄마들이 미국의 엄마들보다 평균적으로 스트레스를 덜 받는다는 것을 입증할 수 있었다.

아이들의 행복과 교육 제도의 연관성

국가가 '지성'을 어떤 시선으로 보느냐도 개인의 행복과 연관이 있다. 하크네스와 수퍼 교수는 케냐 서쪽 지방의 키프시기스Kipsigis족이 사용하는 언어에 주목했다. 그들에게는 지성을 의미하는 '응옴(ng'om)'이라는 단어가 있는데, 이 단어가 아이들을 묘사할 때만 사용되었다는 점에 주목했다. 응옴은 주로 가정이나 부족 생활에 필요한 유용하고 책임감이 막중한 유형의 지성을 의미한다. 키프시기스족 사람들은 아이들에게 응옴 지성을 기대한다. 또한 학업에서 성취를 보이는 것과 가정에서 직관력을 보이는 것을 별개의 특성으로 인식한다.

반면 학업 수행 능력을 중요시하는 양육 방식은 아이가 매일 접하는 일상 환경에도 영향을 미친다. 놀이에 인지 향상을 적용하려는 제품이 늘어나고, 아동 도서와 장난감에 '아기의 뇌를 자극할 수 있는'이라는 홍보 문구를 사용하는 것도 한 예다. 인지적 자극을 목적으로 놀이를 시키려는 사고방식은 좁은 의미의 지성을 장려하는 것이라 볼 수 있다. 부모가 깨어 있는 모든 시간을 세세하게 관리하는 것에 익숙해진 아이들은 지루한 시간을 혼자 보내는 법을 배우지 못할 것이다. 또한 세상이라는 천연 놀이터에서 스스로 재미있게 노는 법을 찾지도, 배우지도 못할 것이다. 놀이는 결국 배움을 얻는 방식이기 때문이다.

네덜란드의 교육 제도를 보면 이 나라 국민의 행복 지수가 매우 높게 나타나는 이유를 명확히 이해할 수 있다. 다시 처음으로 돌아가서 네덜란드의 교육 문화가 어떻게 일찍부터 깊게 뿌리 내렸는지를 살펴보자. 로테르담 에라스무스 대학교의 행복 연구자 루트 빈호벤Ruut Veenhoven

교수는 세계 행복 데이터베이스(World Database of Happiness) 센터장이라는, 사람들의 부러움을 사는 직함을 가지고 있다. 그는 궁극적인 생활 만족의 핵심 요소는 학교에서부터 시작된다고 주장한다. 2014년의 연구 논문에서 그의 연구진은 학업 성적 성취를 엄격하게 강조하는 위계적 환경에서 아이들을 교육할 때 소수만이 최상위 그룹에 도달하고 나머지는 '실패자'로 낙인찍혀 좌절감을 경험한다고 주장했다.

또한 경쟁이 심한 교육 제도 아래 자란 아이들은 어른이 되었을 때도 행복 지수가 떨어지는 것으로 나타났다. 가장 두드러진 예는 학교가 극도의 상의하달식 방법으로 운영되고 경쟁을 강조하는 분위기인 프랑스와 일본의 경우였다. 이런 환경에서는 최고가 되지 못했을 때 열패감을 느끼는 아이들의 비율이 높게 나타났다. 실제로 성적 순위가 하위권에 머물러 있는 아이들은 자신이 실패자가 된 것처럼 느꼈다. 빈호벤 교수는 프랑스 국민이 다른 유럽 국가의 국민들보다 전반적으로 자존감이 낮다는 것을 발견했는데, 청소년기의 낮은 자존감이 성인이 되고 나서의 생활 만족감에까지 지속적인 영향을 미친 것으로 판단한다.

반면 네덜란드의 교육 제도는 수평적이고, 빈호벤의 표현을 빌리자면 '참여적이고 협력적인' 그룹 학습이 많다. 성적을 지나치게 강조하지 않으며 기준을 통과할 정도면 충분하다고 본다(앞에서 언급한 제스예스컬투어다). 아이들은 간결한 절차에 따라 진로가 명확하게 정해진 알맞은 학교로 배정받는다.[7] 빈호벤의 설명에 따르면, 선생님은 아이들의 의견을 경청하고 아이들은 생각을 자유롭게 표현하며, 이 과정에서 아이들

---

7) 간결한 학교 배정 절차가 12세라는 어린 나이에 시행되기 때문에 이에 대해 더 면밀히 조사하고 있다. 그렇게 어린 나이에 어떤 진로를 원하는지 확실히 알 수는 없기 때문이다.

은 자신이 더 가치 있다고 느낀다. 이런 문화는 아이들의 자존감과 자유의식을 높여주고, 그 결과 일반적으로 어른이 되었을 때도 행복감을 향상할 수 있는 결정을 더 잘할 수 있다는 것이다. 자신감이 부족하고 자존감이 낮은 상태에서 내린 선택은 당연히 제한적일 수밖에 없다. 이 모든 사례는 행복보다 지능(지성)을 더 중요시하면 아이들이 더 불안해지고 어른이 되었을 때 느끼는 행복 지수도 낮아짐을 분명하게 보여준다.

부모가 되면 왜 행복 지수가 낮아질까

우리는 자녀가 태어나면 이전보다 더 행복해질 것이라 기대하지만 꼭 그렇지만은 않다. 오히려 부모가 되는 것은 행복감 하락의 시작점이라 볼 수 있다. 캐나다 웨스턴온타리오 대학교 사회학 교수 레이철 마골리스Rachel Margolis는 자녀를 둔 동료 중 중압감에 시달리는 불행한 사람이 많다는 것을 알아차렸다. 그래서 부모의 행복에 관한 연구를 시작하기로 했다. 자녀가 행복을 가져온다는 생각이 지배적이었을 때였다.

2011년 마골리스는 86개국 20만 명의 응답자에게서 얻은 행복 데이터를 고찰하는 대규모 문화비교 연구에 들어갔다. 그 결과 연구진은 국가에 상관없이 전반적으로 자녀의 수가 늘면 부모의 행복감이 감소한다는 것을 알아냈다. 그런데 신기하게도 특정 나이까지만 이런 현상이 일어났다. 30세 미만의 부모는 자녀가 없는 동년배보다 훨씬 덜 행복하다고 느꼈고, 자녀가 많을수록 행복감은 더 떨어졌다. 하지만 30~39세까지의 연령층에서는 행복감이 떨어지는 추세가 사라졌고, 40세 이상에서는 자녀가 있는 사람이 없는 사람보다 더 행복한 것으로 나타났다. 이런 결과는 소득 정도에 상관없이 남녀 모두에서 공통적으로 나타났다.

마골리스는 후속 연구에서 왜 행복감의 변화가 일어나는지 그리고 그것이 둘째 아이를 갖는 결정에 어떤 영향을 미쳤는지 확인하고 싶었다. 그래서 연구진은 1984~2010년까지 약 30년 동안 2,000명이 넘는 부모들을 조사해서 얻은 자료를 분석했다. 조사 참여자들은 첫째 아이를 갖기 3년 전부터 자녀가 생긴 후 2년까지 매년 '모든 것을 고려했을 때 자신의 삶에 얼마나 만족합니까?'라는 질문에 매우 불만족하면 0점, 매우 만족하면 10점까지 등급으로 대답했다. 조사 기간 동안 참여자들에게 계속 같은 질문을 했기 때문에 연구자들은 해마다 대답이 바뀌는 추이를 파악할 수 있었다.

결과는 명확했다. 자녀가 생기기 직전 부모들의 행복감이 가장 증가했는데, 새로운 가족 구성원이 생긴다는 기대감이 그 이유일 것이다. 그러나 2011년의 연구 자료가 암시하듯이 아기가 태어난 후 부모들은 행복감 감소를 경험했다. 행복감이 더 많이 떨어진 사람일수록 둘째 아이를 가질 확률이 낮았다. 둘째 아이를 낳은 부모들은 전반적으로 처음부터 다른 사람들보다 기본 행복 지수가 높았다. 이것은 둘째 아이를 낳지 않았을 때와 비교해서 둘째 아이를 낳았다고 당연히 행복감이 떨어지는 것은 아님을 의미한다. 첫째 아이를 낳고 행복감 감소를 겪은 교육 수준이 높은 부모들도 둘째 아이를 가질 확률이 낮았다. 일과 자녀 양육을 병행해야 하는 스트레스가 그 원인일 것으로 추측된다.

첫째 아이가 태어난 후 결혼 만족도가 감소하고 자녀 수가 늘어날 때마다 만족감이 감소하는 현상을 '부모 행복감 격차'라고 부른다. 이는 미국에서 가장 크게 나타났다. 미국 부모들은 자녀가 없는 사람들보다 행복 지수가 12퍼센트 정도 낮다고 보고되었다. 결혼 만족도도 자녀가 있는 부부들이 더 낮았고, 특히 유아기의 자녀를 둔 엄마들의 만족감이 가장 크게 감소했다. 세계 22개국의 보육 비용, 유급 육아휴직, 탄력적 근무에 관한 정책을 비교 분석한 연구에서도 미국 부모들이 가장 높은 '행복 페널티'를 가지고 있는 것으로 나타났다.

헝가리, 노르웨이, 스웨덴, 핀란드, 러시아 같은 국가에서는 부모들이 아이가 없는 사람들보다 더 행복했다. 심지어 이들 국가에서는 자녀가 없는 사람들도 기본 행복 지수 자체가 높았다.

생활 만족감 감소와 마찬가지로 결혼 만족감 감소도 자녀가 많은 가정일수록 더 크게 나타났고, 특히 교육과 소득 수준이 높은 부모에게 가장 크게 나타났다. 2003년 총 응답자 수가 47,692명에 이르는 거의 100편의 논문을 분석한 메타분석 연구에서 소득 수준이 높은 엄마들이 전반적으로 결혼 만족도가 낮은 것으로 나타났다. 엄마들이 오랫동안 과도한 육아 부담에 시달리고 있으므로 이런 결과는 우연이 아니다.

교육 수준이 높은 엄마들은 사회와 직장, 가정 모두에서 평등을 기대하는 경향이 있다. 그런데 일상에서 평등이 이뤄지지 않으면 '역할 갈등이 더 많고 자유 또한 더 많이 제한되므로' 불만을 느낄 수밖에 없다. 교육 수준이 높은 여성일수록 자녀를 덜 낳고 첫아이를 늦게 낳는 경향이 나타나는 것도 이와 관련이 있다. 만성적인 수면 부족, 가정에 얽매인 삶, 죄책감, 외모에 대한 걱정, 제한된 자유, 전통적인 성역할 강요를 포함해 우리가 앞에서 살펴본 많은 이유 때문에 결혼에 대한 만족감이 떨어진다. 부부 사이 성관계 감소도 그 이유 중 하나다. 전반적으로 주 양육자들의(대개 여성) 결혼 만족도가 더 많이 감소하는 것으로 나타났다.

메타분석이 거의 30년을 추적한 것이어서 연구진은 30년 전 세대보다 후세대일수록 행복 지수가 더 많이 감소했다는 흥미로운 점을 발견할 수 있었다. 연구자들은 30년 전까지만 해도 사회적 동조, 친밀한 가족 관계, 공동체의식을 매우 소중하게 여기는 사회적 분위기가 있었기 때문이라고 분석했다. 이 시대의 부모들은 아이 낳는 것을 당연하게 받아들였고, 가족을 이루는 것은 선택의 문제가 아니라 마땅히 이어지는 삶의 단계라 생각했다. 평등이라는 개념은 사실 지금처럼 논의해야 할 주제가 아니었다.

그러나 이제는 여성에게 더 많은 선택권이 있다. 그리고 어쩌면 이것이 여성의 자유에 더 큰 가치를 부여할 것이다. 하지만 이런 선택권 또는 선택권이 있음을 아는 것이 우리를 덜 행복하게 만든다. 동시에 부모가 되는 시기도 점점 더 늦춰지고 있어서 오랜 기간 누리던 자유의 상실이 더 고통스럽게 느껴진다. 19세기에는 자녀를 경제적 자산으로 봤지만, 지금은 정서적 자산으로 봐야 한다. 경제학적 측면에서 말하자면 자녀는 경제적으로 유용한 존재에서 무용한 존재로 바뀌었다. 부모의 만족감 상실은 아이들의 잘못이 아니다. 부모 자신의 잘못도 아니다. 오히려 서로 경쟁하는 삶에서 모두 성공하기 위해 다람쥐 쳇바퀴 같은 일을 하는 데 따른 불행한 결과라고 할 수 있다.

자녀가 많을수록 부모의 행복감이 감소하는 주된 이유는 결혼 만족감이 감소하기 때문이다. 아이가 생기면 부부가 서로에게 신경 쓸 시간이 줄고 수면 시간이 감소하며, 성관계도 감소하고 스트레스가 늘어난다. 부부는 서로보다 아이들에게 더 집중한다. 자신들의 관심사에 관해서 말하기보다 아이의 삶을 계획하고 조직한다. 결혼 만족감이 행복감에 직접적인 영향을 미치므로 결국 자녀를 낳는 것이 결혼 만족감과 행복감 모두를 방해하는 셈이다. 둘째 아이가 태어난 후 결혼 만족감 감소를 분석한 2009년의 연구에서 초기 적응기가 지나면 배우자에 대한 부정적 감정이 증가한다는 것이 밝혀졌다.

연구진은 200여 가정을 대상으로 둘째 아이를 임신했을 때부터 그 아이가 생후 12개월이 될 때까지를 조사했다. 대부분의 부부는 아기가 생후 4개월이 될 즈음 긍정적인 부부 관계로 돌아갔다. 그러나 연구자들이 말하는 이른바 '위기 모델(crisis model)'을 경험한 일부 부부들은 예외였다. 이들의 경우 결혼 만족감이 급격히 감소해서 출산 이전 수준의 행복감을 회복하기 어려워 보였다. 하지만 다행히 몇 년 후에는 안정감을 회복했다. 그리고 다시 몇 년 후, 특히 자녀가 독립하면 부모들의 행복감이 다시 증가했다. 이 현상은 미국과 유럽에서 일관되게 나타났다.

가족이 늘어나면서 추가되는 육아 부담과 특히 엄마들에게 가중되는 부담을 고려한다면 결혼 만족감이 감소하는 것은 너무나 당연하다. 그렇다고 너무 겁먹을 필요는 없다. 부모가 되자마자 우리의 행복이 끝났다는 의미는 절대 아니다. 결혼 만족감 감소를 해결하기 위해 부부가 함께 걸어갈 수 있는 길이 있다. 육아와 가사를 공평하게 분담하는 것, 부부가 서로 솔직하게 대화를 나누는 것 등 비교적 간단한 해법이다. 이렇게 조금씩 바꿔나가면 되는 것을 알고 있지만, 그렇게 하기 위해서는 가부장제로 진하게 물든 파도를 헤쳐나가야 하므로 여전히 쉬운 일은 아닐 것이다.

엄마들은 양육에 대한 인지적 부담을 지고 있을 뿐만 아니라 일상에서의 많은 결정도 엄마의 몫으로 주어진다. 만일 이 상황을 그대로 내버려 둔다면 계속해서 불만이 쌓일 것이다. 평등주의적 관점을 가지고 있고 그것을 뒷받침하는 정책을 시행하는 국가에서는 남녀 모두 생활 만족감이 높다는 연구 결과가 있다. 어깨 위의 짐이 가벼워지면 여성들은 분명 더 행복해질 수 있다.

어느 금요일 저녁, 나는 아이들에게 저녁을 먹이고 재우는 일이 얼마나 힘든지 남편에게 푸념을 늘어놓고 있었다. 아젠이 거의 9개월이었고 산느는 몇 개월 지나면 세 살이었다. 그런데 남편이 어떤 점이 가장 힘드냐고 물었을 때 딱 꼬집어 무언가를 말할 수 없었다. 그 무렵 산느는 자기 마음대로 되지 않으면 격렬하게 폭발할 때가 있었다. 예를 들어 동생의 젖병이나 인공 젖꼭지를 훔치려고 하거나, 동생이 낮잠을 잘 때(다시 말해 숨 돌릴 여유가 생기는 내 소중한 휴식 시간에) 아기 침대 속으로 들어가려고 하거나, 먹다 남은 젖병을 동생의 입에 밀어넣으려고 하다가 저지당할 때다. 게다가 한 번 폭발했다고 끝나는 게 아니라 또 다른 자잘한 감정 폭발로 이어졌다.

아기의 울음소리는 진화론적인 이유에서 극심한 짜증을 불러일으킨다. 그러므로 아기를 달래기 위해 우리는 최선을 다하고 울음을 멈추게 하려고 아기의 요구를 들어준다. 아이들이 신경질을 부리고 소리 지르고 생떼를 쓰면 우리 뇌의 스트레스 촉발 장치가 즉각적으로 작동하기 시작한다. 그 결과 우리의 공감 반응 기제가 과열될 수 있고, 기본적으로 지나치게 공감하는 상태를 초래한다. 공감적 과각성(empathic over-arousal)이라 불리는 이 상태에 이르면 실제로 심장박동과 혈압이 높아지는 신체적 반응을 경험할 뿐만 아니라 아이가 받는 스트레스를 그대로 느껴서 정서적으로 불안해지고 효과적으로 양육하는 능력도 저하된다.

예를 들어 내가 목소리를 다소 높였을 때 산느가 "엄마, 생떼 부리지 마."라고 말하고, 그러면 내가 "아니, 생떼 부리는 건 너야."라고 대답하는 식으로 몇 차례 설전이 오갔을 때가 그랬다. 온종일 두 아이를 등에 업고 아이들의 모든 요구를 들어주며 하루를 보낸 후 마침내 아이들이 잠들었을 때 나는 가끔 혼자 있고 싶다는 강한 욕구를 느꼈다. 종일 아이들에게 많은 것을 내주고 나면 내게는 아무것도 남지 않았다는 느낌이 들 때가 있다. 우리 부부는 육아의 피곤함에 굴복하지 않기 위해 그리고 아이들 이야기 말고 다른 이야기를 나누기 위해 온갖 노력을 해야 했다.

앞에서도 말했듯이 육아를 더 쉽게 하는 방법은 분명히 있다. 하지만 실행에 옮기기에 반드시 쉽다고 할 수는 없다. 그것은 바로 부부가 서로 도와주고 짐을 똑같이 나눠 드는 것이다. 아니면 우리 선조들이 그랬던 것처럼 주변 사람들의 도움을 받는 방법도 있다. 이른바 '지원 공동체' 혹은 '공동육아'로 불리는 것이다. 나 역시 혼자일 때보다 남편이 같이 집에 있는 날이면 아이들의 낄낄거리는 웃음소리와 사랑스러운 순간에 집중할 수 있었다. 아이들에게 좀 더 주의를 기울일 수 있었고, 남편이나 내가 우는 아이를 번갈아가며 달랠 수 있었다. 그러나 혼자 있을 때는 우는 아이를 항상 달래지 못했다. 어린 아기와 걸음마기 아이를 한꺼번에 먹이는 것도 할 수 없었다. 아기 기저귀를 갈면서 동시에 딸에게 깨끗한 물컵을 꺼내줄 수도 없었다.

이 모든 것이 다소 부정적으로 들렸다면 그것은 내가 의도한 바가 아니다. 때때로 내 시간과 도움을 끊임없이 요구하는 아이들 때문에 아이들이 안겨주는 기쁨과 사랑을 맛볼 수 있는 여유를 가지지 못할 때도 있다. 그러나 사실 아이들이 내 귀를 간지럽히며 속삭이고, 나를 웃게 하려고 춤을 추고, 동생이 울 때 장난감을 가져다주고, 아침에 일어나자마자 엄마가 보고 싶었다고 말하고, 목욕하면서 노래를 부르는 사랑스러운 순간들도 분명 가까이 있다.

행복에 관해 답을 찾는다면 자녀가 유일한 답은 아닐 것이다. 그러나 아이들은 우리에게 삶의 의미와 목적을 제공한다. 의미와 행복은 같은 개념이 아니다. 아이가 아무리 의미 있다 하더라도 매일 먹이고, 씻기고, 숙제를 도와주고, 훈육하는 따분한 일상에서 벗어나게 하지는 못한다. 결국 우리는 행복을 어떻게 정의하느냐의 문제에 이른다. 사회학자들은 행복을 '생활 만족감'이라고 정의하고, 심리학자들은 '정신적 안녕'이라 부르고, 철학계 일부에서는 '정신적, 육체적으로 고통이 없는 상태'라고 본다. 행복이 우리가 살아가는 순간순간에 있다면 부모들은 아이를 키우기 위해 자신의 행복을 희생하고 있는지도 모른다.

하지만 우리는 전반적인 만족을 희생하면서 의미 있는 단편을 얻고 있다. 어린아이가 있는 삶은 스트레스가 많고 피곤하다. 하지만 우리의 위대한 목적의식을 탐구하거나 삶을 살아갈 만하게 하는 것이 무엇인지 질문하기 시작한다면 거기서부터 미래의 행복을 희망할 수는 있을 것이다. 만일 일시적인 고통의 대가를 치르더라도 부모가 자녀에게서 장기적인 만족감을 얻는다면 비자발적 무자녀 가족과 비교했을 때 자발적 무자녀 가족들이 행복 지수가 높고 스스로 자신들을 독립적으로 세상을 통제하는 사람이라 여기고 자신의 결정을 후회하지 않는 이유를 설명할 수 있을 것이다.

나이가 들어서는 자녀가 있는 사람들이 없는 사람들보다 행복 지수가 높게 나타난다. 이것과 관련해 루트 빈호벤 교수가 흥미로운 설명을 제시했다. 자녀가 없는 사람들은 친구들과의 접촉을 통해 자녀가 성장해서 독립한 부모들이 느끼는 행복감과 기능적으로 동등한 행복감을 느낀다. 하지만 노년기에 이사를 가거나 세상을 떠나는 사람들이 생김에 따라 친구에게서 얻는 위안이 점차 줄어들면 자녀가 없는 사람들보다 행복감이 떨어지고 고립감이 커진다는 말이다.

이 점과 관련해서 분명 자발적으로 아이를 낳지 않은 사람들과 아이를 원했지만 갖지 못한 사람들 사이에 차이가 있을 것이다. 그래서 부모가 됨으로써 얻는 장기적 혜택이 노년에 나타나는 것이다. 그렇게 되기까지 오랜 시간이 걸릴 뿐이다. 다른 각도에서 행복을 생각해보자. 우리는 행복해져야 마땅하고 행복을 추구해야 한다는 생각에 끊임없이 사로잡혀 있다. 하지만 아이들은 그것을 뛰어넘는 자연의 방식이다. 아이들은 우리의 유전자로 만들어진 미래로 가는 티켓이며, 아이들이 성장해서 살아갈 세상을 위해 더 애쓰고 노력하라고 우리를 다독이는 목소리다. 딸아이의 더할 나위 없이 아름다운 미소, 아들 녀석의 키득거리는 웃음소리, 가장 좋아하는 간식을 얻기 위한 교묘한 속임수, 더러워진 기저귀로 채워진 쓰레기통, 이것이 나의 삶이다. 그리고 험난하지만 더 행복한 미래가 기다리고 있다고 생각한다.

11장

소셜미디어 시대의 육아

소셜미디어는 엄마의 삶에 어떤 영향을 미칠까

케이티는 최근 아기를 낳았다. 코로나바이러스로 떨어진 엄격한 봉쇄조치로 같이 어울릴 사람도 없이 고립되었고 심지어 가족과도 떨어져 지냈다. 그녀는 같은 시기에 엄마가 된 사람들을 사귀지 못했다. 현실에서 친구를 얻지 못한 케이티는 소셜미디어로 시선을 돌렸다. 인스타그램에 가입한 케이티는 아기의 수면 패턴, 습관 또는 애착 양육에 관한 자세한 이야기가 있는 육아 관련 해시태그를 팔로했다. 새로운 해시태그를 팔로하면 또 다른 해시태그로 끝없이 이어졌고, 사진상으로는 완벽한 삶을 누리는 아름다운 엄마들의 모습이 나타났다. 케이티도 귀여운 아기의 사진을 포스팅하기 시작했다. 아기 사진을 더 예쁘게 찍기 위해 새로운 장비도 구입했다. 매일 아기와의 일상을 게시하는 일이 케이티에게 중요한 일과가 되었다.

소셜미디어의 장점과 단점

엄마가 되었을 때 겪는 문제는 대부분 아주 개인적인 것들이지만 이제는 원한다면 버튼을 한번 누르는 것으로 우리에게 일어난 좋은 일이나 슬픈 일을 널리 알릴 수 있다. '셰어런팅sharenting'을 예로 들어보자. 셰어런팅은 부모가 인터넷에 아이 사진을 아이 동의 없이 일상적으로 올리는 현상을 말한다. 어떤 부모들은 매년 수백 장의 사진을 올리고 아이가 걸음마를 떼기도 전에 아이의 디지털 신분을 만들어 그와 관련된 사생활 침해 우려까지 일어나고 있다. 전 세계적으로 수많은 아이가 두 살이 되기 전에 소셜미디어에 노출된다.

즉각적인 업데이트가 일어나는 세상에서 수많은 정보를 공유하는 것은 아주 흥미롭고 재미있다. 일시적인 공동체의식도 느낄 수 있다. 인스타그램에서 #motherhood(#모성) 해시태그가 달린 게시글은 1,900만 개가 넘고, #mommylife(#엄마의삶) 해시태그가 달린 글은 500만 개가 넘는다. 우리는 이런 글이 온전히 실제의 삶을 보여주는 것은 아님을 직관적으로 안다.

그러나 컴퓨터나 스마트폰을 통해 볼 수 있는 완벽한 엄마의 이미지는 쉽고 빠르게 우리의 마음을 현혹시킨다. 만일 SNS를 돌아다니거나 위에서 언급한 육아 해시태그를 찾아본다면 곧바로 다음과 같은 모습을 볼 수 있을 것이다. 깨끗한 베이지 톤의 집에서 값비싼 최신 육아 용품으로 아이를 키우는 엄마와 유행하는 스타일의 옷을 입고 있는 아이들 그리고 그 아래 그날 겪은 좋고 나쁜 일에 대한 기록 같은 것들이다.

그런데 이런 게시글을 올리는 대다수가 특정 브랜드의 후원을 받는다는 사실을 알고 있는가. 소셜미디어는 안타깝게도 사적인 것과 홍보를 위한 것의 경계선을 모호하게 만들고 있다. 소셜미디어에서는 이 여성들이 제품을 홍보하는 게시글을 올려 어떤 대가를 받는지, 엄마 인플루언서로서 인스타그램을 통해 어떤 이익을 얻는지는 거의 언급하지 않는다. 소셜미디어에 올라오는 모성 관련 과장 광고가 일시적인 현상이라 하더라도 이런 글에 '좋아요' 표시가 빠르게 증가하는 것을 봤을 때 현재의 추세가 쉽게 바뀌지는 않을 것이다.

소셜미디어로 생계를 유지하는 사람들은 일부러 자신을 브랜드화하고 자신의 이미지를 홍보에 활용할 것이다. 소셜미디어에 게시하는 글이 누군가에게 도움이 될 것 같고 연대의식을 심어줄 것처럼 느껴질지도 모른다. 그러나 대부분 이런 계정은 엄마들에게 독특한 종류의 독약처럼 작용한다. '아이와의 행복한 일상' 또는 '활력 있는 하루의 시작' 같은 표제가 붙은 수십 개의 멋진 게시글을 훑어보다 후줄근한 옷을 입고 세수도 하지 못한 채 아기의 뒤치닥거리를 하는 자신의 모습을 초라한 눈으로 바라본 경험이 한두 번쯤은 있을 것이다.

선망이 동기부여가 될 수도 있지만, 온라인상에 그려진 '완벽한 이상'에 도달할 수 없는 사람들은 자신이 실패했다고 생각할 수도 있다. 예를 들어 출산 후의 몸매에 관한 인식은 오랫동안 유명인 엄마들이 왜곡해왔고, 오늘날 소셜미디어 세대에 의해서도 증폭되고 있다.

우리가 객관적으로 알고 있는 것들에도 불구하고 소셜미디어 속 세상은 너무나 달콤하고 화려해서 이성적인 판단을 내리기 어렵다. 자신과 남을 비교하는 행위는 정보를 공유하는 것만큼이나 정상적인 인간의 본능이다. 사회적 비교라는 단점과 정보 공유라는 장점은 지금도 소셜미디어에서 끊임없이 충돌한다.

소셜미디어 때문에 우울해지는 엄마들

소셜미디어는 올바른 일을 하고 있음을 보여줘야 한다는 압박감을 가중시킨다. 2016년 한 연구진은 127명의 엄마를 대상으로 페이스북 사용 실태를 조사했다. 그들 중 98퍼센트가 자녀의 사진을 온라인에 올리고, 80퍼센트가 자기 프로필 사진에 아기 사진을 넣고 있었다. 자신이 엄마로서 어떻게 비치고 어떻게 평가되는지에 신경 쓰는 엄마일수록 SNS에 할애하는 시간이 더 많았고 자기 프로필 사진에 자녀 사진을 넣는 경우도 더 많았다.

게다가 게시한 사진에 '좋아요'가 많이 달리지 않거나 기대한 만큼 반응이 없으면 스트레스를 받았다. 엄마들은 소셜미디어를 사용함으로써 다른 사람들로부터 '좋은 엄마'라는 확인을 받으려 했다. 게시물을 많이 올리는 엄마일수록 더 완벽주의적인 성향을 보였고, 자신이 '자녀에게 최선의 엄마'임을 보여주기 위해 소셜미디어를 이용했다.

연구진은 소셜미디어가 초보 엄마들의 정체성과 어떻게 결부되는지도 관찰했다. 그들은 특히 사회적으로 기대되는 완벽주의가 초보 엄마들의 행동에 어떤 영향을 미치는지에 초점을 뒀다. 여러 정체성 중 엄마로서의 정체성을 가장 중요하게 생각하는 참여자들은 자신이 올린 게시물에 대한 반응에 가장 민감하게 반응했다. 댓글이나 '좋아요' 표시를 확인하는 일에 집착하는 엄마들일수록 자신이 다른 사람에게 어떻게 비치는지에 매우 민감했고, 결과적으로 우울증 증세를 더 많이 보였다. 이것은 모성 정체성에 사로잡힌 엄마들이 모성에 수반되는 기대감과 압박에 더 힘들어 한다는 사실을 보여준다. 실제 모습이든 아니든 우리의 삶이 실제보다 부풀려지기 쉬운 디지털 세상의 열기가 고조되면서 엄마들에게 더욱 해로운 영향을 미치고 있다.

이쯤에서 다시 사회학자들 사이에서 오랫동안 알려진 사실을 확인하게 된다. 여성들이 자신에게 기대되는 성역할 규범을 따를 때 찬사를 받지만, 이것은 성별화된 역할 규범이 영속하도록 도울 뿐이라는 점이다. 성역할 기대감이 아주 어릴 때부터 시작된다는 것을 알면 이런 현상이 어떻게 일어나는지 아주 확실해질 것이다. 여자아이의 옷에 관해 칭찬하는 행동의 예를 보자.

우리 딸 산느는 다른 여자아이들이 원피스를 입는 것을 자주 보기도 하고 자기가 원피스를 입었을 때 귀엽다거나 예쁘다는 말을 듣기도 해서인지 드레스 입는 것을 무척 좋아한다. 이것은 비단 아이들만 겪는 일이 아니다. 여성의 인생을 통틀어 비슷한 일들이 무수히 많이 누적된다. 그래서 여성스러움의 의미에 대한 기대감이 어떻게 시작되었는지 인지하지 못할지라도 그 기대감에서 빠져나올 수 없게 된다.

소셜미디어에 쓰는 시간이 많은 사람일수록 일반적으로 우울증 증상을 더 많이 보이고 더 외롭다고 느낀다. 심리적으로 취약한 사람들이 '삶을 전시하는 유행'에 노출되었을 때 다른 사람의 삶이 자신보다 더 좋고 행복하다고 생각하기 쉽고, 그 결과 훨씬 더 강한 고립감을 느낄 수 있다는 뜻이다. 우리는 엄마들이 우울해서 온라인에서 더 많은 확인을 추구하는 것인지, 아니면 온라인에 시간을 많이 쓴 엄마들이 더 우울해지는 것인지 정확히 알지 못한다. 분명 어느 정도는 모두 맞을 것이다. 게다가 소셜미디어의 사용은 본질적으로 우울증을 유발하는 위험 요인인 수면의 질적, 양적 하락과도 연관되어 있다.

더 완벽해지려는 노력, 집중 육아에 대한 압박감, 그것에 수반되는 사회적 기대가 피드백 루프로 작용해서 엄마들이 자신을 더 부정적으로 바라보게 된다는 사실을 다시 한번 확인할 수 있다. 온라인에서 시간을 많이 쓸수록 자신에 대한 부정적인 생각도 증폭될 뿐이다.

요즘 같은 세상에서 소셜미디어 노출을 완전히 피하기는 어렵다. 엄마들끼리의 토론방부터 친구들과의 채팅방, 낯선 사람들과의 그룹 채팅방까지 소셜미디어 채널은 넘쳐난다. 나는 첫 출산휴가 기간에 채널 3개를 구독했는데 비교적 유용한 내용도 있었고 그렇지 않은 것도 있었다. 가끔은 너무 많은 내용이 쏟아져 나와 이 정보가 나에게 유용한지 해로운지 구분하기도 쉽지 않았다.

건강한 온라인 집단에 소속되는 것은 다른 일로 스트레스를 많이 느끼고 있는 사람에게는 큰 도움이 될 수 있다. 한 연구에 따르면, 왓츠앱WhatsApp으로 다른 임산부들과 소통하는 케냐 여성들은 예전보다 자신감이 높아졌다고 느꼈으며, 건강에 관한 조언을 구하는 경우도 많았다.

또 다른 연구에서는 블로그 활동이 초보 엄마들에게 친구나 가족들과 보다 긍정적인 관계를 경험하도록 도와준다는 사실이 밝혀졌다. 어떤 방식의 소셜미디어를 사용하느냐보다 자신에게 힘을 주는 사람들과 어떤 종류의 소통을 나누느냐가 중요하다는 것을 보여주는 단적인 예시다.

어떤 것에든 밝은 면도 있고 어두운 면도 있다. 하지만 의도했든 의도하지 않았든 소셜미디어가 삶을 전시하거나 자기 자랑으로만 흘러간 다면, 소셜미디어는 악영향을 주는 곳이 되어버릴 가능성이 크다. 우리는 인플루언서나 유명인과 비교하기보다 실생활의 주변인과 자신을 더 많이 비교한다. 그러므로 나와 가장 비슷한 사람을 부러워할 확률이 더 높다.

우리는 공통점에 강한 흥미를 보이는 경향이 있고 머리카락부터 키, 피부색, 좋아하는 음식, 자녀 유무에 이르기까지 차이점을 재빨리 알아차린다. 이것은 더 강한 사회적 유대를 형성할 수 있게 하고 다른 사람과 어떻게 관계를 맺을지 파악하도록 도와주기 때문에 삶을 살아가기 위한 아주 중요한 기술이다. 그러나 사회적 비교가 가져오는 부정적인 결과인 질투와 열등감을 일으키는 요인이기도 하다.

질투는 선한 것이 될 수도 있다. 질투함으로써 우리는 다른 사람이 지닌 특성이나 성질을 제대로 인식할 수 있고, 비슷한 목표를 달성하게 하는 자극이 될지도 모른다. 우리는 다른 엄마의 나무랄 데 없는 정리 정돈 기술이나 건강한 요리 습관, 날씬하고 아름다운 몸매 등을 부러워할 것이다. 그것이 선한 질투라면 유익한 동기부여가 될 것이다. 그러나 누군가의 경제적 여유나 멋진 집, 누구나 부러워할 만한 직업 등을 탐낸다면 상대적 격차를 느끼고 내가 더 열등한 삶을 살고 있다고 생각하게 된다. 선한 질투에서 악한 질투로 방향이 바뀌는 순간이다.

네덜란드어에는 성질이 다른 이 두 가지 질투를 나타내는 단어가 있다. 선한 질투는 '버네이든benijden'이라 하고 악한 질투는 '아프훈스트 afgunst'라 한다. 사회적 비교에서 생겨난 악한 질투는 SNS 이용이 매우 해로울 수 있는 이유를 보여준다. 질투는 우리가 앞으로 나아가게 자극할 수도 있지만 우리를 넘어지게도 만들 수도 있다. 그래서 일부 소셜미디어가 어떤 사람에게는 긍정적인 영향을 미칠 수 있지만, 또 어떤 사람들에게는 해로울 수 있는 것이다.

소셜미디어 시대에 우리의 경험은 늘 실제보다 약간은 과장되게 느껴지기 쉽다. 화려한 휴가, 값비싼 가구, 멋진 자동차 또는 다른 형태의 교묘한 자기 과시를 나타내는 글을 보면서 번번이 비교한다면, 그렇지 않아도 육아로 힘든 시기에 정신적으로 더 쉽게 좌절할 수 있다. 소셜미디어가 소통과 교류의 중요한 원천이 될 수 있지만, 그 속의 모습이 너무 자주 우리를 형편없이 느끼게 만든다면 SNS를 중지해야 할 것이다.

가족과의 소통을 방해하는 스마트폰

우리가 SNS에 시간을 할애하는 동안 발생하는 또 하나의 문제는 가족들과 단절될 수 있다는 점이다. 24시간 사용 가능한 스마트폰이 있어서 우리는 소중한 순간을 사진에 담을 수 있다. 다른 부모들처럼 나도 아이들 사진을 정말 많이 찍는다. 종종 아이가 처음 한 말이나 행동을 사진으로 찍어 가족들과 공유하려고 서둘러 스마트폰을 들기도 한다. 딸아이는 내 스마트폰에 관심을 보였는데 툭하면 스마트폰을 가지고 놀아도 되는지 물었다. 내가 하는 것처럼 자기 장난감 핸드폰으로 사진을 찍는 것도 좋아했다. 그런 모습을 보면서 나는 아이들 앞에서 되도록 스마트폰 사용을 자제해야 한다는 것을 깨달았다. 물론 할머니 할아버지와 화상통화를 하거나 온라인 쇼핑을 하거나 놀이 약속을 잡기 위해 통화할 때는 어쩔 수 없지만 아이들이 옆에 있을 때는 되도록 스마트폰을 숨겨놓으려 한다. 그러나 이것은 여전히 진행 중인 어려운 도전이다.

이 장을 쓰기 위한 자료 조사 덕분에 나는 스마트폰 사용에 관해 한 번 더 생각해볼 수 있었다. 나는 어떤 일을 하기 전에 세세하게 관련 정보를 찾는 것을 좋아한다. 하지만 그러기 위해서는 스마트폰을 너무 많이 사용하게 되고, 거기에는 반드시 대가가 따른다. 만일 부모들이 너무 자주 스마트폰을 들여다본다면 자녀와의 관계에도 문제가 생길 수 있다. 아이를 옆에 데리고 버스 안에 앉아 있는 피곤한 엄마를 생각해보자. 엄마는 아이와 대화를 하는 게 아니라 스마트폰만 들여다보고 있고 어린아이는 유모차에 멍하니 앉아 있다. 아기가 첫걸음을 떼는 것을 지켜보는 엄마는 또 어떤가. 그 순간을 즐기기보다 나중에 남편에게 보여주기 위해 카메라를 먼저 켠다. 산느가 첫걸음을 떼었을 때 나의 경험도 이와 크게 다르지 않았다.

아이 모습을 스마트폰에 담기 위해 한두 번 아이와의 의사소통을 놓치는 것은 괜찮다. 그러나 시간이 흐르면서 비슷한 일이 누적되면 이런 행동이 표준이 되어버릴 수 있다. 첫아이의 출산휴가 기간에 나도 스마트폰을 자주 사용했다. 모든 중요한 발달 단계에 관해 궁금한 게 아주 많았고, 육아에 관한 정보는 주로 가상공간에서 주고받기 때문에 '외부 세계'와의 접촉이 꼭 필요하다고 생각했다.

생활의 모든 영역에 스며들어 있는 기술로부터 우리를 분리하기는 매우 어렵다. 물론 다른 사람과 계속 연결되어 있으면 이로운 점이 있다. 그러나 스마트폰에 너무 많은 시간을 빼앗기다 보면 정작 어린 자녀에게 신경 써야 할 순간을 놓칠 수도 있다. 그러면 아기에게 일상에 관한 이야기를 자주 해주는 것처럼 좋은 의사소통 습관을 자연스럽게 기를 수가 없다. 아동 발달 전문가들은 태어나면서부터 아기에게 일상에 관한 이야기를 자주 해줘야 한다고 말한다. 부모가 아기에게 일방적으로 말하거나 아기와 눈을 마주치지 않고 옆에서 말했을 때보다 아기와 대화를 주고받는 형식으로 말했을 때 아이들의 학업 성취도가 높은 것으로 나타났다. 여러 차례의 반복 실험에서 부모의 사회경제적 지위와 상관없이 같은 결과가 나왔다.

또한 대화하는 동안 아기의 뇌가 말 그대로 양육자에게 주파수를 맞춘다는 것이 연구를 통해 입증되었다. 과학자들은 양육자가 아기에게 말할 때 아기의 뇌파를 측정했다. 주고받기식 대화에 참여할 때 아기의 뇌파는 한 줄로 정렬되었다. 아기와 양육자가 각자 다른 활동에 참여하고 있을 때는 아기의 뇌파가 한 줄로 모이지 않았다. 대부분 주 양육자가 엄마이고 특히 아이가 어릴 때 이런 현상이 발생한다는 사실은 자궁 안에서 아기가 엄마와 연결되어 있었듯이 자궁 밖에서도 엄마와 아기의 뇌가 함께 2인무를 추는 무용수처럼 서로 연결되어 있음을 보여준다.

인간은 극도로 사회적인 존재이다. 아기 때 방치된 경험은 평생 영향을 미친다. 스마트폰을 사용하느라 아이에게 잠깐 소홀한 것과 지속적인 방치는 다르다. 그러나 배움의 순간을 축소하고 엄마와 아이의 유대 관계를 약화시킬 수 있는 것이라면 아주 미묘한 영향일지라도 주의를 기울여야 할 것이다.

1970년대 심리학자 에드워드 트로닉Edward Tronick이 처음 시행해서 유명해진 실험을 생각해보자. 트로닉은 엄마와 아이 간의 긍정적인 사회적 교류가 얼마나 중요한지 그리고 부모가 관심을 끊으면 아이들이 얼마나 극심한 감정 변화를 겪는지 조명하는 실험을 했다. 실험에서 엄마들에게 아기와 서로 얼굴을 바라보는 3분 동안 아무 반응도 보이지 말도록 했다. 아기는 곧 엄마의 관심을 얻기 위해 애썼다. 그러나 엄마는 여전히 아무 반응도 하지 않았다. 여러 번의 시도 끝에 아기는 포기하기 시작했다.

트로닉은 '아기들이 순식간에 진지해지고 점점 경계하는 태도를 보이고 얼굴에는 절망하는 표정이 가득했다'고 기록했다. 비록 처음에는 엄마의 주의를 끌기 위해 노력했지만 아무 소용이 없자 아기들은 평정심을 잃고 괴로워했다. 무표정 실험은 그 후로 수없이 반복되었고, 사회적 욕구가 충족되지 않았을 때 아기가 얼마나 빨리 그리고 본능적으로 상심하는지 확인할 수 있었다.

실제 상황에서 아기가 괴로워하는 행동을 보이면 엄마는 대개 하던 일을 멈추고 아기를 달랠 것이다. 그러나 엄마가 계속해서 스마트폰에 정신이 팔린 상태라면 아기가 느끼는 감정의 미묘한 단서를 포착하지 못할 것이고 이런 상황이 이어지면 아기는 사회적으로 위축될 수 있다. 2개월밖에 안 된 아기도 엄마가 2분만 반응을 안 보이면 금방 알아차릴 수 있다. 부모와의 상호작용에 방해를 받은 아기는 새로운 말을 배우지 못하고, 그런 방해를 받지 않은 아기는 새로운 말을 빨리 배운다는 것도 입증되었다. 부모가 아이에게 반응을 보이고 아이가 전달하는 말에 덧붙여 말하거나 더 자세히 설명할 때 아이가 말을 가장 잘 배우는 것으로 나타났다.

따라서 정말 중요한 것은 엄마와 아이가 서로 주고받는 상호작용이다. 요즘 사회적인 문제로 등장한 '스크린 타임'에 관해서도 생각해보자.

걸음마기 유아들에게 실제 목소리와 화상전화, 사전 녹음된 소리 이렇게 세 가지 방법으로 새로운 단어를 제시했을 때 즉각적으로 주고받는 상호작용이 일어나는 처음 두 조건에서 단어를 가장 잘 습득했다. 결론은 스크린 타임이 어느 정도는 이로울 수 있지만, 수동적으로 동영상을 보기만 하는 것은 학습에 도움이 되지 않는다는 것이다. 다른 연구에서는 3세 미만의 유아들이 혼자 비디오를 보면서 새로운 단어를 배우는 것이 어렵다는 사실을 밝혀냈다. 그보다 나이 많은 아이들은 비디오로도 새로운 단어를 배울 수 있었지만, 실제 상호작용이 일어날 때만큼 잘 배우지는 못했다.

만일 아이와의 의사소통이 전자 기기 때문에 너무 자주 방해받는다면 엄마와 아이 간의 유대가 위태로워질지도 모른다. 알다시피 상호작용은 사회성 발달의 핵심 요소이기 때문이다. 우리는 사회적 교류를 통해 배운다. 아기는 부모로부터 세상의 의미를 배우고, 부모는 아이가 보내는 신호를 포착하고 아이에게 반응하는 법을 배운다.

기술의 발전 덕분에 우리가 온라인으로 지속적인 의사소통을 할 수 있지만, 매일 이뤄지는 육아 활동에 기술이 더해진다면 오히려 사회적 유대관계를 해칠 가능성이 있다. 연구에 따르면 일반 장난감과 비교하면 전자 장난감을 가지고 엄마와 아이가 함께 놀이할 때 상호작용이 손상되는 것으로 나타났다. 전자 장난감의 소음이 상호작용을 감소시키고 놀이하는 동안 엄마가 상상력에 덜 의존하게 되는 것이 그 이유이다.

143명의 여성을 대상으로 한 다른 연구에서는 여가 시간뿐 아니라 식사 시간과 취침 시간을 포함해 부부가 함께 있을 때의 스마트폰 사용이 부부간의 관계에도 영향을 미친다는 것을 밝혀냈다. 이들에게서는 낮은 관계 만족도와 우울증 증가, 갈등 심화가 나타났다. 연구자들은 이 현상을 가리켜 '기술 간섭'이라는 용어를 붙였다. 많은 사람이 습관적으로 스마트폰을 옆에 둔다. 요즘은 직장 생활이 사생활에도 영향을 미치고 있어서 스마트폰을 멀리하기가 더 어려워졌다. 만일 스마트폰을 항상 가지고 다닌다면 알림이 울릴 때마다 확인하지 않고서는 못 배길 것이다. 우리는 가상세계에 너무 몰입하고 있다. 스마트폰이 무조건 나쁘다는 말이 아니다. 일단 사용하기 시작하면 빠져나오기 어렵고 간섭적이라는 말이 더 맞을 것이다. 그러므로 기술 간섭이 발생하는 순간을 스스로 인지하는 것이 가족과의 상호작용과 긍정적인 삶의 균형을 이루기 위해 중요할 것이다.

12장

엄마의 정체성

결국 엄마의 행복이 가장 중요한 이유

우리는 엄마가 되는 옳은 길은 없다거나 그저 '충분히 좋은' 엄마가 될 필요가 있다는 말을 종종 듣는다. 그런데 엄마로서 무엇을 해야 하고 무엇은 하지 말아야 하는지에 관한 상반된 조언이 끊이질 않는다. 아이에게 칭찬을 너무 많이 하지 마라, 칭찬에 너무 인색하지 마라, 너무 일찍 어린이집에 보내지 마라, 전일제로 일하지 마라, 시간제 일을 하지 마라, 일을 포기하지 마라, 자녀가 어릴 때는 일을 우선시하지 말라 등 일일이 나열할 수도 없다. 다양한 매체나 육아 서적을 통해 반드시 유용하다고 할 수 없는 정보와 잘못된 정보도 쏟아져나오고 있다.

엄마가 되고 처음 몇 달 동안은 어떤 엄마가 될지 생각할 겨를이 없을 것이다. 아마 좋은 엄마가 되고 싶다는 대략적인 생각만 가지고 있을 것이다. 호랑이 엄마부터 헬리콥터 부모, 애착 육아, 전통 육아, 방목형 육아에 이르기까지 다양한 양육 태도와 양육 철학이 유행했다가 사라지기를 반복한다. 엄마가 되고 처음 1년 동안은 모든 것이 불명확해서 나는 특정한 양육 태도가 무엇을 의미하는지, 어떤 것을 나타내는지 전혀 몰랐다. 우리 부부는 산느에게 상당히 계획적으로(일과표에 맞춰) 수유하고 낮잠을 재웠다. 그러면 우리는 '루틴형 부모'였을까? 산느를 가지기 전에 일부 부모가 엄격한 일과표를 따른다는 말을 들은 적이 있는데 그때는 그런 방식이 조금 지나치다고 생각했다. 육아를 그냥 흐름에 맞춰서 하면 되는 것이라 생각했기 때문이다.

그러나 막상 현실이 되자 상황은 원래 생각하던 것과 정반대로 흘러갔다. 나는 아이가 언제 먹고 얼마나 자주 먹는지 알기를 원했다. 그래야만 그에 맞춰 하루를 계획할 수 있기 때문이었다. 출산 전에 읽은 여러 책에서 약속이라도 한 것처럼 아기가 12주가 되면 밤에 깨지 않고 잘 잔다고 했기 때문에 우리는 그 말을 믿고 처음에는 상당히 유연한 '루틴'을 따랐다. 만일 우리의 방식이 성공했다면 조금 의기양양했겠지만, 뜻대로 되지 않았다. 산느는 15개월이 될 때까지 밤에 깨지 않고 자는 날이 많지 않았다. 15개월이 되어서도 새벽 5시에 깨기 일쑤였다.

루틴을 정해서 따른다는 것은 힘든 일이다. 낮잠 시간을 미리 정해야 하고 수유 간격도 늘려야 했다. 둘째가 태어났을 때는 일정한 패턴을 따르는 것에 별로 신경 쓰지 않았다. 둘째의 루틴은 훨씬 더 유연했다. 수유는 규칙과 불규칙의 중간쯤이었지만 취침 시간은 일정했다. 첫째와 달리 크게 힘들지 않고 어느 정도 규칙적인 습관을 형성할 수 있었다. 두 달 동안 하룻밤에 여덟 번씩 1시간마다 깨서 나를 힘들게 하기도 했지만 어쨌든 누나보다 훨씬 일찍 통잠을 자는 습관을 들였다.

첫째를 키울 때는 일정한 낮잠 시간을 정하지 않고 나만의 규칙을 정했다. 첫 번째 낮잠 시간에 나도 아기와 같이 자고 두세 번째 낮잠 시간은 글을 쓰는 시간으로 이용하는 것이었다. 취침 시간이 일정하게 자리 잡으면서 이 규칙은 대체로 수월하게 흘러갔다. 둘째가 태어난 후 아이들이 잠드는 시간은 저녁 7시로 자리 잡혔다. 이 말은 저녁 7시 이후에는 우리 마음대로 시간을 쓸 수 있다는 의미였다.[8] 이렇게 하려면 어쩔 수 없이 저녁 7시 이후에 아이들을 데리고 밖에 나갈 수가 없었다. 만일 취침 시간 루틴을 깬다면 아이들은 관리할 수 없는 상태가 될 것이며, 그 루틴을 깨는 모험을 하기에는 우리 부부에게 저녁 시간이 너무 소중했다.

만일 아기가 더 잘 자고 더 잘 먹도록 돕고 부모들을 더 행복하게 만드는 핵심 방법이 하나 있었다면 육아 서적 시장이 지금처럼 호황을 누리지 못했을 것이다. 그렇게 효과가 빠르거나 쉬운 방법은 세상에 존재하지 않는다. 아기가 태어나고 처음에는 너무 혼란스러워서 육아 서적에 나와 있는 방법이 도움이 되거나 기댈 수 있는 지지대가 될 것처럼 보일지도 모른다. 물론 책에 나와 있는 대로 해서 좋은 결과를 얻을 수 있다면 그것도 좋다. 그러나 책에서 말하는 대로 하려고 노력했지만 성공하지 못한다면 자신을 무능하거나 나쁜 부모처럼 느낄 수 있다. 약속을 남발하는 육아 서적은 좀 더 쉽게 우리를 실패자라고 느끼게 만들거나 혼란에 빠트릴 수도 있다.

---

[8] 가끔 저녁 시간에 아기가 몇 시간이고 계속 칭얼대거나 잠을 재우기가 훨씬 더 오래 걸릴 때는 예외였다. 특히 생후 2개월 동안은 저녁에 칭얼대는 날이 많았다. 그래도 우리 아이들은 저녁 7시에서 7시 30분 사이에 대체로 침대에 눕는다.

과거부터 현재까지 아이를 기르는 다양한 방식

상상할 수 없는 방법부터 완전히 특이한 방법까지 다양한 '육아 트렌드'
와 '육아법'이 늘 있었다. 아기에게 매일 버터를 발라라, 북쪽을 향해 눕
히고 재워라, 우는 아기를 달래면 버릇이 나빠진다 등은 케케묵은 조언
중 기억에 남는 것들이다. 1916년에 출판된 어느 책에는 엄마가 느끼는
분노나 걱정이 영아 산통의 주요 원인이고 '걱정, 슬픔, 불평의 소리만큼
젖을 빨리 마르게 하는 것도 없으며, 그래서 엄마들은 늘 근심 걱정 없는
행복한 상태에 있어야 한다'고 적혀 있다. 이 책은 이어서 '욱하는 성질이
있는 엄마들은 아예 모유수유를 하지 말아야 한다'고 조언한다.

　1920년에 출판된 한 육아서에는 임신한 여성에게 '우아하지 못한
자세와 이상한 태도를 피하고, 못생긴 사람이나 기형이나 질병이 있는
사람을 아예 생각하지 말라'고 가르쳤다. 이 책은 '병의 징후가 나타나는
순간 아기가 먹는 양을 줄여야 한다'고 조언하면서 '어쨌든 대부분의 아
기가 너무 많이 먹고 있다'고 주장했다. 그로부터 몇 년 뒤 영향력 있는
심리학자 존 왓슨John Watson은 극도로 냉담한 양육 태도를 옹호하는 책을
출간했다. 그는 "하루 대부분의 시간을 아기 혼자 둬라."고 말하면서 아
기들을 껴안거나 입맞춤하지 말라고 조언했다.

　이처럼 오래된 육아서들은 대개 남성들이 썼고(처음에 언급한 책은 남
편과 아내가 함께 쓴 것이다), 일이 잘못되면 그 책임을 대부분 여성에게 돌
렸다. 육아에 대한 잘못된 인식을 심어주는 전근대적이고 가부장적인
과거의 책들이 여성들에게 죄책감을 심어줬다면, 오늘날의 책들은 차별
적인 요소를 배제한 것처럼 보이지만 여전히 예전처럼 여성들에게 책임

을 떠안기고 있다. 그 방식이 좀 더 교묘할 뿐이다.

혼란스러울 때 누군가의 조언을 따르는 것이 도움이 될 때도 있지만 항상 그런 것은 아니다. 시대가 변하고 과학적 지식이 더 많이 쌓이면서 모든 것은 바뀐다. 그러므로 특정한 양육 방식을 둘러싼 찬반 논쟁에서 정답을 얻어내기는 어렵다. 그래서 각 가정에 맞는 최선이 무엇인지에 대해 양극화된 시각이 존재할 것이다.

일관성 있는 '루틴'을 중요시하는 양육과 아동 주도 양육의 비교는 수십 년 전에 시작되었다. 1980년대 심리분석가인 조안 라파엘 레프Joan Raphael-Leff는 엄마들이 자기 자신을 어떻게 인식하느냐의 핵심적 차이는 그들이 따르는 양육 태도도 결정된다는 것을 발견했다. 그래서 조절자(regulator)와 촉진자(facilitator), 이렇게 두 가지 유형의 부모가 있다고 생각했다. 조절자는 오늘날 루틴형 부모라고 부르는 유형이고, 촉진자는 훨씬 더 유연하고 아이가 주도하는 방식을 따르는 부모이다.

조절자형 엄마는 임신으로 자신의 정체성이 위협받는다고 느껴 자신의 정체성을 고수하려는 성향이 강했고, 촉진자형 엄마는 임신 기간에 일어나는 모든 변화를 되도록 수용하고 자신의 몸 안에서 자라고 있는 아기의 변화를 자신의 정체성을 풍요롭게 하는 방식으로 받아들였다. 라파엘 레프는 "촉진자형 엄마는 아기에게 맞춰 조율하고, 조절자형 엄마는 아기가 엄마에게 맞추기를 기대한다."고 묘사했다.

나는 항상 모성에 대한 다양한 '진영'이 있다고 느꼈는데, 라파엘 레프는 이런 나의 생각을 어느 정도 뒷받침해준다. 내가 보기에 어떤 엄마들은 종종 더 '엄마답고 자연스러워' 보였다. 엄마라는 정체성을 자신에게 잘 맞춰낸 것처럼 말이다. 그러나 나는 그렇게 하기가 너무 힘들었다.

지금은 엄마 이전의 나와 엄마가 된 후의 내가 조화롭게 공존할 수 있다고 생각한다. 우리는 엄마라고 느낄 수도 있고 동시에 엄마가 아닌 자신의 모습도 유지하기를 원한다.

다른 사람이 우리를 어떻게 보느냐는 모성에 대한 우리의 생각을 복잡하게 만든다. 우리는 외적인 기대와 더불어 내적인 자기 확인 욕구도 가지고 있는데, 이 두 가지가 항상 일치하는 것은 아니다. 기대와 현실이 일치하지 않을 때 가장 기본적인 형태의 자기 갈등이 일어날 수 있다. 라파엘 레프가 처음 관찰한 루틴 중심 양육 대 아이 주도 양육 구도가 오늘날까지 이어지고 있다. 하나를 따르고 나머지 하나를 배제하는 방식은 불필요한 갈등을 일으킬 가능성이 있다. 게다가 어떤 방법을 따르든 흔히 그것이 정답인 것처럼 포장되기 마련이다.

루틴 중심 육아를 지지하는 사람들은 예측 가능한 일과의 장점을 보여주기 위해 두 가지 유형의 엄마 모습을 묘사한다. 루틴을 따르지 않는 엄마는 아기가 요구할 때마다 수시로 수유하다 보니 언제 외출하고 언제 집에 돌아와야 하는지 예측할 수 없어서 진료 예약이나 놀이 약속에 늦는 모습으로 그려진다. 아기가 울면 엄마는 배가 고파서 우는지 졸려서 우는지 모른다. 그래서 너무 자주 젖을 물릴 수 있고, 그것은 아기가 포만감을 느낄 만큼 충분한 양을 먹이지 않는다는 의미이다. 결과적으로 수시로 수유를 해야 하는 악순환이 반복된다.

한편, 루틴을 따르는 엄마는 아기가 언제 잠들고 언제 수유를 해야 하는지 알기 때문에 안전하게 약속을 잡을 수 있다. 일과가 어떻게 흘러가는지 예상할 수 있으므로 아기는 더욱 안정감을 느낄 것이고, 부모도 안정감을 느껴 더 많은 일을 처리할 수 있을 것이다.

반면 아기 주도 육아를 따르는 사람들은 루틴형 엄마들이 강압적이고 이기적이며 아기의 요구를 희생시키면서까지 아기를 부모의 일정에 맞추는 부자연스러운 방법을 쓰고 있다고 주장한다. 더 극단적인 형태인 애착 육아(애착 육아는 대체로 아기 주도로 이뤄지지만, 아기 주도 육아와는 다르다)라는 육아 철학은 처음 몇 년 동안 아기를 부모 옆에 재우지 않거나, 자주 안아주거나 업어주지 않거나, 여러 사람 손을 타게 하면 아기가 불안한 애착을 형성할 위험이 있다고 본다. 또한 그렇게 되면 아이들은 사회적 유대 형성하기를 어려워할 것이라 예상한다.

애착 육아법은 1993년 윌리엄 시어스William Sears라는 신앙심이 깊은 의사가 아내와 함께 출판한 책에 처음 소개했다. 이들은 아기가 적어도 두 살이 될 때까지는 아기띠로 아기를 안거나 업어주고, 아기를 부모 곁에 재우고, 수시로 모유를 수유하는 아기 주도 양육 방식을 권장했다. 그들은 과학에 기반한 육아법은 인간의 타고난 본능을 간섭한다고 주장하면서 그런 방법을 되도록 피하라고 강력히 권고했다. 이 양육 방식이 아기의 안정적 애착 형성에 필수적인 열쇠가 아니라는 사실에도 불구하고 전통사회에서 보여온 양육 방식 때문에 애착 육아를 하는 부모가 자연적인 과정을 따르는 것이라고 생각한 것이다. 수년 전 아인스워스Ainsworth와 볼비Bowlby가 애착 이론에서 설명했듯이, 아기를 안정적 애착 형성에 이르게 하는 열쇠는 옆에서 보내는 시간이 아니라 양질의 세심한 돌봄이다. 우리는 매우 다양한 육아 방법을 선택할 수 있고, 어느 방법에 기대든 여전히 세심하게 아기를 돌볼 수 있다.

애착 육아 방식은 아기가 깨어 있는 시간 내내 옆에 있을 수 있는 부모에게는 적합할지도 모른다. 그러나 직장을 다니면서는 병행할 수 없다. 시어스 부부가 제안한 좋은 부모 유형에 부합하려면 부모 중 한 명(주로 엄마)이 반드시 집에 있어야 할 것이다. 직장에 다니는 엄마들을 위한 대체 방안으로 시어스는 엄마가 낮에 놓친 시간을 보충하기 위해 밤에 몇 시간 동안 아기를 안거나 업고 있거나 밤새 아이를 옆에 재우는 방법을 쓸 수 있다고 제안했다.

자연적인 육아(natural parenting), 즉 전통 육아가 항상 애착 육아 전도사들이 제안하는 방식대로 실행되지는 않는다. 타지키스탄에는 아기들을 가보라gahvora라는 나무 요람에 눕혀 대략 두 살이 될 때까지 그곳에서 벗어나지 못하게 하는 문화 규범이 있다. 기저귀 대신 요람에 난 구멍 아래 양동이를 받쳐두고 변을 보게 하고, 아기는 머리만 겨우 움직일 수 있다. 심지어 젖을 먹일 때도 아기를 그대로 묶어두고 엄마가 몸을 아래로 숙여서 먹인다. 다른 지역의 아이들과 비교했을 때 이곳 아이들은 운동 능력 발달이 지연된다는 보고가 있다. 그러나 네 살이 되었을 때는 그런 장치에 매여 있었던 것 때문에 신체 발달에 문제가 발생했다는 보고가 없다.

한편 아마존 지역의 볼리비아 치마네Tsimane족 사람들은 아기가 첫돌이 될 때까지 이름을 지어주지 않고 부모가 아기에게 말을 거는 일도 거의 없다. 서구 사회의 기준에 비춰보면 이곳 아이들은 언어 발달이 느릴 것이 분명하다. 그러나 많은 치마네족 사람이 두 가지 이상의 언어를 사용하며, 성장했을 때 어떤 인지 장애도 보이지 않았다.

연구자들은 타지키스탄과 치마네족 사람들이 생후 초기에 아기를 외면하는 이유를 높은 유아 사망률에 있다고 본다. 신생아의 약 13퍼센트가 생존하지 못하기 때문에 부모들이 죽을지도 모르는 아기에게 많은 시간을 들이지 않는다는 것이다. 이와 비슷하게 서아프리카 지역 호사풀라니Hausa-Fulani족 사회에서는 엄마가 아기와 눈을 맞추거나 함께 놀거나 아기에게 말을 거는 것이 금지되어 있다. 친밀감 기피를 의미하는 '쿤야kunya'라는 엄격한 문화 규범이 있기 때문이다. 심지어 어떤 사람들은 아이가 젖을 떼면 친척에게 보내서 여러 해 동안 아이를 보지 않고 지낸다. 이처럼 아이를 기르는 다양한 방식이 있고, 우리가 어떻게 행동하느냐는 우리가 사는 문화에 영향을 받는다.

육아 방법보다 돌봄의 질이 중요하다

사람들 사이에서 가장 비난받고 부모들이 가장 고민하는 육아 방법 하나를 든다면 그것은 바로 아기가 밤새 깨지 않고 자게 하려고 '울도록 내버려두는' 방법이다. 이것은 '수면 훈련'이라는 다른 이름으로도 잘 알려져 있다.

이 방법을 반대하는 사람들은 이것이 아이에게 평생 악영향을 미치고 애착 문제를 일으킬 수 있다고 경고한다. 그러나 그 논거로 제시한 것은 보통 1990년대 루마니아 고아원에 심하게 방치된 아이들의 사례였다. 이 아이들은 우리가 상상할 수 있는 모든 면에서 방치되었고 어른들과 의미 있는 접촉을 거의 경험하지 못했다. 수년 동안 이어진 지속적인 아동 방임은 안전하고 애정을 주는 환경에서 몇 분 정도 울게 내버려두는 것과는 비교가 되지 않는다.

울도록 내버려두기 방식을 반대하는 사람들은 방임을 하나의 잣대로 평가할 수 없다고 믿는다. 수면 훈련이 심각한 방임과 비슷하지는 않더라도 아이들에게 실제로 어떤 영향을 미치는지는 알 수 없다는 것이다. 단기적으로 보면 그럴지도 모른다. 그러나 장기적인 영향과 관련한 연구 결과는 더 명확한 그림을 보여준다.

2006년 다양한 수면 훈련 방법을 검토한 연구 보고서에 따르면 수면 훈련을 받은 아이들이 더 안정적이고 예측할 수 있게 행동하고 짜증을 덜 냈으며, 주목할 만한 부정적인 결과도 나타나지 않았다. 더 긴 기간에 걸쳐 수행된 연구에서 수면 훈련을 받은 아이들을 5년 동안 추적 관찰했는데 아이들은 어떤 긍정적 영향이나 부정적 영향도 보이지 않았다. 다시 말해 수면 훈련을 받지 않은 아이들과 비교했을 때 관찰 가능한 수면 문제나 스트레스, 부모와의 유대 결핍 문제가 나타나지 않았다.

반면 우리가 또렷하게 확인할 수 있는 것은 수면 훈련이 부모에게 미치는 긍정적 효과이다. 부모가 잠을 잘 자면 양육도 더 잘할 수 있다. 수면 훈련이 잘 된 아이의 부모들은 우울증에 걸릴 확률이 낮고, 스트레스를 덜 받으며 신체적으로도 더 건강하다. 아이의 수면 습관에 개입하든 안 하든 결국 그것은 개인이 선택할 문제다. 이론을 뒷받침할 만한 균형 잡힌 증거를 제시하지도 않고 부모들을 겁줘서 특정 양육 태도를 따르게 하는 것은 죄책감을 유도하는 또 하나의 잘못된 행위이다.

애착 장애는 심각한 문제이다. 우리는 불안정한 애착이 아기들에게 어떤 손상을 입히고 어떻게 평생 영향을 미치는지에 관한 이야기를 종종 듣게 된다. 애착 이론을 처음 소개한 학자는 영국의 정신분석가 존 볼비John Bowlby와 메리 에인스워스Mary Ainsworth이다. 볼비는 부모나 다른 양육자와 강한 유대를 형성한 아이들은 정서적인 문제가 없는 반면, 방치된 아이들은 정서 장애가 발생한다는 것을 알아차렸다.

하지만 아동기 애착 형성에 중요한 사람은 엄마만이 아니다. 가족이나 더 넓은 인적 네트워크의 여러 구성원이 아이를 기르는 사회도 존재한다. 중앙아프리카공화국의 사냥 채집 생활을 하는 아카Aka족 사회에서는 아기를 여러 사람에게 맡겨 양육한다. 아기는 자신이 속한 집단의 여러 어른에게 애착을 보이며 풍부하고 의미 있는 사회적 유대를 형성한다.

아카족의 예는 우리가 따르는 양육 방식이 우리가 생각한 만큼 절대적이지 않음을 보여준다. 궁극적으로 발생하는 애착 문제의 약 3분의 1은 부모의 양육 참여가 원인이다. 성격과 유전자뿐만 아니라 부모간의 관계도 애착 형성에 영향을 미친다. 예를 들어, 어릴 때 부모가 이혼한 가정의 아이들은 어른이 되었을 때 안정적 애착이 잘 형성되지 않는 것으로 나타났다. 양육에 대한 모든 요소에 조바심을 내는 것도 우리를 더욱 불안하게 만들 가능성이 있는데, 부모가 조바심을 내면 아이도 더 불안해 할 수 있다.

엄마와 떨어져 지내는 아이들이 나중에 애착 문제가 생길 수 있다는 글을 처음 읽었을 때 나는 너무 걱정되어 안절부절못했다. 우리 부부는 6개월이 막 지났을 때 산느를 어린이집에 보냈다. 처음에는 오전에만 보내다가 돌 무렵부터는 전일제로 보내기 시작했다. '엄마가 옆에 없어서 아이가 당황하는 게 아닐까?' '어린이집에 보내기로 한 결정으로 평생 심리적 불안을 겪게 되는 것은 아닐까?' 순진하게도 나는 이런 걱정을 했다.

다행히 괜한 걱정일 뿐이었다. 어린아이들에게는 사랑과 보살핌,

세심한 주의가 필요하다는 것은 명백하다. 하지만 부모나 믿을 만한 보육자, 할머니, 할아버지로부터 세심한 보살핌을 받는다면 아이는 대체로 괜찮을 것이다. 가장 중요한 것은 돌봄의 질이다. 보살핌을 잘 받은 아이들은 불안정한 애착을 형성할 가능성이 크지 않다. 이는 1,153명의 어린이와 그 엄마들을 오랜 시간에 걸쳐 집과 어린이집에서 추적 관찰한 종단연구를 통해 입증된 사실이다. 아이가 안정적인 애착을 형성하지 못했을 때는 어린이집 보육의 질이 형편없거나 엄마의 '반응 민감성' 수준이 너무 낮아서 아이의 요구를 잘 맞추지 못했을 때뿐이었다.

이 사실을 알아도 나는 여전히 딸아이 곁을 오래 떠나 있는 것에 죄책감을 느꼈고 친구들도 그 점을 우려했다. 부모는 자녀에 대해서라면 객관적인 판단을 내리기 어려울 때가 많다. 그러므로 덴마크와 스웨덴 같은 많은 북유럽 국가에서 부모의 육아휴직이 끝나면 대부분의 아이를 국가의 지원을 받는 보육시설에 보낸다는 사실이 참 다행스럽게 여겨진다. 과중한 금전적 부담도 없고 이미 이런 문화가 하나의 일반적인 문화 규범으로 자리 잡았기 때문에 엄마들이 집에 머무는 '선택'에 대해 고민해야 하는 압박도 적다. 만일 어린이집에서 충분한 국가 지원을 받고 높은 수준의 보육을 제공한다면 더 많은 여성이 안심하고 일터로 나갈 수 있고, 이는 사회적 측면에서도 이로울 것이다. 그러면 아이를 어린이집에 맡기는 것에 대한 부모들의 죄책감도 사라질 수 있다.

아기를 어린이집에 맡기면 나중에 애착 문제가 발생할 수 있다는 잘못된 믿음은 엄마의 능력에 대한 자신감을 해친다. 또한 엄마의 죄책감을 더욱 부채질할 수 있다. 그래서 엄마들은 자신이 좋아하고 충족감을 느낄 수 있는 일임에도 직장을 그만두는 선택을 하고, 결과적으로 우리가 앞에서 살펴봤던 남녀 불평등이 이어질 수 있다.

육아에 관한 조언을 무조건 따르는 것은 정신건강에 해로울 수 있다. 초보 엄마 354명을 조사한 연구에서 엄격한 루틴 중심 육아법에 관한 책을 읽은 엄마들이 산후우울증과 자신감 저하를 겪을 확률이 높은 것으로 나타났다. 이것은 상관성의 문제이다. 엄마들이 예전부터 불안해서 육아서를 더 많이 읽었을 수도 있고, 아니면 육아서에서 쏟아져나온 조언이 너무 많아서 부모로서 자신감이 떨어졌을 수도 있다.

엄격한 루틴 중심 양육법을 따르는 부모는 아기가 규칙적인 패턴을 따르리라 기대할 것이다. 하지만 기대가 항상 충족될 수는 없으므로 책에 나온 조언에 너무 많이 기대는 것은 위험할 수 있다. 조사에 참여한 엄마 중 일부(약 22퍼센트)는 육아서가 유용하다고 생각했다. 그러나 그 중 53퍼센트는 육아서를 읽은 후 불안감도 동시에 느꼈다고 응답했다.

부모들, 특히 엄마들이 별로 유용하지 않은데도 계속해서 육아법에 투자하고 조언을 따르는 현상은 '매몰 비용 오류(sunk-cost fallacy)'라고 알려진 흔한 심리적 편향으로 설명할 수 있다. 어떤 일이나 관계 또는 과제에 시간을 투자할 때 설령 계속하는 것이 오히려 행복을 희생시키게 되더라도 중간에 멈추면 이미 투자한 모든 시간을 낭비했다고 느끼기 때문에 계속 이어가는 실수를 저지르는 것이다. 이는 가끔 식당에서 식사할 때 배가 불러도 남은 음식을 다 먹는 이유를 생각하면 이해하기 쉽다. 하지만 억지로 음식을 먹고 나면 기분만 더 나빠질 뿐이다. 이미 돈을 냈으므로 음식을 다 먹고 안 먹고는 사실 식사 비용과 아무 상관이 없다.

육아 방식이 아이에게 절대적인 영향을 미칠까

지금까지는 주로 영유아와 새로 엄마가 된 여성들에 관해 이야기했다. 하지만 더 성장한 자녀에 대해 우리가 어떤 태도를 보이는지도 생각해 볼 가치가 있다. 청소년 401명을 대상으로 한 조사 결과, 권위주의적인 부모(엄격하고 차가운 부모)와 비교했을 때 권위 있는 부모(엄격하고 따뜻한 부모)와 허용적인 부모(다정하고 요구가 적은 부모)가 청소년 자녀의 건강과 행복감에 더 좋은 영향을 미치는 것으로 나타났다. 권위 있는 부모의 자녀들은 건강 상태와 생활 만족감에서 높은 점수를 기록할 가능성이 컸다. 반면에 권위주의적인 부모의 자녀들은 예의가 바르고 학업 성적이 뛰어났지만, 높은 수준의 우울증을 보였고 자존감도 낮았다. 허용적인 부모의 자녀들은 학교 성적이 뛰어나진 않았지만 대신 자신감이 높았다. 여기서 중요한 것은 이 연구가 부모들이 스스로 인지한 양육 태도가 아닌 자녀가 평가한 부모 유형을 기반으로 했다는 점이다.

　조사에 응한 청소년들이 엄마와 아빠 양쪽을 모두 평가했기 때문에 연구자들은 부모 중 어느 쪽이 자녀에게 더 강한 영향을 미치는지 살필 수 있었다. 자존감과 생활 만족도 측면에서는 결과가 같았다. 하지만 자녀의 행복감에 미치는 영향에서는 차이가 있었다. 청소년 자녀가 행복하다고 느끼기 위해서는 엄마가 권위주의적이고 차갑기보다 권위 있고 따뜻한 것이 중요했다. 엄마의 양육 태도는 아빠의 양육 태도보다 자녀의 행복에 더 큰 영향을 미친다. 이것은 엄마들이 자녀와 보내는 시간이 더 많아서 나타난 결과일 수도 있다. 아니면 사회가 여성들에게 좋은 부모가 되어야 한다고 더 압박하거나 강조하기 때문일 수도 있다.

권위 있는 엄마의 자녀들이 전반적으로 정서적으로 매우 안정되어 있다는 다른 연구 결과도 있다. 이 연구에서는 행복한 아이일수록 학교에서 더 열심히 공부하고 술을 덜 마시는 경향이 있고 우울증에 걸릴 확률이 낮다고 설명했다. 부모들이 이런 연구 결과를 알고 양육 태도를 일찍부터 채택했는지 모르겠지만 명백한 것은 아이가 행복해지기 위해선 엄마에게 부담이 더 많이 가해진다는 것이다.

부정적인 양육 방법의 하나로 자주 묘사되는 헬리콥터 부모를 예로 들어보자. 일정 반경을 벗어나지 않고 자녀 주위를 맴도는 부모를 의미하는 이 용어만 들어도 정확히 집중 육아의 한 형태임을 알 수 있다. 헬리콥터 부모는 자녀에 대한 기대감이 높고, 교육 활동 시간을 일일이 계획하고, 자녀를 보호하기 위해 과보호적이고 강압적인 태도를 보이는 경향이 있다. 헬리콥터 부모 양육법은 확실히 부정적인 면이 매우 많다. 부모가 항상 스트레스 요인을 차단해서 아이가 어떤 어려움도 부딪칠 필요가 없다고 하자. 마침내 아이가 둥지를 떠나야 할 때가 되었을 때 현실은 분명 충격으로 다가올 것이다.

헬리콥터 부모의 자녀들은 리더십이 떨어지고 자신감이 부족하며 어려운 상황에 부딪혔을 때 더 힘들어 하는 것으로 나타났다. 불안감이나 우울증으로 약물치료를 받을 가능성도 컸다. 377명의 학생을 대상으로 한 연구에서 헬리콥터 부모의 자녀들 중 다수가 정서적 문제를 겪었고 의사 결정력이 떨어지고 학업 성적도 나빴다. 2019년 중국의 청소년 1,200명 이상을 대상으로 벌인 조사에서 부모가 과보호를 할수록 아이의 주변 사람들은 미래의 지도자로서 아이의 잠재성을 낮게 평가했다. 과보호를 받은 아이일수록 자존감과 자신감이 낮기 때문이다.

아마 처음부터 헬리콥터 부모가 되려는 엄마는 없을 것이다. 그저 자녀를 위해 모든 것을 다 해주고 싶은 마음 때문에 나타난 어두운 그림 자일 것이다. 헬리콥터 부모가 생겨난 데는 문화도 한몫한다. 더 많은 성과를 강조하고 압박하는 개인주의 사회에서 부모들은 자녀를 더 세게 압박할 수밖에 없다. 이런 유형의 집중 육아는 경제적 불확실성이 증가하면서 나타난 결과일 수도 있다. 미래가 불확실하므로 부모들은 자녀의 미래에 대해 걱정한다. 일자리 시장에서 성공하기가 더 어려워졌다면 불확실한 미래에 성공하도록 돕기 위해 어느 부모가 자녀에게 최고의 출발점을 제공하려 하지 않겠는가? 어쩌면 우리는 보통이기만 하면 더할 나위 없이 좋고, 최고나 최상위가 되려고 노력하는 것이 오히려 문화적 실례가 되는 네덜란드로부터 더 많은 것을 배울 수 있을 것이다.

우리는 이미 '완벽한 엄마'는 존재하지 않으며 '좋은 엄마'라는 이상은 대체로 문화에 의해 만들어진다는 사실을 알았다. 지금까지 살펴봤지만 안타깝게도 엄마로서 우리의 정체성은 항상 자신의 선택에서 비롯되는 것이 아니라 사회가 우리를 어떻게 인식하는지와 복잡하게 관련되어 있다. 따라서 육아법과 관련해서 어느 특정한 방식에 너무 몰입하게 되면 엄마 자신의 정체성을 상실하거나 아이와의 유대 관계를 해칠 수 있다.

만일 우리가 모든 문제를 예상하고 중간에 차단하려고 한다면 우리 아이들은 결코 스스로 해결하는 법을 배우지 못할 것이다. 결국, 나는 다시 네덜란드의 모성 문화를 생각하게 된다. 전 세계적으로 경쟁적이고 집중적인 육아를 추구하는 추세지만 네덜란드의 육아는 여전히 여유가 있다. 아기가 독립적으로 놀이를 할 수 있는 베이비 박스 같은 물리적 환경부터 성적과 성취에 집중하지 않는 교육 방식에 이르기까지 느슨한 양육이 이뤄지고 있다.

특정 방식으로 아이를 기르려고 의식하지는 않더라도 우리가 육아 방식을 전적으로 통제할 수 있는 것은 아니다. 가끔은 본능에 이끌리는 대로 행동할 때도 있다. 다음의 장면을 상상해보자. 아기가 손에 닿지 않는 장난감을 잡으려고 애쓰고 있다. 그러나 아기는 아직 기어다닐 수 없다. 우리는 아기가 애쓰는 것을 보면서도 장난감을 그대로 둬야 할까, 아니면 본능이 시키는 대로 장난감을 건네줘야 할까? 호기심은 아이가 무엇인가를 추구할 때 느끼는 감정이다. 그러므로 장난감을 얻게 되면 아기는 금방 지루해 할지도 모른다. 하지만 우리는 아이에게 어떻게 반응해야 할지 깊이 생각하지 않는 경향이 있다. 아주 사소해 보이더라도 아이의 행동에 부모가 반응을 보이는 상호작용은 매우 중요하다. 부모가 자녀에게 반응하는 방식은 거의 아이가 태어난 순간부터 아이의 뇌 구조에 변화를 일으킬 수 있다.

2015년 한 연구에서 연구자들은 엄마들이 6개월 된 아기에게 어떻게 반응하는지 관찰했다. 아기를 어떻게 달래는지, 가지고 놀 장난감을 제시하는지 아니면 아기가 스스로 선택하게 놔두는지에 관심을 뒀다. 연구진은 아기의 뇌도 스캔해서 분석했는데, 부모가 반응을 덜 보이면 해마가 조금 커졌다. 정신적 고통을 다루는 법을 배울 때처럼 해마는 기억력과 감정에 중요한 뇌 영역이다. 연구 결과를 보면 일상에서의 작은 도전을 스스로 처리하도록 내버려둔 아기들은 해마가 더 커졌는데, 이는 아기의 회복 탄력성이 더 좋아졌음을 암시한다. 반면에 더 세심한 양육자의 돌봄을 받은 아기들은 이런 추가적인 충격 완화 능력을 발달시킬 필요가 없었다.

부모의 세심하지 못한 육아 방식은 아기의 뇌에 영향을 미친다. 이 것은 자기가 처한 환경에 적응하는 아기들의 모습을 반영한 것이므로 그 자체로는 나쁜 게 아니다. 한 연구팀은 만 3세 아이들에게 진짜 도마뱀처럼 점프하는 도마뱀 장난감을 보여주었다. 도마뱀이 점프하자 많은 아이가 깜짝 놀랐다. 그러나 생후 6개월이 되었을 때 세심한 육아를 경험한 아이들은 네 번째 점프부터는 감정을 더 잘 조절할 줄 알았다. 반면에 둔감한 양육을 경험한 아기들은 뒤로 갈수록 더 무서워하거나, 적어도 처음 봤을 때보다 덜 무서워하지는 않았다. 다시 말해 덜 세심한 육아는 아이들이 자극에 노출될 때마다 경계 수준을 높이게 했다.

싱가포르 국립교육연구소의 앤 리프킨-그라보이Anne Rifkin- Graboi 박사의 설명에 따르면, 이 연구 결과는 더 위험한 세상일수록 아이들이 더 빨리 성숙해져야 하고(해마가 더 커지는 것으로 나타난다) 세심하지 않은 양육은 잠재적으로 다른 것들을 희생하면서 이것을 가속화한다는 것을 의미한다. 하지만 양육 방식이 아기의 뇌에 미치는 효과가 그리 크지 않다는 점은 지적할 필요가 있다. 리프킨-그라보이 박사는 양육 방식이 아기의 뇌에 미치는 효과가 작다는 것이 만능 열쇠를 찾고 싶어 하는 과학자들에게는 나쁜 소식이지만, 부모들에게는 매우 좋은 소식이라고 말한다.

또한 실험에서 세심한 육아라고 평가받은 육아 유형도 그 기준이 확실하진 않다. 세심한 육아는 대체로 아이에게 안전한 환경을 제공하고 아이의 정서적 요구에 세심한 주의를 기울이는 육아를 의미한다. 다행히 세심한 육아는 검증된 개입을 통해 쉽게 향상할 수 있다. 일반적으로 세심한 육아는 아이의 애착 형성이 더 잘 이루어지게 한다. 반면 불안정한 환경에서 덜 세심한 육아를 경험한 아이들의 뇌는 그에 맞춰 변화한다.

아이들에게 놀이와 돕기 행동이 중요한 이유

사실 부모들은 자녀에게 너무 많은 것을 제공함으로써 자신도 모르게 아이들의 삶을 더 힘들게 하는지도 모른다. 너무 많은 장난감을 예로 들어 생각해보자. 선택할 장난감이 많은 아이에 비해서 장난감이 적은 아이들이 하나의 장난감을 가지고 더 오래도록 열중해서 창의적으로 놀이에 참여한다는 연구 결과가 있다. 반면 선택의 폭이 넓은 것이 오히려 스트레스를 일으킬 수 있다. 누구나 선택지가 너무 많을 때 하나만 고르기 어려웠던 경험이 있을 것이다. 아이들도 마찬가지다.

코로나바이러스로 놀이 약속이 제한되거나 보육 시간이 단축되는 기간에 산느는 공이나 애착 토끼 인형을 가지고 놀거나 남동생의 작은 침대에서 놀았다(사용 월령이 6개월까지인 아기 침대는 딸아이가 몸을 작게 웅크려 눕기에 충분했다). 때때로 그렇게 놀아도 몇 시간 동안 즐거워했다. 남동생은 그저 누나를 이리저리 쫓아다니거나 풍선을 잡으려고 하면서 즐거워했다. 물론 이것은 현실을 조금 아름답게 표현한 것이다. 여기에 당연히 떼쓰기와 끊임없는 간식 요구가 추가된다. 이것은 가지고 놀 장난감이 더 많다고 해서 해결되는 문제는 아니었을 것이다.

지금은 고인이 된 인류학자 진 브릭스Jean Briggs의 책을 읽었을 때 나는 놀이 대처 전략으로 장난감이 적은 것이 좋다고 더욱 확신하게 되었다. 진 브릭스는 1960년대에 17개월 동안 캐나다 북서부 연방 직할지의 작은 이누이트 마을에 살면서 그곳 아이들에게는 상상력 이상의 것이 거의 필요하지 않음을 알게 되었다. 아이들은 담요나 골판지 조각 같은 간단한 물건을 가지고도 몇 시간 동안 재미있게 놀 수 있었다. 그녀는 "아이들의 정서적 평온함과 늘 재미있게 놀 수 있는 독창성에 매우 놀랐다."라고 기록했다.

놀이를 의미하는 이누이트 언어 핀웅구야크터그pinnguujaqtug에는 어떤 행동을 하는 시늉을 한다는 의미도 있다. 브릭스가 머물렀던 집의 아이들은 좀처럼 부모의 관심을 요구하지 않았다. 브릭스는 부모들이 아이들에게 해야 할 것과 해서는 안 되는 것을 말하는 것을 거의 들어보지 못했다고 기록했다. 이는 나와 내가 아는 많은 엄마가 경험하는 일상과 뚜렷한 대조를 이룬다. 우리는 엄마의 관심을 얻으려는 아이와 끊임없는 줄다리기를 벌이고, 의도는 매우 선하더라도 계속해서 아이에게 '안 돼'라고 말한다.

브릭스가 이누이트 사람들에게서 관찰한 것과 비슷한 패턴이 다른 토착 집단에서도 발견되었다. 연구자들은 토착 집단 출신의 멕시코 가정과 과테말라 가정을 관찰한 결과, 부모들이 자녀에게 사전에 계획된 오락을 거의 제공하지 않는다는 것을 알아냈다. 한 살배기 아기들은 어른이 많은 관심을 기울이지 않아도 잘 놀고, 그보다 큰 아이들도 걸음마를 뗀 후로 시키지 않아도 집안일에 즐겁게 참여했다. 멕시코 과달라하라 시에 사는 토착민 가정과 도회적인 가정을 비교한 연구에서 토착민 가정의 6~8세 아동들이 서구 방식으로 생활하는 가정의 아이들보다 집안일을 더 많이 돕고 혼자 놀기를 더 잘했다.

태국에서 사냥 채집 생활을 하는 유목민 부족 마니크Maniq족 사회에서 아이들의 놀이는 보통 식사 준비와 같은 어른들이 하는 집안일을 흉내 내는 것이다. 아이들은 어른들이 사냥이나 채집을 하러 나가면 집안일을 돕는다. 그곳에는 '배우기' 또는 '가르치기'를 의미하는 단어가 없다. 이처럼 아이들은 직접 실행해보면서 배운다. 마니크족 아이들은 아주 어릴 때부터 진짜 칼을 사용할 수 있다. 4세쯤부터 칼로 고기 가죽을 벗기고 손질하는 법을 배운다. 아마존 지역 마치겐카Matsigenka족과 파라카나Parakana족 그리고 탄자니아의 하자Hadza족에서도 관찰할 수 있는 모습이다.

아이들은 자연스럽게 어른들이 하는 것을 보고 모방한다. 이것이 어린이들 사이에서 미니 빗자루와 장난감 부엌이 인기 있는 이유다. 아젠은 말도 하기 전부터 진공청소기를 붙잡으려고 하고 행복하게 집 안을 '청소'하며 돌아다닌다. 산느는 부엌 싱크대에서 '설거지'하는 것을 무척 좋아한다. 결국 주변이 온통 물바다가 되는 것을 피할 수 없다. 그만하라고 말하고 싶은 마음이 굴뚝같지만 나는 꾹꾹 참는다. 심지어 아젠도 덩달아 같이 설거지하는 것을 허락하기도 한다.

아이들이 생활 기술을 배우는 데는 체계적인 교육이 필요하지 않다. 그래도 얻을 수 있는 혜택이 있다. 인류학자 데이비드 랜시David Lancy가 전통사회를 관찰했을 때 배웠듯이, 우리가 아이를 너무 애지중지하지 않고 지금 사용하고 있는 지나치게 섬세한 육아 방법 몇 가지를 버린다면 아이들은 뛰어난 지략과 창의성, 강한 의지력과 투지를 보일 것이다.

놀이는 중요하다. 놀이는 아이들이 처음으로 세상을 배우는 과정이다. 창의성(상상 놀이)부터 문제 해결력, 산술 능력, 협력에 이르기까지 다양한 것을 배운다. 따라서 너무 어릴 때 학업과 관련한 공부를 시작하는 것이 반드시 좋은 것은 아니다. 한 연구진은 5세에 읽기와 쓰기를 배운 아이들을 연구했는데, 이 아이들은 2년 늦게 배우기 시작한 다른 아이들에 비해서 11세가 되었을 때 특별히 더 뛰어나지 않았다. 늦게 배운 아이들이 일찍 시작한 아이들을 따라잡았을 뿐 아니라 독해 능력은 조금 더 높았다. 단어의 의미를 이해하는 것이 독해력에서 중요하므로 이런 현상이 일어나는 것으로 추측된다.

유럽 국가에서는 영국보다 훨씬 더 나중에 읽기와 쓰기를 가르치기 시작하는데, 어른이 되었을 때 학업 성과에 미치는 어떤 영향도 관찰되지 않았다. 읽기와 쓰기를 더 일찍 시작한다고 반드시 나중에 학업 성취 향상으로 이어지는 것은 아니다. 반면에 일찍부터 놀이를 중요시하는 삶에는 무수히 많은 이익이 따른다. 아이들이 더 잘 배우도록 돕고 스트레스를 감소시키고 심지어 긍정적인 뇌 변화를 일으킨다는 것이 이미 증명되었다.

아이들이 자연스럽게 부모의 일을 돕는 행동이 의미 있는 방식으로 계속되기 위해서는 아이가 아주 어릴 때부터 이런 행동을 장려해야 한다. 걸음마를 뗀 유아는 타고난 조수다. 이 시기의 아이들은 요리할 때 팬케이크 반죽에 달걀을 깨서 넣거나 당근을 써는 일을 도울 수 있다. 아이들은 새 장난감을 가지고 놀다가도 엄마가 떨어트린 물건이 있으면 기꺼이 놀이를 중단하고 주워줄 것이다. 아이들에게는 보상보다 칭찬이 더 강한 동기부여가 된다는 것을 항상 기억해야 한다. 아이들은 말을 할 수 있기 전부터 어른들을 도우려고 한다. 그런 모습을 보면 인간은 남을 도우려는 욕구를 타고난다는 생각이 든다.

아이들의 돕는 행동은 진짜 돕는 행동이어야 한다. 서구 사회의 부모들은 유아들이 이미 청소가 끝난 바닥을 빗자루로 쓰는 흉내를 내는 것과 같은 이른바 '모의 가사노동'을 하는 것을 종종 그대로 놔둔다. 아이들이 스스로 자신이 도움이 된다고 생각하게 하는 방법이다. 그러나 멕시코 토착민 출신의 가정에서는 이런 놀이가 관찰되지 않는다. 연구에 따르면 아이들은 직관력이 뛰어나기 때문에 자기가 정말 도움이 되지 못하는 때를 재빨리 알아차린다고 한다. 그래서 흉내만 내는 일에서는 만족감을 거의 얻지 못한다. 그러므로 모의 가사노동은 진짜 도움이 되는 일을 하고 싶은 아이의 의욕을 알게 모르게 꺾을 수 있다.

엄마의 행복이 곧 아이의 행복이다

케냐 키프시기스족 사람들이 말하는 지혜, 즉 응옴을 지닌 기꺼이 돕는 아이가 되기를 원한다면 우리가 아이들을 바라보는 시선과 사고방식부터 바꿔야 한다. 서구 사회의 부모들은 아이들이 항상 놀고 싶어 한다고 생각하거나 아이와 놀아줘야 한다고 생각할지도 모른다. 그러나 방향을 바꿔서 생각해볼 수도 있다. 어쩌면 아이들은 놀이보다 부모를 도와주는 일을 더 하고 싶어 할 것이다. 어릴 때는 여러 측면에서 놀이와 돕기가 같은 것이다.

멕시코 토착 집단에 관한 연구를 해오고 있는 뉴햄프셔 대학교의 앤드류 코펜스Andrew Coppens에 따르면, 어린아이들의 돕는 행동은 아이들이 공동체 속에서 어른들의 활동에 얼마나 융화되어 있는지를 보여준다. 아이들의 돕는 행동이 더 많이 일어나는 사회에서는 어른과 아이가 할 일에 대한 구분이 모호하거나 아예 없으며, 어른들 사이에서는 아이들이 적절한 방식으로 일을 도울 것이라는 기대가 있다. 이것은 안데스 산맥의 칠리후아니Chillihuani 공동체에도 적용된다. 그곳에서는 놀이와 일이 같은 것이고, 아이들은 공동체의 정식 구성원으로 존중받으며 자란다. 반면에 서구 사회에서 아이들은 어른들의 삶과 완전히 분리된다. 먹는 음식부터 아이들에게 사주는 놀잇감, 아이들에게 말하는 방식까지 모두 별도로 존재한다.

물론 삶의 여러 측면에서 어른과 아이의 분리가 필요하다. 어른들은 출근하고 아이들은 학교에 간다. 하지만 이런 분리가 여가를 즐기는 시간에는 필요하지 않은데도 그대로 이어지고 있다. 코펜스가 말하듯이 우리는 이것이 얼마나 이상한지 인지하지 못하고 있다. 코펜스는 아이들이 대화와 놀이 그리고 생산적인 일에 얼마나 차별받지 않고 참여하느냐가 심리적, 신체적으로 큰 차이를 가져온다고 주장한다.

서구화된 가정에서 흔히 그렇듯이 어른다움과 아이다움을 분리해서 생각한다면 우리는 아이들이 어른들의 활동에 쉽게 참여할 수 없다고 가정하게 된다. 어느 정도는 맞는 말이다. 그러나 유연한 잣대가 필요하다. 아이들은 당근을 자르고 요리할 수 있다. 방바닥을 쓸고 페인트칠을 도울 수 있다. 단지 시간이 어른들보다 좀 더 걸릴 뿐이다. 그런데 요즘 아이들은 어른 못지않은 바쁜 일정 때문에 의미 있는 일에 참여할 수 있는 시간이 없다. 아이가 돕는 행동을 적게 한다는 것은 당연히 부모가 해야 할 일이 많아진다는 의미다. 게다가 그런 아이들은 스스로 놀 수 있는 방법을 찾지 못하므로 어른들이 더 많이 놀아줘야 할 것이다. 아이들을 차별하지 않고 다양한 일에 참여시키며, 더 가치 있게 여기고 어린아이 취급을 덜 한다면 아이들은 모든 생활 영역에서 더 많이 이바지할 수 있고, 따라서 도우려는 노력을 더 하게 될 것이다.

아이들의 타고난 돕기 성향을 활용하는 것은 어려운 과제가 될 수도 있지만 성공한다면 우리에게 이익이 될 것이다. 아이가 도와주면 일이 더 느리고 난장판이 되기도 하고 방해만 될 수도 있다. 그러나 분명 그만한 가치가 있다. 얼마 전 내가 브라우니를 구우려고 할 때 딸아이가 밀가루 반죽을 젓고 설탕을 붓겠다고 했다. 밀가루가 사방에 날렸다. 그냥 내가 하겠다고 말하자 아이는 화를 냈다. 산느가 세 살이 막 되었을 무렵의 어느 주말에는 집 뒤편 페인트칠을 돕겠다고 나서는 걸 그냥 뒀다. 아이는 자기 몸에도 페인트를 칠했다. 그러느라 작업은 더 오래 걸렸다. 어른들의 일은 가끔 아이들이 참여하기에 너무 어려워 보인다. 그러나 작은 일부터 아이를 참여시킨다면 훗날 능력 있는 조력자가 되어 있는 아이를 만날 수 있을 것이다. 아이의 돕는 행동을 미묘하게 억제하거나 '모의 가사노동'을 하게 하거나 일이 더 느려진다는 이유로 놀이로 유혹해서 주의를 돌린다면 도와주려는 아이들의 본능적 욕구가 쇠퇴해버릴 수 있다.

아동 발달에 작용하는 요인은 매우 많고 다양하므로 여러 문화의 아이들을 비교하기는 쉽지 않다. 다른 문화에서 바람직한 습관을 발견했다고 해서 그것을 우리 아이에게 쉽게 적용할 수는 없다. 서로 다른 세상이 각기 독특한 습관과 동기를 길러내기 때문이다. 그러나 돕기 행동과 놀이에 관한 고무적인 통찰을 얻을 수는 있다. 아이의 삶을 직접 조정하려는 노력을 줄이고 아이에게 진짜 자율권을 부여한다면 더 창의적인 놀이, 더 많은 돕기 행동, 더 강력한 상상력을 선물할 수 있을 것이다.

지금까지는 놀이가 왜 중요한지 이야기했다. 하지만 놀이는 다른 측면에서 여전히 의문의 여지를 남긴다. 아이가 알아서 하는 놀이와 부모가 권장하는 놀이는 다르다. 부모가 권장하는 놀이에서는 부모가 네발로 기어다니며 아이를 즐겁게 해주거나 같이 놀아준다. 부모가 안내하는 놀이가 아이의 감정 폭발을 달랠 때 도움이 되는 것은 사실이다. 그러나 만약 항상 이렇게 해준다면 아이는 계속 다음 놀이를 기대하게 되고 그러면 부모는 제때 많은 일을 끝마칠 수 없을 것이다. 게다가 아이는 지루함을 겪음으로써 길러지는 자립심을 습득하지 못할 것이다.

1951년 심리학자 마사 울펜스타인Martha Wolfenstein은 미국 문화의 명백한 변화에 관한 글에서 놀이가 하나의 사치에서 모두가 해야 하는 강박관념으로 변했다고 묘사했다. 다시 말해 놀이가 '의무적인 것'이 되었고 재미는 그저 허용 가능한 것이 아닌 반드시 필요한 것이 되었다고 덧붙였다. 그 후로 부모들 사이에서 아이들을 기쁘게 해줘야 한다는 압박감이 커졌다. 장난감 마케팅에 시동이 걸리고, 앞에서 우리가 살펴본 엄마의 죄책감, 불안감, 번아웃이 생겨났다. 이 현상을 묘사하기 위해 데이비드 랜시는 '아기 중심 정치(neontocracy)'라는 용어를 만들었다. 거의 모든 생활이 아이를 중심으로 돌아가는 양육 태도를 뜻하는 말이다.

아이에게 모든 초점을 맞추고 항상 아이를 우선시하고 우리 자신은 뒷전으로 한다면 아이가 더 행복할 것이라는 생각이 널리 퍼진 듯하다. 이 추세를 그대로 따른다면 부모의 행복을 희생하는 악순환이 계속될 것이며, 게다가 여러 문화를 비교 분석한 연구들이 암시하듯 이것은 최적의 양육 방법도 아니다. 데이비드 랜시가 관찰한 모든 사회를 보더라도 서구 사회만큼 아이 중심적인 곳은 없었다. 서구 사회의 어린이와 청소년들은 어느 때보다 많은 부담을 느끼고 있고, 많은 아이가 걱정, 불안감, 우울감에 시달리고 있다. 연구에 따르면 미국을 포함한 일부 지역에서 이러한 현상은 꾸준히 증가하고 있다. 이런 이유로 랜시는 보다 선한 방임 형태의 양육, 부모가 손을 조금 떼는 양육이 필요하다고 주장한다.

놀이는 분명 아이들이 세상을 항해하는 법을 배우는 데 필수적인 요소이다. 하지만 놀이, 오락, 교육, 돌봄을 한꺼번에 다 제공하는 집약적이고 열정적인 육아에는 어두운 면이 있다. 아이가 혼자 하는 놀이의 재미를 알지 못할 수도 있다는 것이다. 혼자 하는 놀이는 아이들에게 탐색하고 관찰하는 능력을 길러주고, 그래서 스스로 재미있게 노는 것을 더 잘할 수 있게 돕는다. 궁극적으로는 아이가 자신이 좋아하는 것이 무엇인지 더 쉽게, 더 빨리 발견할 수 있도록 돕는다.

내 어머니가 가끔 강조했던 것도 이것이었다. "네가 계속 아이들을 즐겁게 해줘야 할 필요는 없단다. 그냥 베이비 박스 안에서 놀게 놔두렴." 어머니는 아이들이 어릴 때부터, 그러니까 생후 몇 개월부터 그렇게 해야 베이비 박스가 아이를 가두는 우리가 아니라 재미있고 안전한 놀이 공간이 될 수 있다고 말하곤 했다. 내가 오빠와 함께 베이비 박스 안에서 노는 모습을 찍은 사진이 있다. 내가 한 살, 오빠가 세 살 때인 것 같다. 머리 위로 간이 천막이 처져 있고 우리는 매우 만족스러운 표정을 짓고 있다. 우리는 간단한 수제 나무 장난감을 가지고 그 안에서 몇 시간씩 놀곤 했다.

어머니는 내가 우리 아이들에게 지나치게 관심을 주면 너무 의존적인 아이로 자랄 수 있다고 경고했다. 어쨌든 결론은 끊임없이 아이가 원하는 대로 해줄 것이 아니라 요리가 되었든 청소가 되었든 가족 생활의 모든 영역에 아이를 참여시켜야 한다는 것이다. 아이를 참여시킬 때 어쩌면 어떤 일도 제때 끝마치지 못할지도 모르겠다.

도널드 위니캇이 말한 '충분히 좋은 엄마'라는 개념을 기억하는 것이 우리 모두에게 도움이 될 것이다. 좋은 엄마라는 이상과 그것에 수반되는 모든 압박이 주로 서구 사회에서 생겨난 개념임을 고려한다면 이책에서 다룬 내용을 어느 정도 설명할 수 있다. 그것은 우리가 내세우고 있는 기준이 우리가 속한 문화에 크게 의존한다는 것을 의미한다.

예를 들어 중앙아프리카공화국 아카족 사회의 성역할은 우리가 일반적으로 생각하는 것과 상당히 다르다. 그곳에서는 여성이 사냥하러 나가면 남성이 아기를 돌본다. 여성들은 사냥할 때 아기를 데리고 다니기도 한다. 사냥감을 잡기 전에는 잠시 아기를 땅 위에 내려놓는다. 가끔은 혼자 사냥을 나갈 만큼 여자들의 사냥 능력이 뛰어나다. 심지어 만삭일 때도 사냥을 나간다. 아카족 남성들은 다른 사회의 아버지들보다 아기를 더 많이 돌본다. 아빠들은 엄마가 음식을 준비하고 땔감을 줍는 동안 아기를 안고 있다. 아빠가 엄마보다 아이들을 더 자주 안아주고 입맞춤해준다. 가끔 젖을 찾는 아기에게 자기 젖꼭지를 물리기도 한다. 밤에 아기가 보채면 아빠가 노래를 불러주는 것은 매우 흔한 일이다. 아카족 사회에서는 많은 영역에서 육아가 동등하게 행해지는 것으로 보인다. 남성들은 육아를 부담이라고 여기지 않고, 아이를 돌보는 데 시간을 더 많이 쓴다고 해서 그들의 지위가 불리해지는 것도 아니다.

좋은 엄마라는 이상은 우리를 방해한다. 엄마들 대부분이 이미 좋은 엄마인데도 불가능한 이상을 실현하려고 애쓰고 있다. 그것은 두려움과 불안, 압박감만 가중할 뿐이다. 지금까지 우리가 살펴본 모성에 관한 모든 상반된 사실을 고려해본다면 우리가 평등한 사회에 살고 있다는 착각에 빠져 있다는 것이 명백해진다. 이런 현실은 본질적으로 우리를 실패의 덫으로 밀어넣고 있다. 만일 직장에서 자기 역량을 강화할 수 있고 기업들이 남녀 임금 격차를 최소화하고 있다는 말을 듣는다면, 시작부터 불공정한 사회에서 일하고 있는데도 우리는 실패의 책임을 우리 자신에게 전가하게 된다. 동시에 단지 남성과 동등하다고 느끼기 위해 한 분야에서 성공하려고 노력한다면, 직장인으로서의 정체성을 전면에 내세우는 동안 엄마로서의 정체성을 상실했다고 느낄 수 있다. 하지만 이조차도 그런 선택을 할 수 있는 여성들에게나 해당하는 말이다. 이것이 백인 중산층 여성이 겪고 있는 어려움이라면 사회적으로 소외되고 계급주의와 인종 편견에 맞서 싸우고 있는 노동자 계층이나 유색인종 여성들의 상황은 훨씬 더 열악하다는 점을 기억할 필요가 있다.

직장이라는 사회구조가 처음부터 여성을 염두에 두고 설계된 게 아니라는 현실로 다시 돌아가보자. '이상적인 노동자'가 된다는 것과 '좋은 엄마'가 된다는 것이 정면으로 충돌하므로 직장과 가정 중 하나를 선택해 우선시할 수밖에 없다. 그래서 일과 가정 두 마리 토끼를 다 잡으려고 할 때 흔히 경력이나 자아감을 희생하게 되는 것이다.

이 책에서 살펴본 모든 사실을 고려해볼 때 나는 여성들이 어느 한쪽에 대해서도 뒤로 물러서지 말아야 한다고 생각한다. 사회적 압박이나 미미한 정부의 지원 때문에 하나를 포기하는 것은 진정한 선택이 아니다. 우리 사회가 처음부터 보다 평등한 사회였다면 엄마들이 느끼는 부담이 지금처럼 심하진 않았을 것이다. 오늘날 엄마가 되면서 많은 여성이 경험하는 정체성의 변화가 이렇게 냉혹하게 느껴지지도 않았을 것이다.

엄마로서 우리의 정체성은 자기 비판부터 외부 압력까지 여러 방면에서 힘껏 뒤흔들리고 있다. 장기적으로 보면 우리 자신, 우리의 행복 그리고 거창하게 말해서 우리의 진정한 자아가 무엇보다 중요하다. 이기적인 생각처럼 들릴지도 모른다. 하지만 늘 아이에게, 또는 가정에 충분히 해주지 못한다는 걱정에서 끝없이 더 많은 것을 하려 하는 우리의 모순된 모습을 생각해볼 때, 우리 아이들은 엄마가 잠시나마 엄마 자신을 우선시한 것에 고마워할 것이다. 우리가 행복하면 아이들도 더 행복하기 마련이다.

10대 청소년이었을 때부터 나는 책을 쓰는 사람이 되고 싶었다. 하지만 항상 무엇인가가 방해를 했다. 둘째 아이를 출산한 지 3개월이 되었을 때 나 자신을 위한 시간이 거의 없고, 수면 부족에 정신이 몽롱한 상태였지만 책 쓰는 일에 도전하기로 했다. 회사에 복직하기 전 약 10개월 정도의 시간이 있었으므로 빠른 속도로 글을 써야 했다.

에이전트인 캐서린 조가 없었다면 이 책은 세상에 나오지 못했을 것이다. 집필 계획서를 제출한 다음 날 회신을 받고 내가 얼마나 감격했는지 그녀는 상상도 하지 못했을 것이다. 정말 꿈을 꾸는 것만 같았다. 쿼리레터query letter(작품 주제와 간단한 줄거리, 작가 소개 등을 담은 1~2페이지의 짧은 글-옮긴이)를 보냈을 때까지만 해도 나는 캐서린이 엄마가 되는 여정에서 체험한 것을 책으로 펴냈다는 사실을 전혀 몰랐다. 정말 이런 멋진 우연이 있을까.

편집자 홀리 할리는 내 글 하나하나에 신경을 쓰며 지원을 아끼지 않았다. 다듬어지지 않거나 주제에서 벗어난 아이디어에 대해 함께 고민해줬고, 내가 글에 대한 자신감을 가질 수 있도록 도왔다. 코로나바이러스가 끝나면 홀리와 캐서린과 함께 이 책의 출판을 축하하는 자리를 빨리 갖고 싶다.

내가 저널리스트가 되고 저널리스트로 발전할 수 있도록 아주 많은 사람이 나를 도왔다. 이 책을 쓰는 여정에 나의 BBC 동료들이 중요한 역할을 했다. 조나단 마모스, 리처드 피셔, 빅토리아 질, 자리아 고벳, 사라 키팅, 마이클 마셜, 레베카 모렐, 피에란젤로 피락, 폴 린컨, 아만다 루게리, 드루티 샤, 매트 워커, 그리샴 탄 그리고 로지 웨이티스 모두 내 글을 손봐주거나 어떤 방법으로든 나를 도왔다.

출판계에 발을 내딛는 불분명한 여정을 시작할 수 있게 지원해준 데이비드 롭슨에게도 감사하다는 말을 전하고 싶다. 그의 조언과 격려가 없었다면 나는 지금 이 자리에 있지 못했을 것이다. 데이비드는 이 책이 그저 내 머릿속의 모호한 생각에 불과했을 때부터 격려를 아끼지 않았다. 책의 세부적인 사항을 가지고 내가 너무 귀찮게 한 나의 친구들, 특히 친절하게도 이 책의 초고를 읽어준 친구 프로크 엥겔라, 캐서린 드란지, 캐시 미첼, 아가타 슬래터, 루시 애로스미스, 사프론 테인, 나오미 오즈레틱, 제인 브레들리 그리고 나를 인터뷰했을 때 자신도 모르게 내게 생각의 씨앗을 심어준 조디 미시콘에게도 감사하다. 멋진 엄마 줄리아, 미셸, 다비나, 로스, 테스, 마티, 헬렌, 잉그리드, 에킨, 엘리자베스, 멜리사, 브릿, 피오나, 로렌, 에일비에게도 고맙다고 말하고 싶다. 그리고 마법 같은 손길과 부드럽게 아기를 달래주는 베이비 위스퍼러 방식으로 우리 가족의 삶을 더없이 편안하게 만들고 우리 아이들이 아주 행복할 수 있게 돌봐준 에이가에게도 고마움을 전한다.

내게 귀중한 시간을 내주고 이야기를 해주고 연구에 관해 설명해주기를 마다하지 않은 미셸 버딕, 케이틀린 콜린스, 앤드류 코펜스, 엘리슨 다밍거, 엘리슨 프레밍, 로베타 콜린코프, 사라 하크니스, 엘스라인 호크제마, 멜릿 밀키, 레이철 마골리스, 리 넬슨, 케이시 허쉬파섹, 노야 리몰트, 메리디스 로우, 사라 쇼페-설리반, 루트 빈호벤을 비롯한 여러 학자분들께도 감사하다. 엄마로서의 우리 자신을 더 잘 이해할 수 있도록 도와주는 이분들의 연구에 특히 감사를 표하고 싶다.

사람들과 교류할 수 없는 요즘 같은 시기에 나를 참고 받아준 가족이 없었다면 어떠한 성과도 이루지 못했을 것이다. 저녁 시간 동안 글을 쓸 때 가족들의 도움은 세상 무엇과도 바꿀 수 없을 만큼 소중했다. 책의 후반부를 코로나바이러스 유행 기간에 끝마쳤다는 것은 가족들과 서로 만날 수 없었던 기간을 적어도 글을 쓸 좋은 기회로 삼았다는 것을 의미한다. 어머니, 셉, 미치, 마우, 트리샤 모두 내게 최고의 가족이다. 그것은 마이크, 헬렌, 조, 앤디도 마찬가지다. 특히 너무 일찍 세상을 떠난 아버지의 사랑과 지원을 항상 그리워할 것이다. 아버지가 나를 얼마나 특별한 사람처럼 느끼게 해줬는지 여전히 생생히 기억한다. 잔인한 병과 사투를 벌이던 마지막 순간에도 아버지는 나를 알아보셨다. 세상을 떠나기 전에 아버지가 손자들을 만나고 안아볼 수 있어서 우리 모두 얼마나 다행이라고 생각하는지 모른다.

마지막으로 내가 가장 중요하게 생각하는 이들에게 감사하고 싶다. 이 책에 공감하든 하지 않든 이 책을 이 세상 모든 어머니들에게 바친다.

특히 조건 없는 사랑과 자녀에 대한 믿음을 보여주고 모성에 관한 내 생각에 영향을 미친 친정어머니 마가 판 던 에인던과 초반에 내가 쓴 글의 상당 부분을 검토해주신 시어머니 헬렌 파커에게 이 책을 바친다.

끊임없는 격려와 응원을 보내주는 내 인생의 동반자이자 내 사랑 스티븐 파커에게 감사하다. 사랑스러운 천사들과 함께하는 나의 모성 여정에서 남편은 항상 모든 어려움을 잘 헤쳐 나갈 수 있도록 도왔다. 우리는 우리만의 자유시간이 부족한 것에 대해 안타까워할지도 모른다. 하지만 앞으로도 변함없이 우리는 매일 밤 우리가 아이들을 얼마나 사랑하는지에 관해 이야기할 것이다.

여는 글

· Roberts, S., Havlicek, J., Flegr, J., Hruskova, M., Little, A., & Jones, B. et al. (2004). Female facial attractiveness increases during the fertile phase of the menstrual cycle. Proceedings of the Royal Society of London. Series B: Biological Sciences, 271(suppl_5).

· Arslan, R., Schilling, K., Gerlach, T., & Penke, L. (2019). Using 26,000 diary entries to show ovulatory changes in sexual desire and behavior. Correction to Arslan et al. (2018). Journal of Personality and Social Psychology.

· Cusk, Rachel (2008). A Life's Work, London: Faber & Faber, pp. 61-62.

· Ireland, M. (1993). Reconceiving Women, New York: Guilford Press.

1장

· Hoekzema, E., Barba-Müller, E., Pozzobon, C., Picado, M., Lucco, F., & Garcia-Garcia, D. et al. (2017). Pregnancy leads to long-lasting changes in human brain structure. Nature Neuroscience, 20(2), 287-296.

· Hoekzema, E., Tamnes, C., Berns, P., Barba-Müller, E., Pozzobon, C., & Picado, M. et al. (2020). Becoming a mother entails anatomical changes in the ventral striatum of the human brain that facilitate its responsiveness to offspring cues. Psychoneuroendocrinology, 112, 104507.

· A brain scan can show changes in grey matter but we cannot know for sure what grey matter reduction involves, as grey matter changes could be reflecting changes in the 'number of synapses, glial cells, dendritic structure, vasculature, blood volume and circulation' as Hoekzema et al (2017) report.

· Davies, S., Lum, J., Skouteris, H., Byrne, L., & Hayden, M. (2018). Cognitive impairment during pregnancy: a meta-analysis. Medical Journal of Australia, 208(1), 35-40.

· Macbeth, A., Gautreaux, C., & Luine, V. (2008). Pregnant rats show enhanced spatial memory, decreased anxiety, and altered levels of monoaminergic neurotransmitters. Brain Research, 1241, 136-147.

· Crawley, R., Grant, S., & Hinshaw, K. (2008). Cognitive changes in pregnancy: mild decline or societal stereotype? Applied Cognitive Psychology, 22(8), 1142-1162.

· Logan, D., Hill, K., Jones, R., Holt-Lunstad, J., & Larson, M. (2014). How do memory and attention change with pregnancy and childbirth? A controlled longitudinal examination of neuropsychological functioning in pregnant and postpartum women. Journal of Clinical and Experimental Neuropsychology, 36(5), 528-539.

· de Lange, A., Kaufmann, T., van der Meer, D., Maglanoc, L., Alnæs, D., & Moberget, T. et al. (2019). Population-based neuroimaging reveals traces of childbirth in the maternal brain. Proceedings of the National Academy of Sciences, 116(44), 22341-22346.

· Abraham, E., Hendler, T., Shapira-Lichter, I., Kanat-Maymon, Y., Zagoory-Sharon, O., & Feldman, R. (2014). Father's brain is sensitive to childcare experiences. Proceedings of the National Academy of Sciences, 111(27), 9792-9797.

· Reynolds-Wright J. J., Anderson, R. A. (2019). Correction: Male contraception: where are we going and where have we been? (2020). BMJ Sexual & Reproductive Health, 46(2), 157.1-157.

· Roberts, M. (2019). Male pill - why are we still waiting? Retrieved 2 January 2021, from https://www.bbc.co.uk/news/health-47691567

· Petersen, N., Kilpatrick, L., Goharzad, A., & Cahill, L. (2014). Oral contraceptive pill use and menstrual cycle phase are associated with altered resting state functional connectivity. Neuroimage, 90, 24-32.

· Skovlund, C., Mørch, L., Kessing, L., & Lidegaard, Ø. (2016). Association of Hormonal Contraception With Depression. JAMA Psychiatry, 73(11), 1154.

· Anderl, C., Li, G., & Chen, F. (2019). Oral contraceptive use in adolescence predicts lasting vulnerability to depression in adulthood. Journal of Child Psychology and Psychiatry, 61(2), 148-156.

- Nielsen, S., Ertman, N., Lakhani, Y., & Cahill, L. (2011). Hormonal contraception usage is associated with altered memory for an emotional story. Neurobiology of Learning and Memory, 96(2), 378-384.
- Birnbaum, S., Birnbaum, G., & Ein-Dor, T. (2017). Can Contraceptive Pill Affect Future Offspring's Health? The Implications of Using Hormonal Birth Control for Human Evolution. Evolutionary Psychological Science, 3(2), 89-96.
- Birnbaum, G., Zholtack, K., Mizrahi, M., & Ein-Dor, T. (2019). The Bitter Pill: Cessation of Oral Contraceptives Motherhood Complex 4th.indd 267 09/04/2021 2:10 pm Enhances the Appeal of Alternative Mates. Evolutionary Psychological Science, 5(3), 276-285.
- Cohain, J., Buxbaum, R., & Mankuta, D. (2017). Spontaneous first trimester miscarriage rates per woman among parous women with 1 or more pregnancies of 24 weeks or more. BMC Pregnancy and Childbirth, 17(1).
- van den Bergh, B., van den Heuvel, M., Lahti, M., Braeken, M., de Rooij, S., & Entringer, S. et al. (2017). Prenatal developmental origins of behavior and mental health: The influence of maternal stress in pregnancy. Neuroscience & Biobehavioral Reviews, 117, 26-64.
- Laplante, D., Brunet, A., & King, S. (2015). The effects of maternal stress and illness during pregnancy on infant temperament: Project Ice Storm. Pediatric Research, 79(1), 107-113.
- Weinstock, M. (2008). The long-term behavioural consequences of prenatal stress. Neuroscience & Biobehavioral Reviews, 32(6), 1073-1086.
- Brannigan, R., Tanskanen, A., Huttunen, M., Cannon, M., Leacy, F., & Clarke, M. (2019). The role of prenatal stress as a pathway to personality disorder: longitudinal birth cohort study. British Journal of Psychiatry, 216(2), 85-89.
- Bailey, L. (2001). Gender shows - first-time mothers and embodied selves. Gender & Society, 15(1), 110-129.
- Bainbridge, J. (2006). Unsolicited advice: A rite of passage through your first pregnancy. British Journal of Midwifery, 14(5), 265-265.
- Cahusac, E., & Kanji, S. (2013). Giving Up: How Gendered Organizational Cultures Push Mothers Out. Gender, Work & Organization, 21(1), 57-70.
- Pregnancy multivitamins 'are a waste of money'. (2016). Retrieved 2 January 2021, from https://www.bbc.co.uk/news/health-36765161
- Hodgkinson, E., Smith, D., & Wittkowski, A. (2014). Women's experiences of their pregnancy and postpartum body image: a systematic review and meta-synthesis. BMC Pregnancy and Childbirth, 14(1).
- Upton, R., & Han, S. (2003). Maternity and Its Discontents. Journal of Contemporary Ethnography, 32(6), 670-692.

· Morley-Hewitt, A., & Owen, A. (2019). A systematic review examining the association between female body image and the intention, initiation and duration of post-partum infant feeding methods (breastfeeding vs bottle-feeding). Journal of Health Psychology, 25(2), 207-226.

· Kirk, E., & Preston, C. (2019). Development and validation of the Body Understanding Measure for Pregnancy Scale (BUMPS) and its role in antenatal attachment. Psychological Assessment, 31(9), 1092-1106.

· Sacks, A. (2017). The Birth of a Mother. Retrieved 2 January 2021, from https://www.nytimes.com/2017/05/08/well/family/the-birth-of-a-mother.html

2장

· Dikmen-Yildiz, P., Ayers, S. & Phillips, L. (2018). Longitudinal trajectories of post-traumatic stress disorder (PTSD) after birth and associated risk factors. Journal of Affective Disorders, 229, 377-385.

· Anokye, R., Acheampong, E., Budu-Ainooson, A., Obeng, E., & Akwasi, A. (2018). Prevalence of postpartum depression and interventions utilized for its management. Annals of General Psychiatry, 17(1).

· Sriraman, N., Pham, D., & Kumar, R. (2017). Postpartum Depression: What Do Pediatricians Need to Know? Pediatrics in Review, 38(12), 541-551.

· Hahn-Holbrook, J., Cornwell-Hinrichs, T., & Anaya, I. (2018). Economic and Health Predictors of National Postpartum Depression Prevalence: A Systematic Review, Meta-analysis, and Meta-Regression of 291 Studies from 56 Countries. Frontiers in Psychiatry, 8, 248.

· NIMH Perinatal Depression. Retrieved 2 January 2021, from https://www.nimh.nih.gov/health/publications/perinatal-depression/index.shtml

· Qiu, A., Anh, T. T., Li, Y., Chen, H., Rifkin-Graboi, A., Broekman, B. F., Kwek, K., Saw, S. M., Chong, Y. S., Gluckman, P. D., Fortier, M. V., & Meaney, M. J. (2015). Prenatal maternal depression alters amygdala functional connectivity in 6-month-old infants. Translational Psychiatry, 5(2), e508.

· Pawlby S., Hay D. F., Sharp, D., Waters C. S., O'Keane V. (2009) Antenatal depression predicts depression in adolescent offspring: prospective longitudinal community-based study. Journal of Affective Disorders.113(3), 236-243.

· Beck, C. (2004). Post-Traumatic Stress Disorder Due to Childbirth. Nursing Research, 53(4), 216-224.

· Dekel, S., Stuebe, C., & Dishy, G. (2017). Childbirth Induced Posttraumatic Stress Syndrome: A Systematic Review of Prevalence and Risk Factors. Frontiers in Psychology, 8, 560.

· Farren, J., Jalmbrant, M., Falconieri, N., Mitchell-Jones, N., Bobdiwala, S.,

Al-Memar, M., Tapp, S., Van Calster, B., Wynants, L., Timmerman, D., & Bourne, T. (2020). Posttraumatic stress, anxiety and depression following miscarriage and ectopic pregnancy: a multicenter, prospective, cohort study. American Journal of Obstetrics and Gynecology, 222(4), 367.e1-367.e22.

· Moses-Kolko, E. L., Perlman, S. B., Wisner, K. L., James, J., Saul, A. T., & Phillips, M. L. (2010). Abnormally reduced dorsomedial prefrontal cortical activity and effective connectivity with amygdala in response to negative emotional faces in postpartum depression. American Journal of Psychiatry, 167(11), 1373-1380.

· Esposito, G., Manian, N., Truzzi, A., & Bornstein, M. (2017). Response to Infant Cry in Clinically Depressed and Non-Depressed Mothers. PLOS ONE, 12(1), e0169066.

· Laurent, H., & Ablow, J. (2011). A cry in the dark: depressed mothers show reduced neural activation to their own infant's cry. Social Cognitive and Affective Neuroscience, 7(2), 125-134.

· Morgan, J. K., Guo, C., Moses-Kolko, E. L., Phillips, M. L., Stepp, S. D., & Hipwell, A. E. (2017). Postpartum depressive symptoms moderate the link between mothers' neural response to positive faces in reward and social regions and observed caregiving. Social Cognitive and Affective Neuroscience, 12(10), 1605-1613.

· Barba-Muller, E., Craddock, S., Carmona, S., & Hoekzema, E. (2019). Brain plasticity in pregnancy and the postpartum period: links to maternal caregiving and mental health. Archives of women's mental health, 22(2), 289-299.

· Barrett, J., & Fleming, A.S. (2011). Annual Research Review: All mothers are not created equal: neural and psychobiological perspectives on mothering and the importance of individual differences. Journal of Child Psychology and Psychiatry, 52, 368-397.

· Fleming, A. S., Steiner, M., & Corter, C. (1997). Cortisol, hedonics, and maternal responsiveness in human mothers. Hormones and Behavior, 32(2), 85-98.

· Stallings, J., et al, (2001). The Effects of Infant Cries and Odors on Sympathy, Cortisol, and Autonomic Responses in New Mothers and Nonpostpartum Women. Parenting, 1(1-2), 71-100.

· McKinnon, M.C., Palombo, D., Nazarov, A., Kumar, N., Khuu, W., & Levine, B. (2015). Threat of death and autobiographical memory: A study of the passengers of Flight AT236. Clinical Psychological Science, 3(4):487-502.

· Lovett-Barron, M., Kaifosh, P., Kheirbek, M., Danielson, N., Zaremba, J., & Reardon, T. et al. (2014). Dendritic Inhibition in the Hippocampus Supports Fear Learning. Science, 343(6173), 857-863.

· Redondo, R., Kim, J., Arons, A., Ramirez, S., Liu, X., & Tonegawa, S. (2014). Bidirectional switch of the valence associated with a hippocampal contextual memory engram. Nature, 513 (7518), 426-430.

· Ramirez, S., Liu, X., MacDonald, C., Moffa, A., Zhou, J., Redondo, R., & Tonegawa, S. (2015). Activating positive memory engrams suppresses depression-like behaviour. Nature, 522(7556), 335-339.

· Ford, E., & Ayers, S. (2009). Stressful events and support during birth: The effect on anxiety, mood and perceived control. Journal of Anxiety Disorders, 23(2), 260-268.

· Lothian, J. (2004). Do Not Disturb: The Importance of Privacy in Labor. Journal of Perinatal Education, 13(3), 4-6.

· Zielinski, R., Ackerson, K., & Kane-Low, L. (2015). Planned home birth: benefits, risks, and opportunities. International Journal of Women's Health, 361.

· Hannah, M. E., Hannah, W. J., Hewson, S. A., Hodnett, E. D., Saigal, S., & Willan, A. R. (2000). Planned caesarean section versus planned vaginal birth for breech presentation at term: a randomised multicentre trial. The Lancet, 356(9239), 1375-1383.

· Berhan, Y., & Haileamlak, A. (2015). The risks of planned vaginal breech delivery versus planned caesarean section for term breech birth: a meta-analysis including observational studies. BJOG: An International Journal of Obstetrics & Gynaecology, 123(1), 49-57.

· Hauck, Y., Fenwick, J., Downie, J., & Butt, J. (2007). The influence of childbirth expectations on Western Australian women's perceptions of their birth experience. Midwifery, 23(3), 235-247.

· Macfarlane, A., Blondel, B., Mohangoo, A., Cuttini, M., Nijhuis, J., & Novak, Z. et al. (2015). Wide differences in mode of delivery within Europe: risk-stratified analyses of aggregated routine data from the Euro-Peristat study. BJOG: An International Journal of Obstetrics & Gynaecology, 123(4), 559-568.

· Kjerulff, K., & Brubaker, L. (2017). New mothers' feelings of disappointment and failure after cesarean delivery. Birth, 45(1), 19-27.

3장

· Breastfeeding guilt experienced by half of mothers - BBC survey. BBC News. (2019). Retrieved 13 January 2021, from https://www.bbc.co.uk/news/uk-england-south-yorkshire-46989489.

· O'Connell, M. (2021). After giving birth to my first child, I wondered: would I ever want sex again? Retrieved 9 February 2021, from https://www.theguardian.com/lifeandstyle/2018/apr/12/sex-after-pregnancy-meaghan-oconnell-now-wehave-everything-extract

· Bailey, L. (2001). Gender shows - first time mothers and embodied selves. Gender & Society, 15(1), 110-129.
· Alder, E. (1989). Sexual behaviour in pregnancy, after childbirth and during breast-feeding. Baillière's Clinical Obstetrics and Gynaecology, 3(4), 805-821.
· Hyde, J., DeLamater, J., Plant, E., & Byrd, J. (1996). Sexuality during pregnancy and the year postpartum. Journal of Sex Research, 33(2), 143-151.
· Postpartum Sexual Dysfunction: A literature review of risk factors and role of mode of delivery. British Journal of Medical Practitioners. (2010). Retrieved 19 December 2020, from https://www.bjmp.org/content/postpartum-sexual-dysfunction-literature-review-risk-factors-and-role-mode-delivery
· Walzer, S. (1996). Thinking about the Baby. Philadelphia: Temple University Press.
· Nygaard, I. (2008). Prevalence of Symptomatic Pelvic Floor Disorders in US Women. JAMA, 300(11), 1311.
· Mant, J., Painter, R., & Vessey, M. (1997). Epidemiology of genital prolapse: observations from the Oxford Family Planning Association study. BJOG: An International Journal of Obstetrics and Gynaecology, 104(5), 579-585.
· Dheresa, M., Worku, A., Oljira, L., Mengiste, B., Assefa, N., & Berhane, Y. (2018). One in five women suffer from pelvic floor disorders in Kersa district Eastern Ethiopia: a community-based study. BMC Women's Health, 18(1).
· Hodgkinson, E., Smith, D., & Wittkowski, A. (2014). Women's experiences of their pregnancy and postpartum body image: a systematic review and meta-synthesis. BMC Pregnancy and Childbirth, 14(1). Bainbridge, J. (2006). Unsolicited advice: A rite of passage through your first pregnancy. British Journal of Midwifery, 14(5), 265.
· O'Donohoe, S., & O'Donohoe, S. (2006). Yummy Mummies: The Clamor of Glamour in Advertising to Mothers. Advertising & Society Review, 7(3), 1-18.
· Centers for Disease Control and Prevention. (2015). QuickStats: gestational weight gain among women with full-term, singleton births, compared with recommendations-48 states and the District of Columbia. Morbidity and Mortality Weekly Report, 65, 40, 1121.
· Ip, S., Chung, M., Raman, G., Chew, P., Magula, N., DeVine, D., Trikalinos, T., & Lau, J. (2007). Breastfeeding and maternal and infant health outcomes in developed countries. Evidence report/technology assessment, (153), 1-186.
· Bianchi, D., Zickwolf, G., Weil, G., Sylvester, S., & DeMaria, M. (1996). Male fetal progenitor cells persist in maternal blood for as long as 27 years postpartum. Proceedings of the National Academy of Sciences, 93(2), 705-708.

· Gadi, V., & Nelson, J. (2007). Fetal Microchimerism in Women with Breast Cancer. Cancer Research, 67(19), 9035-9038.

· Chan, W., Gurnot, C., Montine, T., Sonnen, J., Guthrie, K., & Nelson, J. (2012). Male Microchimerism in the Human Female Brain. PLOS ONE, 7(9), e45592.

· Rijnink, E., Penning, M., Wolterbeek, R., Wilhelmus, S., Zandbergen, M., & van Duinen, S. et al. (2015). Tissue microchimerism is increased during pregnancy: a human autopsy study. Molecular Human Reproduction, 21(11), 857-864.

· Broestl, L., Rubin, J. B., & Dahiya, S. (2018). Fetal microchimerism in human brain tumors. Brain Pathology, 28(4), 484-494.

· Boddy, A. M., Fortunato, A., Wilson Sayres, M., & Aktipis, A. (2015). Fetal microchimerism and maternal health: a review and evolutionary analysis of cooperation and conflict beyond the womb. BioEssays, 37(10), 1106-1118.

4장

· Peter Irons, 1998, The Courage of Their Convictions: 16 Americans Who Fought Their Way to the Supreme Court, New York: Penguin Books, pp. 307, 309-10.

· Thomas, T. R. (2014). The Struggle for Gender Equality in the Northern District, in Justice on the Shores of Lake Erie: A History of the U.S. District Court for the Northern District of Ohio edited by Paul Finkelman and Roberta Sue Alexander. Ohio History, 121(1), 148-149.

· Perales, M., Artal, R., & Lucia, A. (2017). Exercise During Pregnancy. JAMA, 317(11), 1113.

· Wynn, M. (1999). Pregnancy Discrimination: Equality, Protection or Reconciliation? Modern Law Review, 62(3), 435-447.

· Stories. Pregnant Then Screwed. (2021). Retrieved 15 January 2021, from https://pregnantthenscrewed.com/stories

· Franceschi-Bicchierai, L., & Koebler, J. (2019). Google Employee Alleges Discrimination Against Pregnant Women in Viral Memo. Retrieved 22 December 2020, from https://www.vice.com/en/article/59nmkx/google-employee-alleges-discrimination-against-pregnant-women-in-viral-memo

· Kitroeff, N., & Silver-Greenberg, J. (2019). Pregnancy Discrimination Is Rampant Inside America's Biggest Companies. Retrieved 22 December 2020, from https://www.nytimes.com/interactive/2018/06/15/business/pregnancy-discrimination.html

· Hennekam, S. (2016). Identity transition during pregnancy: The importance of role models. Human Relations, 69(9), 1765-1790.

· Gatrell, C. (2011). Policy and the Pregnant Body at Work: Strategies of Secrecy, Silence and Supra-performance. Gender, Work & Organization, 18(2), 158-181.

- Kitzinger, S. (2005). The Politics of Birth. Edinburgh: Elsevier Butterworth Heinemann.
- PL+US. (2021). Retrieved 9 February 2021, from https://paidleave.us
- Unicef. (2019). Are the world's richest countries family friendly? Retrieved from https://www.unicef-irc.org/family-friendly
- Collins, J., & Mayer, V. (2010). Both Hands Tied. Chicago, Illinois: University of Chicago Press.
- Usborne, S. (2021). 'It was seen as weird': why are so few men taking shared parental leave? Retrieved 9 February 2021, from https://www.theguardian.com/lifeandstyle/2019/oct/05/shared-parental-leave-seen-as-weird-paternity-leave-in-decline
- Kaufman, G. (2018). Barriers to equality: why British fathers do not use parental leave. Community, Work & Family, 21(3), 310- 325.
- O'Brien, M., Aldrich, M., Connolly, S. et al. (2017), Inequalities in access to paid maternity and paternity leave and flexible work. London: UCL Grand Challenges Report.
- America is the only rich country without a law on paid leave for new parents. (2020). Retrieved 21 December 2020, from https://www.economist.com/Motherhood Complex 4th.indd 277 09/04/2021 2:10 pm nited-states/2019/07/18/america-is-the-only-rich-country-without-a-law-on-paid-leave-for-new-parents
- 'The greatest mother in the world' / A.E. Foringer. (1917). Retrieved 30 January 2021, from https://www.loc.gov/item/94513568/
- Nepomnyaschy, L., & Waldfogel, J. (2007). Paternity leave and fathers' involvement with their young children. Community, Work & Family, 10(4), 427-453.
- Farre, L., & Gonzalez, L. (2019). Does paternity leave reduce fertility? Journal of Public Economics, 172, 52-66.
- Margolis, R., Choi, Y., Holm, A., & Mehta, N. (2020). The Effect of Expanded Parental Benefits on Union Dissolution. Journal of Marriage and Family, 83(1), 191-208.
- Johansson, E. (2010). The effect of own and spousal parental leave on earnings. Retrieved 16 January 2021, from https://www.econstor.eu/bitstream/10419/45782/1/623752174.pdf
- The Nordic Glass Ceiling, The Cato Institute, cato.org/sites/cato.org/files/pubs/pdf/pa-835.pdf
- World Values Survey, Wave 3 (1995-1999), World Value Survey Association, http://www.worldvaluessurvey.org/WVSDocumentationWV3.jsp; World Values Survey, Wave 6 (2010-2014), World Value Survey Association, http://www.

worldvaluessurvey.org/WVSDocumentationWV6.jsp
- Morton, M., Klugman, J., Hanmer, L., & Singer, D. (2014). Gender at Work: A Companion to the World Development Report on Jobs. Retrieved 9 February 2021, from https://www.worldbank.org/en/topic/gender/publication/gender-at-work-companion-report-to-world-development-report-2013-jobs
- Nakazato, H., Nishimura, J. and Takezawa, J. (2018). 'Japan country note', in Blum, S., Koslowski, A., Macht, A. and Moss, P. (eds) International Review of Leave Policies and Research 2018. Available at: http://www.leavenetwork.org/lp_and_r_reports/
- McCurry, J. (2020). Culture shock: can trailblazing Japanese minister change minds on paternity leave? Retrieved 16 January 2021, from https://www.theguardian.com/world/2020/jan/17/japanese-paternity-leave-shinjiro-koizumi.
- Rich, M. (2019). Two Men in Japan Dared to Take Paternity Leave. It Cost Them Dearly, They Say. Retrieved 16 January 2021, from https://www.nytimes.com/2019/09/12/world/asia/japan-paternity-leave.html
- Miyajima, T., & Yamaguchi, H. (2017). I Want to but I Won't: Pluralistic Ignorance Inhibits Intentions to Take Paternity Leave in Japan. Frontiers in Psychology, 8.
- Timsit, A. (2019). Japan is trying really hard to persuade women to start having babies again. Retrieved 16 January 2021, from https://qz.com/1646740/japan-wants-to-raise-its-fertility-rate-with-new-perks/
- Budig, M. (2014). The Fatherhood Bonus and the Motherhood Penalty: Parenthood and the Gender Gap in Pay. Third Way. Retrieved from https://www.thirdway.org/report/the-fatherhood-bonus-and-the-motherhood-penalty-parenthood-and-the-gender-gap-in-pay
- Budig, M. J., Misra, J., & Boeckmann, I. (2016). Work-Family Policy Trade-Offs for Mothers? Unpacking the Cross-National Variation in Motherhood Earnings Penalties. Work and Occupations, 43(2), 119-177.
- DeMeis, D. K., Hock, E. and McBride, S. L. (1986). The balance of employment and motherhood: Longitudinal study of mothers' feelings about separation from their first-born infants, Developmental Psychology, 22(5), 627-632.
- Kleven, H., Landais, C., Posch, J., Steinhauer, A., & Zweimuller, J. (2019). Child Penalties across Countries: Evidence and Explanations. AEA Papers and Proceedings, 109, 122-126.
- Women in work: how East Germany's socialist past has influenced West German mothers. (2020). Retrieved 17 October 2020, from https://theconversation.com/women-in-work-how-east-germanys-socialist-past-has-influenced-west-german-mothers-147588

- Hyde, J. S., Klein, M. H., Essex, M. J., & Clark, R. (1995). Maternity Leave and Women's Mental Health. Psychology of Women Quarterly, 19(2), 257-285.
- Avendano, M., Berkman, L., Brugiavini, A., & Pasini, G. (2014). The Long-Run Effect of Maternity Leave Benefits on Mental Health: Evidence from European Countries. SSRN Electronic Journal.
- Albiston, C., Tucker, T., Correll, S., & Stevens, C. (2012). Law, Norms, and the Motherhood/Caretaker Penalty. SSRN Electronic Journal.
- Long, V. (2012): Statutory Parental Leave and Pay in the UK: Stereotypes and Discrimination, Equal Rights Review 9.
- Gnewski, M. (2019). Sweden's parental leave may be generous, but it's tying women to the home. Retrieved 21 December 2020, from https://www.theguardian.com/commentisfree/2019/jul/10/sweden-parental-leave-corporate-pressure-men-work
- Lindahl, B. (2018). Paternal leave extremely important to reach gender equality Retrieved 21 December 2020, from http://www.nordiclabourjournal.org/i-fokus/in-focus-2018/nordic-working-life/article.2018-06-14.5410895249

5장

- Hall, P., & Wittkowski, A. (2006). An Exploration of Negative Thoughts as a Normal Phenomenon After Childbirth. Journal of Midwifery & Women's Health, 51(5), 321-330.
- Nolan, M. L., Mason, V., Snow, S., Messenger, W., Catling, J., & Upton, P. (2012). Making friends at antenatal classes: a qualitative exploration of friendship across the transition to motherhood. Journal of Perinatal Education, 21(3), 178-185.
- Harwood, K., McLean, N., & Durkin, K. (2007). First-time mothers' expectations of parenthood: What happens when optimistic expectations are not matched by later experiences? Developmental Psychology, 43(1), 1-12.
- Millward, L. (2006). The transition to motherhood in an organizational context: An interpretative phenomenological analysis. Journal of Occupational and Organizational Psychology, 79(3), 315-333.
- Ladge, J. J., Clair, J. A. and Greenberg, D. (2012). Cross-domain identity transition during liminal periods: Constructing multiple selves as professional and mother during pregnancy, Academy of Management Journal, 55(6), 1449-1471.
- Lee, K., Vasileiou, K., & Barnett, J. (2017). 'Lonely within the mother': An exploratory study of first-time mothers' experiences of loneliness. Journal of Health Psychology, 24(10), 1334-1344.
- Mac Carron, P., Kaski, K., & Dunbar, R. (2016). Calling Dunbar's numbers. Social

Networks, 47, 151-155.

6장

· Chesley, N. (2017). What Does It Mean to Be a "Breadwinner" Mother? Journal of Family Issues, 38(18), 2594-2619.
· McKay, J. (2011). 'Having it All?' Women MPs and Motherhood in Germany and the UK. Parliamentary Affairs, 64(4), 714-736.
· Horowitz, J. (2019). Despite challenges at home and work, most working moms and dads say being employed is what's best for them. Retrieved 21 December 2020, from https://www.pewresearch.org/fact-tank/2019/09/12/despite-challenges-at-home-and-work-most-working-moms-and-dads-say-being-employed-is-whats-best-for-them/
· Hewlett, S. A., & Luce, C. B. (2005). Off-ramps and on-ramps: keeping talented women on the road to success. Harvard Business Review, 83(3).
· Goldstein, K. (2018). 'I was a Sheryl Sandberg superfan. Then her "Lean In" advice failed me.' Retrieved 21 December 2020, from https://www.vox.com/first-person/2018/12/6/18128838/michelle-obama-lean-in-sheryl-sandberg
· McKinsey & Company, LeanIn.org. Women in the Workplace 2020. Retrieved 21 December 2020, from https://www.mckinsey.com/featured-insights/diversity-and-inclusion/women-in-the-workplacehttps://www.mckinsey.com/featured-insights/diversity-and-inclusion/women-in-the-workplace
· Miller, D., Nolla, K., Eagly, A., & Uttal, D. (2018). The Development of Children's Gender-Science Stereotypes: A Meta-analysis of 5 Decades of U.S. Draw-A-Scientist Studies. Child Development, 89(6), 1943-1955.
· Jacobs, J. A., & Gerson, K. (2016). Unpacking Americans' Views of the Employment of Mothers and Fathers Using National Vignette Survey Data: SWS Presidential Address. Gender & Society, 30(3), 413-441.
· The Harried Life of the Working Mother. (2009). Retrieved 21 December 2020, from https://www.pewsocialtrends.org/2009/10/01/the-harried-life-of-the-working-mother
· Gardiner, S. (2019). I dismissed warnings about being a working mother as antiquated. Then I became one. Retrieved 17 January 2021, from https://www.theguardian.com/commentisfree/2019/dec/19/i-dismissed-warnings-about-being-a-working-mother-as-antiquated-then-i-became-one
· Glass, C., & Fodor, É. (2011). Public maternalism goes to market: Recruitment, hiring, and promotion in postsocialist Hungary, Gender & Society, 25(1), 5-26.
· Pas, B., Peters, P., Eisinga, R., Doorewaard, H., & Lagro-Janssen, T. (2011). Explaining career motivation among female doctors in the Netherlands: the

effects of children, views on motherhood and work-home cultures. Work, Employment and Society, 25(3), 487-505.

· Kmec, J. A., Huffman, M. L., & Penner, A. M. (2014). Being a Parent or Having a Parent? The Perceived Employability of Men and Women Who Take Employment Leave. American Behavioral Scientist, 58(3), 453-472.

· Heilman, M. E., & Okimoto, T. G. (2008). Motherhood: A potential source of bias in employment decisions. Journal of Applied Psychology, 93(1), 189-198.

· Okimoto, T. G., & Heilman, M. E. (2012). The 'badparent' assumption: How gender stereotypes affect reactions to working mothers. Journal of Social Issues, 68(4), 704-724.

· Padgett, M., Harland, L., & Moser, S. B. (2009). The bad news and the good news: The long-term consequences of having used an alternative work schedule. Journal of Leadership & Organizational Studies, 16(1), 73-84.

· King, E. (2008). The effect of bias on the advancement of working mothers: Disentangling legitimate concerns from inaccurate stereotypes as predictors of advancement in academe. Human Relations, 61(12), 1677-1711.

· Liu, M. and Buzzanell, P. M. (2004), Negotiating maternity leave expectations. Journal of Business Communication, 41(4), 323-349.

· Gatrell, C. (2007). A fractional commitment? Part-time work and the maternal body, International Journal of Human Resource Management. 18(3), 462-475.

· Williams, J. C., Blair-Loy, M., & Berdahl, J. L. (2013). Cultural Schemas, Social Class, and the Flexibility Stigma. Journal of Social Issues, 69(2), 209-234.

· Amis, J., Mair, J., & Munir, K. (2020). The Organizational Reproduction of Inequality. Academy of Management Annals, 14(1), 195-230.

· Gatrell, C. J. (2007). Secrets and lies: Breastfeeding and professional paid work. Social Science & Medicine, 65(2), 393-404.

· van Amsterdam, N. (2014). Othering the 'leaky body'. An autoethnographic story about expressing breast milk in the workplace. Culture and Organization, 21(3), 269-287.

· Wakabayashi, D., & Frenkel, S. (2020). Parents Got More Time Off. Then the Backlash Started. Retrieved 17 January 2021, from https://www.nytimes.com/2020/09/05/technology/parents-time-off-backlash.html

· Vinkenburg, C., van Engen, M., Coffeng, J., & Dikkers, J. (2012). Bias in Employment Decisions about Mothers and Fathers: The (Dis)Advantages of Sharing Care Responsibilities. Journal of Social Issues, 68(4), 725-741.

· #EqualPayDay: Netherlands just slightly above European avg. for gender pay gap. (2020). Retrieved 9 December 2020, from https://nltimes.nl/2019/11/04/equalpayday-netherlands-just-slightly-european-avg-gender-pay-gap

· Netherlands Policy Brief, Gender Equality (2020). Retrieved 9 December 2020, from https://www.oecd.org/policy-briefs/Netherlands-Gender-equality-EN.pdf
· Bureau of Labor Statistic. (2019). American Time Use Survey. 2019 Results. Retrieved from https://www.bls.gov/news.release/pdf/atus.pdf
· Catalyst. (2020). Women in the Workforce - United States: Quick Take. Retrieved 17 January 2021, from https://www.catalyst.org/research/women-in-the-workforce-united-states/
· Baxter, J., Hewitt, B., & Haynes, M. (2008). Life Course Transitions and Housework: Marriage, Parenthood, and Time on Housework. Journal of Marriage and Family, 70(2), 259-272.
· Who was the 'typical' Australian in 2016? (2016). Retrieved 17 January 2021, from https://www.abs.gov.au/websitedbs/D3310114.nsf/home/2016+Census+National
· OECD. (2014). Unpaid Care Work: The missing link in the analysis of gender gaps in labour outcomes. Retrieved from https://www.oecd.org/dev/development-gender/Unpaid_care_work.pdf
· Neumann, A. (2020). Why I don't have a child: I cherish my freedom. Retrieved 17 January 2021, from https://www.theguardian.com/lifeandstyle/2020/jul/08/childfree-why-i-dont-have-children-freedom
· Kitroeff, N., & Rodkin, J. (2015). Bloomberg - Are you a robot? Retrieved 22 December 2020, from https://www.bloomberg.com/news/articles/2015-10-20/the-real-cost-of-an-mba-is-different-for-men-and-women
· Parents at Work. (2019). National Working Families Report 2019. Retrieved from http://parentsandcarersatwork.com/wp-content/uploads/2019/10/NWFSurvey-Executive-Summary.pdf
· Median usual weekly earnings . . . (2020). Retrieved 17 January 2021, from https://www.bls.gov/news.release/wkyeng.t03.html
· Gender pay gap in the UK: 2019 - Office for National Statistics. (2020). Retrieved 17 January 2021, from https://www.ons.gov.uk/employmentandlabourmarket/peopleinwork/earningsandworkinghours/bulletins/genderpaygapintheuk/2019
· Kleven, H., Landais, C., & Søgaard, J. (2018). Children and Gender Inequality: Evidence from Denmark. SSRN Electronic Journal.
· Correll, S., Benard, S., & Paik, I. (2007). Getting a Job: Is There a Motherhood Penalty? American Journal of Sociology, 112(5), 1297-1339.
· Carnes, M., Bartels, C. M., Kaatz, A., & Kolehmainen, C. (2015). Why is John More Likely to Become Department Chair Than Jennifer? Transactions of the American Clinical and Climatological Association, 126, 197-214.
· Collins, C., Landivar, L., Ruppanner, L., & Scarborough, W. (2020). COVID-19

and the Gender Gap in Work Hours. Gender, Work & Organization.

- Bureau of Labor Statistics, U.S. Department of Labor, The Economics Daily, Access to paid and unpaid family leave in 2018. Retrieved March 28, 2020, from https://www.bls.gov/opub/ted/2019/access-to-paid-and-unpaid-family-leave-in-2018.html
- Noya Rimalt, (2018) The Maternal Dilemma, Cornell Law Review, 103, 977.
- McGinn, K. L., Ruiz Castro, M., & Lingo, E. L. (2019). Learning from Mum: Cross-National Evidence Linking Maternal Employment and Adult Children's Outcomes. Work, Employment and Society, 33(3), 374-400.
- Fernandez, R., Fogli, A., & Olivetti, C. (2004). Mothers and Sons: Preference Formation and Female Labor Force Dynamics. Quarterly Journal of Economics, 119(4), 1249-1299.
- Mind the 100 Year Gap. Global Gender Gap Report 2020. (2019). Retrieved 17 January 2021, from https://www.weforum.org/reports/gender-gap-2020-report-100-years-pay-equality
- Stanton, J. (2020). How the Child Care Crisis Will Distort the Economy for a Generation. Retrieved 17 January 2021, from https://www.politico.com/news/magazine/2020/07/23/child-care-crisis-pandemic-economy-impact-women-380412
- Collins, C. (2019). Making Motherhood Work, Princeton University Press, pp. 35-36.
- Schank, H. (2016). What Happens to Women's Ambitions in the Years After College. Retrieved 17 January 2021, from https://www.theatlantic.com/business/archive/2016/12/ambition-interview/486479/
- Weisshaar, K. (2018). From Opt Out to Blocked Out: The Challenges for Labor Market Re-entry after Family-Related Employment Lapses. American Sociological Review, 83(1), 34-60.
- Weisshaar, K., & Cabello-Hutt, T. (2020). Labor Force Participation Over the Life Course: The Long-Term Effects of Employment Trajectories on Wages and the Gendered Payoff to Employment. Demography, 57(1), 33-60.
- Robin J. Ely, Pamela Stone & Colleen Ammerman. (2014) Rethink What You 'Know' About High-Achieving Women, Harvard Business Review, 100, 103.
- Women still missing from top ranks of law firms. (2020). Retrieved 28 September 2020, from https://www.ft.com/content/aa517372-14fa-11ea-8d73-6303645ac406
- Muller, B. (2019). The Careless Society—Dependency and Care Work in Capitalist Societies. Frontiers in Sociology, 3.
- Dotti Sani, G. (2020). Is it 'Good' to Have a Stay-at-Home Mom? Parental Childcare Time and Work-Family Arrangements in Italy, 1988-2014. Social

Politics: International Studies In Gender, State & Society.

· Livingston, G. (2018). About one-third of U.S. children are living with an unmarried parent. Retrieved 11 February 2021, from https://www.pewresearch. org/fact-tank/2018/04/27/about-one-third-of-u-s-children-are-living-with-an-unmarried-parent

7장

· Menkedick, S. (2017). Why don't people take writing about motherhood seriously? Because women do it. Retrieved Motherhood Complex 4th.indd 288 09/04/2021 2:10 pm11 February 2021, from https://www.latimes.com/opinion/ op-ed/la-oe-menkedick-literary-value-of-motherhood-20170416-story.html

· Wiseman, E. (2020). Will maternity leave make me invisible? Retrieved 17 January 2021, from https://www.theguardian.com/lifeandstyle/2020/mar/22/ will-my-second-maternity-leave-make-me-invisible-eva-wiseman

· McKinney, C., & Renk, K. (2008). Differential parenting between mothers and fathers: Implications for late adolescents. Journal of Family Issues, 29, 806-827.

· van Holland de Graaf, J., Hoogenboom, M., De Roos, S., & Bucx, F. (2018). Socio-demographic Correlates of Fathers' and Mothers' Parenting Behaviors. Journal of Child and Family Studies, 27(7), 2315-2327.

· Lam, C. B., McHale, S. M., & Crouter, A. C. (2013). Parent-child shared time from middle childhood to late adolescence: Developmental course and adjustment outcomes. Child Development, 83, 2089-2103.

· Endendijk, J., Derks, B., & Mesman, J. (2017). Does Parenthood Change Implicit Gender-Role Stereotypes and Behaviors? Journal of Marriage and Family, 80(1), 61-79.

· van der Pol, L.D., Groeneveld, M.G., Van Berkel, S.R., Endendijk, J.J., Hallers-Haalboom, E.T., Bakermans-Kranenburg, M.J., & Mesman, J. (2015). Fathers' and mothers' emotion talk with their girls and boys from toddlerhood to preschool age, Emotion15(6), 854-864.

· Mondschein, E., Adolph, K., & Tamis-LeMonda, C. (2000). Gender Bias in Mothers' Expectations about Infant Crawling. Journal of Experimental Child Psychology, 77(4), 304-316.

· Fagot, B.I., Hagan, R. (1985). Aggression in toddlers: Responses to the assertive acts of boys and girls. Sex Roles 12, 341-351.

· Zosuls, K., Ruble, D., Tamis-LeMonda, C., Shrout, P., Bornstein, M., & Greulich, F. (2009). The acquisition of gender labels in infancy: Implications for gender-typed play. Developmental Psychology, 45(3), 688-701.

· Brescoll, V., & Uhlmann, E. (2008). Can an Angry Woman Get Ahead?

Psychological Science, 19(3), 268-275.

· Mesman, J., & Groeneveld, M. (2017). Gendered Parenting in Early Childhood: Subtle But Unmistakable if You Know Where to Look. Child Development Perspectives, 12(1), 22-27.

· Acosta, R.M., & Hutchison, M. (2017). The Happiest Kids in the World, Doubleday, p. 197.

· Noya, R. (2018). The Maternal Dilemma, Cornell Law Review, 103, 977.

· Hideg, I., & Ferris, D. L. (2016). The compassionate sexist? How benevolent sexism promotes and undermines gender equality in the workplace. Journal of Personality and Social Psychology, 111(5), 706-727.

· Mom shaming or constructive criticism? Perspectives of mothers. (2020). Retrieved 7 October 2020, from https://mottpoll.org/reports-surveys/mom-shaming-or-constructive-criticism-perspectives-mothers

· Francis-Devine, B., & Foley, N. (2020). Women and the economy. Retrieved 18 January 2021, from https://commonslibrary.parliament.uk/research-briefings/sn06838/

· Percentage of employed women working full time little changed over past 5 decades. (2017). Retrieved 18 January 2021, from https://www.bls.gov/opub/ted/2017/percentage-of-employed-women-working-full-time-little-changed-past-5-decades.html

· Dotti Sani, G., & Treas, J. (2016). Educational Gradients in Parents' Child-Care Time Across Countries, 1965-2012. Journal of Marriage and Family, 78(4), 1083-1096.

· Kentish, B. (2017). Jacob Rees-Mogg, father of six, declares he has never changed a nappy. Retrieved 18 January 2021, from https://www.independent.co.uk/news/uk/politics/jacob-rees-mogg-never-changed-a-nappy-lbc-nigel-farage-nanny-conservatives-a7854791.html

· Moore, S. (2021). If Russell Brand wants to change the world, he could try changing a nappy. Retrieved 18 January 2021, from https://www.theguardian.com/commentisfree/2019/jan/21/russell-brand-changeꠓthe-world-try-changing-nappies

· Daminger, A. (2019). The Cognitive Dimension of Household Labor. American Sociological Review, 84(4), 609-633.

· Walzer, S. (1996). Thinking About the Baby. Philadelphia: Temple University Press, p. 122.

· Ehrensaft, D. (1987). Parenting Together. Men & Women Sharing the Care of Their Children. New York: Free Press.

· Schoppe-Sullivan, S. J., Altenburger, L. E., Lee, M. A., Bower, D. J., & Kamp

Dush, C. M. (2015). Who are the Gatekeepers? Predictors of Maternal Gatekeeping. Parenting, Science and Practice, 15(3), 166-186.

· Allen, S., & Hawkins, A. (1999). Maternal Gatekeeping: Mothers' Beliefs and Behaviors That Inhibit Greater Father Involvement in Family Work. Journal of Marriage and the Family, 61(1), 199.

· Carlson, D., Hanson, S., & Fitzroy, A. (2016). The Division of Child Care, Sexual Intimacy, and Relationship Quality in Couples. Gender & Society, 30(3), 442-466.

· Berridge, C. W., & Romich, J. L. (2011). 'Raising Him . . . to Pull His Own Weight': Boys' Household Work in Single-Mother Households. Journal of Family issues, 32(2), 157-180.

· Letherby, G. (1999). Other than mother and mothers as others. Women's Studies International Forum, 22(3), 359-372.

· Chesley, N., & Flood, S. (2017). Signs of Change? At-Home and Breadwinner Parents' Housework and Child-Care Time. Journal of Marriage and Family, 79, 511-534

· Chesley, N. (2011). Stay-at-home fathers and breadwinning mothers: Gender, Couple Dynamics, and Social Change. Gender and Society, 25(5), 642-664.

8장

· Hubert, S., & Aujoulat, I. (2018). Parental Burnout: When Exhausted Mothers Open Up. Frontiers in Psychology, 9, 1021.

· Tubb, A. (2019). Maternal suicide still a leading cause of death in first postnatal year | Maternal Mental Health Alliance. Retrieved 3 January 2021, from https://maternalmentalhealthalliance.org/news/maternal-suicide-still-the-leading-cause-of-deathꠓin-first-postnatal-year/

· Brianda, M., Roskam, I., & Mikolajczak, M. (2020). Hair cortisol concentration as a biomarker of parental burnout. Psychoneuroendocrinology, 117, 104681.

· IPPB Consortium. (2020). Parental burnout around the globe: A 42-country study.

· Mikolajczak, M., Raes, M., Avalosse, H., & Roskam, I. (2017). Exhausted Parents: Sociodemographic, Child-Related, Parent-Related, Parenting and Family-Functioning Correlates of Parental Burnout. Journal of Child and Family Studies, 27(2), 602-614.

· Damaske, S., Smyth, J. M., & Zawadzki, M. J. (2014). Has Work Replaced Home as a Haven? Examining Arlie Hochschild's Time Bind Proposition. Social Science and Medicine 115, 130-138.

· Oster, E. (2019). Cribsheet. New York: Penguin Press.

· Milkie, M., Nomaguchi, K., & Denny, K. (2015). Does the Amount of Time Mothers Spend With Children or Adolescents Matter? Journal of Marriage and Family, 77(2), 355-372.

· Lucas-Thompson, R., Goldberg, W., & Prause, J. (2010). Maternal work early in the lives of children and its distal associations with achievement and behavior problems: A meta-analysis. Psychological Bulletin, 136(6), 915-942.

· Vandell, D. L., Belsky, J., Burchinal, M., Steinberg, L., & Vandergrift, N. (2010). Do Effects of Early Child Care Extend to Age 15 Years? Results From the NICHD Study of Early Child Care and Youth Development. Child Development, 81(3), 737-756.

· Milkie, M., Wray, D., & Boeckmann, I. (2020). Creating Versus Negating Togetherness: Perceptual and Emotional Differences in Parent-Teenager Reported Time.

· Rizzo, K., Schiffrin, H., & Liss, M. (2012). Insight into the Parenthood Paradox: Mental Health Outcomes of Intensive Mothering. Journal of Child and Family Studies, 22(5), 614-620.

· National Academies Press. (2009). Depression in Parents, Parenting, and Children. Washington, DC.

· Dotti Sani, G., & Treas, J. (2016). Educational Gradients in Parents' Child-Care Time Across Countries, 1965-2012. Journal of Marriage and Family, 78(4), 1083-1096.

· Mathy, E. (2019) Prévalence 'vie entière' du burnout parental via une étude rétrospective et quantitative sur des personnes âgées entre 60 et 100 ans [Lifetime prevalence of parental burnout via a retrospective and quantitative study of people aged between 60 and 100 years old]. Unpublished master's thesis. UCLouvain, Belgium

· World Happiness Report 2020. (2020). Retrieved 11 February 2021, from https://worldhappiness.report/

9장

· Perry, P. (2019). The Book You Wish Your Parents Had Read, London: Penguin.

· Collins, C. (2020). Is Maternal Guilt a Cross-National Experience? Qualitative Sociology, (44)2

· Doyle, G. (2020). Untamed. London: Vermilion.

· Borelli, J., Katherine, N.C., & Laura, R., et al. (2017). Bringing Work Home: Gender and Parenting Correlates of Work-Family Guilt among Parents of Toddlers. Journal of Child and Family Studies 26(6):1734-45.

· Henderson, A., Harmon, S., & Newman, H. (2015). The Price Mothers Pay, Even

When They Are Not Buying It: Mental Health Consequences of Idealized Motherhood. Sex Roles, 74(11-12), 512526.

10장

· Stevens, G., van Dorsselaer, S., Boer, M., de Roos, S., Duinhof, E., & ter Bogt, T. et al. (2017). Gezondheid en welzijn van jongeren in Nederland. HBSC. Retrieved from https://hbsc-nederland.nl/wp-content/uploads/2018/09/Rapport-HBSC-2017.pdf
· Sung, J., Beijers, R., Gartstein, M., de Weerth, C., & Putnam, S. (2014). Exploring temperamental differences in infants from the USA and the Netherlands. European Journal of Developmental Psychology, 12(1), 15-28.
· Harkness, S., Super, C. M., Rios Bermudez, M., Moscardino, U., Blom, M. J. M., Rha, J.-H., Mavridis, C. J., Bonichini, S., Huitrón, B., Welles-Nystrom, B., Palacios, J., Hyun, O.-K., Soriano, G., Zylicz, P. O. (2010). Parental Ethnotheories of Children's Learning. In D. F. Lancy, J. Bock, and S. Gaskins (eds), The Anthropology of Learning in Childhood (pp. 65-81). Lanham, Maryland: Alta-Mira Press.
· Walch, O., Cochran, A., & Forger, D. (2016). A global quantification of 'normal' sleep schedules using smartphone data. Science Advances, 2(5), e1501705.
· Harkness, S., Zylicz, P. O., Super, C. M., Welles-Nyström, B., Bermúdez, M. R., Bonichini, S., Moscardino, U., & Mavridis, C. J. (2011). Children's activities and their meanings for parents: A mixed-methods study in six Western cultures. Journal of Family Psychology, 25(6), 799-813.
· Hays, S. (1996). The Cultural Contradictions of Motherhood. New Haven, CT, Yale University Press.
· Yogman, M., Garner, A., Hutchinson, J., Hirsh-Pasek, K., & Golinkoff, R. (2018). The Power of Play: A Pediatric Role in Enhancing Development in Young Children. Pediatrics, 142(3), e20182058.
· Interview with Harkness - unpublished research.
· Lancy, D. (2012). The Anthropology of Learning in Childhood. Walnut Creek, USA: AltaMira Press.
· Brulé, G., & Veenhoven, R. (2014). Participatory Teaching and Happiness in Developed Nations. Advances in Applied Sociology, 04(11), 235-245.
· Margolis, R., & Myrskylä, M. (2011). A Global Perspective on Happiness and Fertility. Population and Development Review, 37(1), 29-56.
· Margolis, R., & Myrskylä, M. (2015). Parental Well-being Surrounding First Birth as a Determinant of Further Parity Progression. Demography, 52(4), 1147-1166.
· Mitnick, D., Heyman, R., & Smith Slep, A. (2009). Changes in relationship

satisfaction across the transition to parenthood: A meta-analysis. Journal of Family Psychology, 23(6), 848-852.

· Glass, J., Simon, R., & Andersson, M. (2016). Parenthood and Happiness: Effects of Work-Family Reconciliation Policies in 22 OECD Countries. American Journal of Sociology, 122(3), 886-929.

· Twenge, J., Campbell, W., & Foster, C. (2003). Parenthood and Marital Satisfaction: A Meta-Analytic Review. Journal of Marriage and Family, 65(3), 574-583.

· Zelizer, V. (1994). Pricing the Priceless Child. Princeton: Princeton University Press.

· Have children? Here's how kids ruin your romantic relationship. (2020). Retrieved 14 December 2020, from https://theconversation.com/have-children-heres-how-kids-ruin-your-romantic-relationship-57944

· Volling, B., Oh, W., Gonzalez, R., Kuo, P., & Yu, T. (2015). Patterns of marital relationship change across the transition from one child to two. Couple and Family Psychology: Research and Practice, 4(3), 177-197.

· Wolfinger, N. (2018). Does Having Children Make People Happier in the Long Run? Retrieved 11 February 2021, from https://ifstudies.org/blog/does-having-children-make-people-happier-in-the-long-run

· Becker, C., Kirchmaier, I., & Trautmann, S. (2019). Marriage, parenthood and social network: Subjective well-being and mental health in old age. PLOS ONE, 14(7), e0218704.

· Audette, A., Lam, S., O'Connor, H., & Radcliff, B. (2018). (E)Quality of Life: A Cross-National Analysis of the Effect of Gender Equality on Life Satisfaction. Journal of Happiness Studies, 20(7), 2173-2188.

· Young, K., Parsons, C., Jegindoe Elmholdt, E., Woolrich, M., van Hartevelt, T., & Stevner, A. et al. (2015). Evidence for a Caregiving Instinct: Rapid Differentiation of Infant from Adult Vocalizations Using Magnetoencephalography. Cerebral Cortex, 26(3), 1309-1321.

· Jeffries, S., & Konnert, C. (2002). Regret and Psychological Well-Being among Voluntarily and Involuntarily Childless Women and Mothers. International Journal of Aging and Human Development, 54(2), 89-106.

· Koert, E., & Daniluk, J. (2017). When time runs out: reconciling permanent childlessness after delayed childbearing. Journal of Reproductive and Infant Psychology, 35(4), 342-352.

11장
· Garg, Z., Gomez, E., & Yael Petrzela, L. (2019). If You Didn't 'Sharent,' Did You

Even Parent?. Retrieved 11 February 2021, from https://www.nytimes.com/2019/08/07/opinion/parents-social-media.html
· Hughes, B. (2015). Would you be beautiful in the ancient world? Retrieved 28 January 2021, from https://www.bbc.co.uk/news/magazine-30746985
· Liu, H.. (2018). The Behavioral Economics of Multilevel Marketing, Hastings Business Law Journal. 14, 109
· Tiffany Lamoreaux. (2013). Home is where the·Work is: Women, Direct Sales, and Technologies of Gender (unpublished PhD dissertation, Arizona State University).
· Schoppe-Sullivan, S. J., Yavorsky, J. E., Bartholomew, M. K., Sullivan, J. M., Lee, M. A., Kamp Dush, C. M., & Glassman, M. (2017). Doing Gender Online: New Mothers' Psychological Characteristics, Facebook Use, and Depressive Symptoms. Sex Roles, 76(5), 276-289.
· West, C., & Zimmerman, D. H. (1987). Doing gender. Gender and Society, 1(2), 125-15.
· Lin, L. Y., Sidani, J. E., Shensa, A., Radovic, A., Miller, E., Colditz, J. B., Hoffman, B. L., Giles, L. M., & Primack, B. A. (2016). Association between Social Media Use and Depression among U.S. Young Adults. Depression and Anxiety, 33(4), 323-331.
· Primack, B., Shensa, A., Sidani, J., Whaite, E., Lin, L., & Rosen, D. et al. (2017). Social Media Use and Perceived Social Isolation Among Young Adults in the U.S. American Journal of Preventive Medicine, 53(1), 1-8.
· Patel, S., Subbiah, S., Jones, R., Muigai, F., Rothschild, C., & Omwodo, L. et al. (2018). Providing support to pregnant women and new mothers through moderated WhatsApp groups: a feasibility study. Mhealth, 4, 14-14.
· McDaniel, B., Coyne, S., & Holmes, E. (2011). New Mothers and Media Use: Associations Between Blogging, Social Networking, and Maternal Well-Being. Maternal and Child Health Journal, 16(7), 1509-1517.
· van de Ven, N., & Zeelenberg, M., & Pieters, R. (2009). Leveling Up and Down: The Experiences of Benign and Malicious Envy. Emotion, 9, 419-29.
· Hirsh-Pasek, K., Alper, R., & Golinkoff, R. (2018). Living in Pasteur's Quadrant: How Conversational Duets Spark Language at Home and in the Community. Discourse Processes, 55(4), 338-345.
· Piazza, E. A., Hasenfratz, L., Hasson, U., & Lew-Williams, C. (2020). Infant and Adult Brains Are Coupled to the Dynamics of Natural Communication. Psychological Science, 31(1), 6-17.
· Tronick, E., Als, H., Adamson, L., Wise, S., & Brazelton, T. (1978). The Infant's Response to Entrapment between Contradictory Messages in Face-to-Face

Interaction. Journal of the American Academy of Child Psychiatry, 17(1), 1-13.
- Bigelow, A. E., & Power, M. (2014). Effects of maternal responsiveness on infant responsiveness and behavior in the Still-Face Task. Infancy, 19, 558-584.
- Reed, J., Hirsh-Pasek, K., & Golinkoff, R. M. (2017). Learning on hold: Cell phones sidetrack parent-child interactions. Developmental Psychology, 53(8), 1428-1436.
- Roseberry, S., Hirsh-Pasek, K., & Golinkoff, R. M. (2014). Skype me! Socially contingent interactions help toddlers learn language. Child Development, 85, 956-970.
- Roseberry, S., Hirsh-Pasek, K., Parish-Morris, J., & Golinkoff, R. (2009). Live Action: Can Young Children Learn Verbs From Video? Child Development, 80(5), 1360-1375.
- Wooldridge, M., & Shapka, J. (2012). Playing with technology: Mother-toddler interaction scores lower during play with electronic toys. Journal of Applied Developmental Psychology, 33(5), 211-218.
- McDaniel, B. T., & Coyne, S. M. (2016). 'Technoference': The interference of technology in couple relationships and implications for women's personal and relational well-being. Psychology of Popular Media Culture, 5(1), 85-98.

12장

- Radesky, J. S., Kistin, C. J., Zuckerman, B., Nitzberg, K., Gross, J., Kaplan-Sanoff, M., Silverstein, M. (2014). Patterns of mobile device use by caregivers and children during meals in fast food restaurants. Pediatrics, 133, e843-e849.
- Sadler, W., & Sadler, L. (1906). The Project Gutenberg eBook of the Mother and her Child. Retrieved 25 January 2021, from http://www.gutenberg.org/files/20817/20817-h/20817-h.htm
- Jefferis, B., & Nichols, J. (1920). Searchlights on Health, the Science of Eugenics. Retrieved 25 January 2021, from http://www.gutenberg.org/files/13444/13444-h/13444-h.htm#
- Watson, J., & Watson, R. (1928). Psychological Care of Infant and Child. London: G. Allen & Unwin.
- Raphael-Leff, J. (1986), Facilitators and Regulators: Conscious and unconscious processes in pregnancy and early motherhood. British Journal of Medical Psychology, 59, 43-55.
- Sears, William, & Sears, Martha (1993). The Baby Book: Everything You Need To Know About Your Baby From Birth To Age Two, Boston: Little, Brown.
- Ainsworth, Mary (1967). Infancy in Uganda: Infant Care and the Growth of Love. Johns Hopkins Press.

- Karasik, L., Tamis-LeMonda, C., Ossmy, O., & Adolph, K. (2018). The ties that bind: Cradling in Tajikistan. PLOS ONE, 13(10), e0204428.
- Cristia, A., Dupoux, E., Gurven, M., & Stieglitz, J. (2017). Child-Directed Speech Is Infrequent in a Forager-Farmer Population: A Time Allocation Study. Child Development, 90(3), 759-773.
- LeVine, R., & LeVine, S. (2016) Do Parents Matter?: Why Japanese Babies Sleep Soundly, Mexican Siblings Don't Fight, and American Families Should Just Relax. New York: PublicAffairs.
- Mindell, J. A., Kuhn, B., Lewin, D. S., Meltzer, L. J., Sadeh, A., & American Academy of Sleep Medicine (2006). Behavioral treatment of bedtime problems and night wakings in infants and young children. Sleep, 29(10), 1263-1276.
- Price, A. M., Wake, M., Ukoumunne, O. C., & Hiscock, H. (2012). Five-year follow-up of harms and benefits of behavioral infant sleep intervention: randomized trial. Pediatrics, 130(4), 643-651.
- Keller, H. (2017). Cultural and historical diversity in early relationship formation. European Journal of Developmental Psychology, 14(6), 700-713.
- Meehan, C. L., & Hawks, S. (2013). Cooperative breeding and attachment among the Aka foragers. In N. Quinn & J. Mageo (eds), Attachment Reconsidered: Cultural Perspectives on a Western Theory (pp. 85-113). New York: Palgrave.
- Gervai, J. (2009). Environmental and genetic influences on early attachment. Child and Adolescent Psychiatry and Mental Health, 3(1).
- Crowell, J., Treboux, D., & Brockmeyer, S. (2009). Parental divorce and adult children's attachment representations and marital status. Attachment & Human Development, 11(1), 87-101.
- Ainsworth, Mary (1967). Infancy in Uganda: Infant Care and the Growth of Love. Johns Hopkins Press.
- NICHD. (1997), The Effects of Infant Child Care on Infant-Mother Attachment Security: Results of the NICHD Study of Early Child Care NICHD Early Child Care Research Network. Child Development, 68, 860-879.
- Iacovou, M., & Sevilla, A. (2013). Infant feeding: The effects of scheduled vs on-demand feeding on mothers' wellbeing and children's cognitive development. European Journal of Public Health, 23(1), 13-19.
- Harries, V., & Brown, A. (2017). The association between use of infant parenting books that promote strict routines, and maternal depression, self-efficacy, and parenting confidence. Early Child Development and Care, 189(8), 1339-1350.
- Raboteg-Saric, Z., & Sakic, M. (2013). Relations of Parenting Styles and Friendship Quality to Self-Esteem, Life Satisfaction and Happiness in

Adolescents. Applied Research in Quality of Life, 9(3), 749-765.

· Milevsky, A., Schlechter, M., Netter, S., & Keehn, D. (2007). Maternal and paternal parenting styles in adolescents: Associations with self-esteem, depression and life satisfaction. Journal of Child and Family Studies, 16(1), 39-47.

· LeMoyne, T., & Buchanan, T. (2011). Does 'hovering' matter? Helicopter parenting and its effect on well-being. Sociological Spectrum, 31(4), 399-418.

· Luebbe, A. M., Mancini, K. J., Kiel, E. J., Spangler, B. R., Semlak, J. L., & Fussner, L. M. (2018). Dimensionality of Helicopter Parenting and Relations to Emotional, Decision-Making, and Academic Functioning in Emerging Adults. Assessment, 25(7), 841-857.

· Liu, Z., Riggio, R. E., Day, D. V., Zheng, C., Dai, S., & Bian, Y. (2019). Leader development begins at home: Overparenting harms adolescent leader emergence. Journal of Applied Psychology, 104(10), 1226-1242.

· Nomaguchi, K., & Milkie, M. (2020). Parenthood and Well-Being: A Decade in Review. Journal of Marriage and Family, 82(1), 198-223.

· Rifkin-Graboi, A., Kong, L., Sim, L., Sanmugam, S., Broekman, B., & Chen, H. et al. (2015). Maternal sensitivity, infant limbic structure volume and functional connectivity: a preliminary study. Translational Psychiatry, 5(10), e668-e668.

· Rifkin-Graboi, A., Khng, K., Cheung, P., Tsotsi, S., Sun, H., & Kwok, F. et al. (2019). Will the future BE POSITIVE? Early life experience as a signal to the developing brain pre school entry. Learning: Research and Practice, 5(2), 99-125.

· Tsotsi, S., Borelli, J., Abdulla, N., Tan, H., Sim, L., & Sanmugam, S. et al. (2018). Maternal sensitivity during infancy and the regulation of startle in preschoolers. Attachment & Human Development, 22(2), 207-224.

· Zeegers, M., Colonnesi, C., Stams, G., & Meins, E. (2017). Mind matters: A meta-analysis on parental mentalization and sensitivity as predictors of infant-parent attachment. Psychological Bulletin, 143(12), 1245-1272.

· Metz, A., Imwalle, M., Dauch, C., & Wheeler, B. (2017). The Influence of the Number of Toys in the Environment on Play in Toddlers. American Journal of Occupational Therapy, 71(4_Supplement_1), 7111505079p1.

· Briggs, J. (1978). Never in Anger. Cambridge: Harvard University Press, pp. 128-129.

· Alcalá, L., Rogoff, B., Mejia-Arauz, R., Coppens, A., & Dexter, A. (2014). Children's Initiative in Contributions to Family Work in Indigenous-Heritage and Cosmopolitan Communities in Mexico. Human Development, 57(2-3), 96-115.

· Lancy, D. (2017). Raising Children: Surprising Insights From Other Cultures.

Cambridge University Press.
· Suggate, S. P., Schaughency, E. A., & Reese, E. (2013). Children learning to read later catch up to children reading earlier. Early Childhood Research Quarterly, 28, 33-48.
· Yogman, M., Garner, A., Hutchinson, J., Hirsh-Pasek, K., & Golinkoff, R. (2018). The Power of Play: A Pediatric Role in Enhancing Development in Young Children. Pediatrics, 142(3), e20182058.
· Warneken, F., & Tomasello, M. (2008). Extrinsic rewards undermine altruistic tendencies in 20-month-olds. Developmental Psychology, 44(6), 1785-1788.
· Coppens, A, D. (2015). Parental Guidance and Children's Development of Collaborative Initiative: Cultural Contexts of Children's Prosocial Development. (Peer reviewed thesis).
· Wolfenstein, M. (1951). The Emergence of Fun Morality. Journal of Social Issues, 7(4), 15-25.
· Bitsko, R., Holbrook, J., Ghandour, R., Blumberg, S., Visser, S., Perou, R., & Walkup, J. (2018). Epidemiology and Impact of Health Care Provider-Diagnosed Anxiety and Depression Among US Children. Journal of Developmental & Behavioral Pediatrics, 39(5), 395-403.
· Hewlett, B. (1994). Intimate Fathers. Ann Arbor, Mich.: University of Michigan Press.
· Hewlett, B. (2008). Fathers and infants among Aka pygmies. In: LeVine, R., & New, R. (2008). Anthropology and Child Development. Malden, MA: Blackwell Pub.

엄마라는 이상한 이름

초판 1쇄 인쇄 2022년(단기 4355년) 5월 25일
초판 1쇄 발행 2022년(단기 4355년) 5월 31일

지은이 | 멜리사 호겐붐
옮긴이 | 허성심
펴낸이 | 심남숙
펴낸곳 | ㈜한문화멀티미디어
등록 | 1990. 11. 28 제21-209호
주소 | 서울시 광진구 능동로43길 3-5 동인빌딩 3층 (04915)
전화 | 영업부 2016-3500 편집부 2016-3507
홈페이지 | http://www.hanmunhwa.com

운영이사 | 이미향
편집 | 강정화 최연실
기획 · 홍보 | 진정근
디자인 제작 | 이정희
경영 | 강윤정 조동희
회계 | 김옥희
영업 | 이광우

만든 사람들
책임 편집 | 한지윤 디자인 | 풀밭의 여치blog.naver.com/srladu
인쇄 | 천일문화사

ISBN 978-89-5699-431-4 03330